JN457612

마음, 뇌, 교육의 연결고리를 찾아

Antonio M. Battro, Kurt W. Fischer & Pierre J. Léna 편저

김유미 역

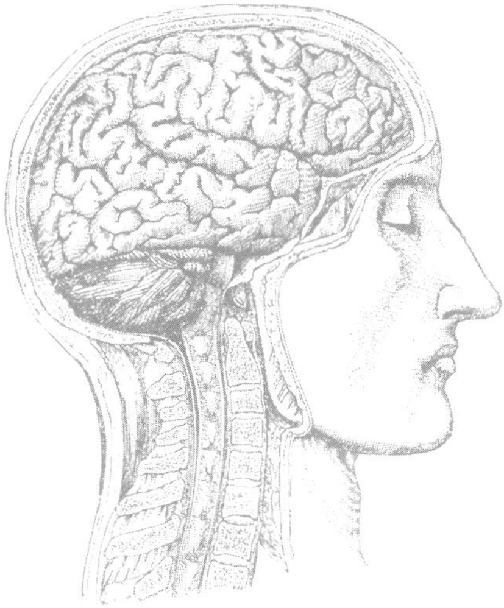

The Educated Brain

Essays in Neuroeducation

학지사

The Educated Brain

by Antonio M. Battro, Kurt W. Fischer, & Pierre J. Léna

Korean Translation Copyright © **2009** by Hakjisa Publisher
The Korean translation rights Published by arranged with
Cambridge University Press

Copyright © Pontifical Academy of Sciences and Cambridge University Press 2008
All rights reserved.

본 저작물의 한국어판 저작권은
Cambridge University Press와의 독점계약으로 학지사가 소유합니다.
저작권법에 의해 한국 내에서 보호를 받는 저작물이므로
무단전재와 무단복제를 금합니다.

이 책을 교황 요한 바오로 2세 성하(聖下)의 영전에 바칩니다.

역자 서문

신경과학과 뇌영상 기술의 발달로 그간 국내외의 각 분야에서 뇌에 대한 관심이 크게 높아졌다. 이처럼 고조된 관심은 교육 분야에서도 예외가 아니다. 더구나 교육열이 높은 우리나라에서는 뇌와 교육을 관련지으려는 열정이 대단하다.

이런 현상은 인터넷 검색창에 '뇌계발' 이나 '두뇌계발' 이라는 단어를 쳐보면 쉽게 알 수 있다. 그러면 뇌연구 결과가 교육 분야에서 이렇게까지 널리 활용되는 원인은 무엇일까? 여러 가지 원인이 있겠지만, 가장 핵심적인 원인은 신경과학자들이 그들의 논문에서 교육과 관련해 시사점을 제안하거나 가설을 제시했다는 이유만으로 교육자(교육학자가 아닌)들이 이를 무비판적으로 활용했기 때문이다. 실제로 교육 현장에서는 특정 상황에서 특정 영역을 대상으로 밝혀진 신경과학자들의 연구결과를 자의적으로 해석하고 과잉 일반화하여 적용하는 사례가 비일비재하다. 더욱이 그런 정보가 교육 사업가들에게 이를 무렵이면 그들의 영리 추구와 영재를 만들려는 학부모들의 열망이 맞물려 심각할 정도로 남용·왜곡되기 일쑤다. 이런 실태를 막기 위해서는 신경과학자, 의사, 심리학자뿐만 아니라 교육학자들의 관심이 절실히 요구된다.

이런 현실 속에서 역자는 오랫동안 뇌연구 결과의 남용·왜곡에 대해 고민해 왔다. 그래서 최근에는 『뇌를 알면 아이가 보인다』(2009, 해나무)라는 책을 통해 뇌연구를 남용·왜곡하는 사례를 줄이고자 했다. 그러던 중 '국제마음두뇌교육협회(The International Mind, Brain, and Education Society)' 에서 개최한 '마음, 뇌, 교육(Mind, Brain, and Education: MBE)' 워크숍의 자료를 정리한 *The Educated Brain* (2008, Cambridge University Press)을 접하게 되었다.

역자 역시 '한국마음두뇌교육협회' 에서 활동하고 있었기에 이 책을 접하자마자 바로 읽게 되었는데, 페이지가 넘어갈수록 이 책이야말로 역자의 고민을 덜어 주기에 충분하겠다는 기대를 하게 되었다. 더구나 그간 뇌와 교육의 접목을 시도하는 대부분의 저자들이 교육자나 교육 사업가들이었다면, 이 책의 저자들은 신경과학, 철학, 심리학, 언어학, 수학, 교육학 분야에서 세계적으로 저명한 학자들이어서 체계적이고 심도 있게 접근하고 있었다. 뿐만 아니라 이 책에서는 낯선 연구방법론이나 신조어들을 과감하게 도입하여 적용하고 있다. 그런 것들이 처음에는 다소 당황스러울 수도 있으나 그로 인해 책을 읽는 재미가 더해질 것이다.

하지만 이 책을 읽을 때 염두에 두어야 할 사항이 있다. 즉, 'MBE' 워크숍에서 각 연구자들이 자유로이 개진한 글을 정리한 책이다 보니 연구자마다 입장이 달라 다소 혼란스러울 수 있다는 점이다. 그중 뇌발달과 관련된 한 예로 Singer는 '결정적 시기' 나 '발달의 창문' 을 중시하는 반면, Bruer는 그와 아주 다른 입장을 취하고 있다. 또 언어처리 과정과 관련된 예로 Goswami는 '일반적인 지각처리' 를 지지하는 반면, 바로 다음 장에서 Petitto는 '특유의 언어처리' 를 지지한다. 하지만 이처럼 서로 다른 관점 역시 MBE 분야의 발전에 꼭 필요한 부분인 듯하다. 그처럼 서로 다른 관점에서 이루어지는 반복적 상호작용(recursive interaction)이야말로 MBE 분야의 발전을 위해 꼭 필요한 부분이다. 이들의 견해에 대한 예리하고 냉정한 판단은 어차피 독자들의 몫이다.

사실 이 책을 출판하기까지는 많은 어려움이 있었다. 그 이유로는 장마다 다른 저자와 각기 다른 연구 분야, 비영어권 저자, 학술대회 논문집, 최신 분야라는 점을 들 수 있다. 그러다 보니 각 분야를 연구하는 학자들의 도움을 직·간접적으로 받을 수밖에 없었다. 그런 노력에도 불구하고 역자의 능력 부족으로 세계적인 석학들의 연구가 폄하되는 것은 아닌가 하는 조바심이 앞선다. 이에 역자는 많은 독자들의 애정 어린 질타를 기대한다. 아울러 이 책이 신경과학과 교육의 반복적 상호작용을 촉진하여 MBE의 발전에 기여했으면 하는 과분한 바람을 가져본다.

2009. 6. 13.

김유미

저자 서문

교황 요한 바오로 2세 성하는 2003년 11월 10일 교황청과학원(Pontifical Academy of Science)의 전신인 린체이 아카데미(Accademia dei Lincei) 설립 400주년 축하차 로마에 모인 교황청과학원 회원들에게 이 책의 뿌리가 된 '마음, 뇌, 교육(MBE)' 학술 세미나에 대해 다음과 같이 밝히셨다.

> 과학자들 자신이 인간의 마음을 연구하면서 자유롭고 자율적 존재인 우리(책임을 다하고 사랑하며 아주 존엄한)의 모든 활동을 이끌고 뇌생리학으로 설명할 수 없는 영적 차원의 신비를 느끼고 있다. 이는 여러분이 아주 인간적인 활동인 학습과 교육 측면까지 연구 범위를 넓히려 한 것에서 잘 나타난다.

우리는 가장 인간적인 분야인 교육에 대한 신경인지과학자의 도전적 연구를 지원해 준 교황성하를 항상 기억할 것이다.

먼저 바티칸에서 개최된 MBE 워크숍에서 저명한 과학자들이 발표한 논문을 편집하게 된 것에 대해 기쁘고 영광스럽게 생각한다(2003, November, 7-8). 이 책은 저자들이 발표한 논문을 편집한 것으로 전문가들뿐만 아니라 더 많은 교육학자와 교사들의 관심을 촉구하기 위해 구성된 것이다. 이처럼 폭넓은 독자를 위해 학술 세미나 원고를 다듬어 준 저자들의 노고에 감사드린다. '줄기세포 기술과 기타 혁신적 치료법' 을 위한 2차 고급 워크숍과 함께한 교황청과학원의 400주년 회의에 참여하게 된 것을 아주 영광스럽게 생각한다. 이는 21세기의 최첨단 과학 분야를 대표하는 MBE 주제와도 절묘하게 들어맞는다.

이 워크숍에는 여러 나라의 과학원장들과 세계 곳곳에서 초청된 연사들, 그리고 아름다운 바티칸 정원의 카지나 피오 IV에서 활발한 토론에 참여했던 많은 이들이 함께했다. 우리는 그들 모두에게 감사드리며, 특히 꾸준히 지원해 준 교황청과학원장인 Nicola Cabibbo 교수, 교황청상서원장인 Marcelo Sánchez Sorondo, 그리고 MBE 협회의 명예회장인 Rita Levi-Montalcini 교수에게 감사드린다.

MBE 학술 세미나에서 발표된 견해는 자유롭게 개진된 것으로 참여자들의 관점일 뿐이다. 교황청과학원에서는 다음과 같은 성명을 발표했다.

> 신경과학의 급속한 발달, 심리학과 교육학 연구의 발전 및 이들 분야의 학제간 협력으로 학습, 인지, 정서 및 의식에 대한 이해가 촉진되었다. 아직 초창기에 불과하지만, 그간 전통적 방법에 의지해 왔던 아동교육과 일부 성인교육에서는 이런 변화를 고려해야 한다. 교육은 아동을 양심적이고 교양 있는 성인으로 기른다는 종합적인 목표에 도달하기 위해 사회적·정치적·윤리적 측면뿐만 아니라 뇌와 마음에 대한 과학적 지식을 통합해야 할 예술(art)이다. 전 세계적인 엄청난 사회변화와 정보기술이 인간생활에 미치는 영향을 고려할 때, 교육이 적절히 변화된다면 수백만 명의 삶이 윤택

해질 것이다. MBE 워크숍에서는 뇌발달, 신경가소성, 발달심리, 언어와 읽기 학습, 학습과 발달의 역동적 모델링 등 교육에서 아주 도전적인 측면들을 다루었다. 워크숍의 토론을 정리하면 다음과 같다.

1. 신경과학과 인지과학이 학습의 근본적 기반에 대한 이해를 촉진할 가능성이 급속도로 증가하고 있다. 따라서 학제간 연구에 교육학자들을 참여시켜 현장의 교육 실제를 다루어야 한다.
2. 교육문제의 복잡성을 고려할 때, 최근의 연구결과로부터 피상적인 시사점을 도출해 성급한 결론('뇌 기반 학교' 에 대한 무비판적인 설명처럼)을 내리지 않으려면 많은 주의가 요구된다.
3. 그럼에도 불구하고 학습에 영향을 준다는 결론을 지지할 만큼 지식 기반이 확고한 분야(예, 수면 욕구, 산수, 읽기, 2개 국어 사용)가 있는데, 이에 대해서는 진지하게 검토할 필요가 있다. 인간의 존엄성을 유지하고 공정성을 높이려면 윤리적 기반에 기초해 뇌, 마음, 의식 및 자아의 관계를 탐색해야 한다. 그렇게 한다면 사람마다의 발달과 성취 잠재력이 폭넓게 나타날 가능성이 높아질 것이다.

이 책의 편집을 위해 큰 도움을 준 많은 동료들과 친구들에게도 감사의 말을 전한다. 이 책을 비롯해 그간 케임브리지 대학교 출판사에서 나온 MBE 관련 책들을 편집해 준 Sarah Caro의 안목과 아낌없는 노력에 감사한다. 그녀를 이어 이 어려운 일을 맡아 준 Andrew Peart와 편집부 직원들에게도 감사한다. 엄청난 이메일과

원고가 미국과 유럽을 원활히 오갈 수 있도록 도와주고, 만족스러운 최종 원고가 나올 수 있도록 편집과 컴퓨터 작업을 해 준 케임브리지의 Mary Kiesling과 부에노스아이레스의 Percival J. Denham에게 감사한다. 하버드 대학교 교육대학원의 'MBE' 이니셔티브와 '교육받은 뇌' (Battro & Fischer, 2002~2003) 과정의 하버드 대학교 대학원생들에게도 고마움을 전한다. 교황청과학원과 하버드 대학교 교육대학원에서는 이 책이 나올 수 있도록 연구비까지 마련해 주었다.

마지막으로 우리는 바티칸 학술 세미나에서 창립된 국제마음뇌교육협회(IMBES)와 이탈리아 에리체의 에토레 마조라나 과학문화센터(Ettore Majorana Center for Scientific Culture) 소장인 Antonio Zichichi에게도 감사드린다. 에리체 회의에 참여했던 유망한 소장학자들은 생물학과 인지과학을 교육과 연결하여(지식발전과 교육 실제의 개선을 위해) 멋진 미래로 나아갈 방안을 제시해 주었다.

Antonio M. Battro, Kurt W. Fischer, & Pierre J. Léna

차 례

C.O.N.T.E.N.T.S

역자 서문 _ 3
저자 서문 _ 7
새로운 교육학적 접근을 기대하며 _ 19

제1부 마음, 뇌, 교육의 관계

제1장 마음, 뇌, 교육의 이론과 실제 … 27

이 책의 구성 _ 31
제1부 마음, 뇌, 교육의 관계 _ 32
제2부 뇌발달, 인지, 교육 _ 37
제3부 뇌, 언어, 수학 _ 44

제2장 뇌와 자아에 대한 역사적 고찰 … 51

개 관 _ 51
뇌성인간과 신경 관련 학문 _ 52
신경학화 경향 _ 56
뇌, 신체, 자아 _ 59
뇌성혁명 _ 64
뇌성의 존재론 _ 69

제3장 신경교육의 가교 … 83

개 관 _ 83
학습과 시각 신경과학 _ 85
인지모델과 교육 _ 92
인지신경과학과 인지모델 _ 94
결 론 _ 100

제4장 마음, 뇌, 의식 … 105

개 관 _ 105
마음-몸 문제의 흐름 _ 107
자아와 뇌 _ 110
동일성과 실용주의적 이원론 _ 112
의식과 자아이해 _ 116

제5장 복잡한 역동적 발달체계로서 마음, 뇌, 교육 이해하기 … 121

개 관 _ 121
복잡한 체계의 핵심 특징 _ 123
발달측정의 복잡성 측면 _ 132
심리변인의 역동적 측면 _ 134
발달이론 정립과 가설 검증의 복잡성 측면: 사례연구 _ 136
정서표현과 상호작용에 대한 역동적 모델 _ 137
표준의 표본설계로 역동적 체계의 가설 검증하기 _ 142
결과와 논의 _ 143
복잡성 측면 _ 145
결론: 발달 실재를 단순화하더라도 그 복잡성은 유지하라 _ 145

제2부 뇌발달, 인지, 교육

제6장 교육학에서 본 후성설과 뇌 가소성 … 155

개 관 _ 155
뉴런의 지식표상 _ 156
인지과정으로서 진화 _ 157
경험에 의한 발달 _ 159
후성적 회로 선택의 적응적 가치 _ 162
경험에 의한 발달을 통제하는 내부 제어체계 _ 165
경험에 의한 뇌발달에서 휴식과 수면의 중요성 _ 167
성인학습의 기제 _ 169

제7장 시간교육 … 173

개 관 _ 173
일주기 시계는 가장 필수적인 생물학적 기능에 속한다 _ 174
현대인의 일주기 기제는 가변적이다 _ 176
수면-각성은 인간의 가장 뚜렷한 일주기 리듬이다 _ 177
일주기 체계는 교육의 과정에 강력한 영향을 준다 _ 183
수면은 교육에 강력한 영향을 준다 _ 184
발달과정이 수면조절에 큰 영향을 준다 _ 187
마무리하는 말 _ 191

제8장 인지발달과 뇌발달의 역동적 사이클 … 197

개 관 _ 197
뇌와 행동의 성장 사이클과 척도 _ 199
인지발달 사이클 _ 204
피질발달 사이클 _ 210
학습 사이클: 뒤쪽으로의 성장과 미시발달 _ 217

제9장 뇌기제와 고차적 기능 학습 … 231

개 관 _ 231
주의 네트워크 _ 233
개별성 _ 235
유아기 _ 237
유아학교 _ 240

제10장 뇌 개발하기 … 253

개 관 _ 253
학습과 교육의 기반 _ 255
학습과 교육에 대한 생물학적 정의 _ 256
시냅스 형성과 제거 _ 258
비침습적인 뇌기능 측정의 중요성 _ 259
광토포그래피의 원리 _ 260
신생아와 영아의 뇌기능 영상 _ 261
정서와 지능 _ 263
인간의 뇌는 어떤 진화사를 담고 있는가 _ 264
증오의 고리를 차단하는 방법 _ 264
인간의 전전두피질 발달에 대한 종단연구 _ 265
새로운 뇌공학으로 인해 제기되는 윤리적 문제 _ 266
21세기의 뇌과학과 교육 _ 268

제3부 뇌, 언어, 수학

제11장 읽기 뇌의 세 모습 … 277

개 관 _ 277
읽기에 대한 특별한 견해 _ 279
쓰기의 진화에서 얻은 통찰 _ 280
진화에서 아동의 읽기발달로 _ 283

아형 분류: 이중결함 가설 _ 286
읽기중재에서 요소 기반 관점의 유창성 _ 288
유창성 중재: RAVE-O _ 291
요 약 _ 294

제12장 읽기와 뇌 … 299

개 관 _ 299
여러 언어의 음운인식과 읽기학습 _ 300
철자법이 음운표상과 읽기전략에 미치는 영향 _ 303
난독증에 대한 시사점 _ 305
난독증의 기반인 청각처리 결함: 지각중심 가설 _ 307
상승시간의 신경표상 _ 312
결 론 _ 314

제13장 근적외선 분광기를 이용한 조기 언어와 음성발달 뇌영상 … 319

개 관 _ 319
근적외선 분광기의 새로운 역할 _ 326
교육신경과학: 실험실에서 교육으로 _ 335

제14장 읽기와 산수에서 뇌의 제약 … 345

개 관 _ 345

산수의 뇌과학적 근거 _ 348

읽기의 뇌과학적 근거 _ 353

결론: '뉴런 재활용' 과정으로서 교육 _ 360

찾아보기 _ 367

새로운 교육학적 접근을 기대하며

Rita Levi-Montalcini

지난 여러 세기의 현저한 과학발달, 특히 르네상스 시대부터 현대까지의 과학발달이 교육계의 상당한 변화(꾸준히 개선해 가야 할)에 항상 기여한 것만은 아니었다. 실제로 과거에는 생후 인지능력의 기반이 되는 뇌구조와 그 기능에 대한 지식이 부족하여 적절한 교육 실제를 선택하기가 어려웠다. 그러던 중 20세기에 들어와 아주 중요한 두 사건이 일어났다. 즉, 뇌활동에 대한 지식과 컴퓨터의 엄청난 발달로 현대인의 생활이 완전히 바뀌게 되었다.

새천년의 도래와 더불어 전 세계적으로 생활양식이 변하여 교육계의 변화가 요구되고 있다. 학생들이 컴퓨터 시대에 적절히 적응하려면 영아기부터 청소년기까지의 교육이 총체적으로 바뀌어야 한다. 오늘의 아동은 곧 내일의 성인이기 때문이다.

교육계는 아직까지도 아동(Pavlov의 개와 마찬가지로)을 보상이나 벌을 줄 대상으로 바라보던 빅토리아 시대의 영향을 받고 있다. 아동의 뇌는 개의 뇌와 어떻게 다를까? 아동이나 개 모두 변연계로 알려진 구피질이 발달한 상태이며, 아동과 개의 구피질은 서로 별 차이가 없다. 변연계는 포유동물이 출현한 이래 호모사피엔스가 등장하기까지의 수백만 년 동안 거의 불변한 부분으로 정서적·공격적 행동의 기반이다.

인간의 자녀는 뇌발달이 느리다는 점에서 다른 동물들의 새끼와 다르다. 이로 인해 출생에서부터 사춘기에 이르는 장기적인 성숙기간 동안 부모나 교육자에게 의존할 수밖에 없다. 호모사피엔스의 뇌처럼 엄청나고 복잡한 기관이 발달하는 데는 느린 뇌발달이 유익할지라도, 장기적인 부모 의존으로 인해 부모와의 상호작용이 신경계(아동이 사회의 구성원으로 자랄 때 개인의 행동을 안내하는)에 영구적인 흔적을 남기게 된다.

유년기에는 세계와의 관계에 큰 영향을 줄 만한 정보가 제공되어야 한다. 생후 몇 개월 동안, 어른은 자기 민족이나 사회의 종교적·정치적 신념체계를 통해 영아에게 중요한 영향을 줄 수 있다. 가령, 그 단어의 의미가 어떻든 어려서 주입된 '다름'에 대한 증오가 집단학살이나 전쟁 같은 비극적 결과를 낳아, 오늘날 세계 곳곳에서는 여전히 유혈사태가 발생하고 있다. 출생 직후부터 그런 신념을 가르칠 경우 훗날 인격과 행동이 크게 달라질 것이다. 신피질에 기반을 둔 아동의 인지발달은 아주 다양하다. 신피질은 변연계와 달리 주름 증가와 더불어 크게 정교화되고, 그로 인해 신경 네트워크가 증가하고 재구성된다.

초등학교 아동은 사회관계에 대한 초보적인 규칙을 익히면서 점차 조상들이 거쳐 온 여정을 떠난다. 우리 조상들은 그 여정에서 말과 문자 같은 강력한 상징적 의사소통 도구를 발견했다. 그런 발견으로 개인 간, 개인과 집단 간, 과거 세대와 현 세대 간, 현 세대와 다음 세대 간의 메시지 교환 가능성이 수백 배나 증가했다.

최근에야 아동의 뇌에 이미 인지능력이 활발하고 과거에 생각한 것보다 훨씬 대단하다는 사실이 밝혀졌다. 이렇게 말하는 근거는 무엇인가? 그 하나는 요즘 아이들이 형식-논리 접근을 이용하는 컴퓨터 활용에 있어 어려서부터 뜻밖의 타고난 성향이 있다는 것이다.

정보기술의 발달 덕분에 아동의 능력이 과거에 성인의 전유물로 여겨지던 정보 수용은 물론 즉각적인 정보 활용에서 성인을 앞지를 정도로 비상하고 엄청남을 알게 되었다. 사실 컴퓨터를 활용할 때 아동이 보여 주는 기능과 열정은 놀라울 정도다. 요즘 이런 기술에 접하는 평균연령은 꾸준히 낮아지고 있다.

오늘날 교육계의 필수 과제는 전통적인 교재로 지식을 전달하여 아동을 교화하는 것이 아니다. 대신 아동이 자신의 능력을 인식하게 한 후 그 능력을 활용해 체험을 통한 능동적 학습상태(정보를 단순히 기억하는 수동적 상태에서)로 나가게끔 돕는 것이다. 이와 같이 최근 등장한 능동적 학습은 신피질 회로 덕분에 가능한데, 신피질은 출생 후 크게 발달하고 외부 메시지의 자극을 받는다.

새로운 교육이론을 지지하는 저명한 학자 Seymour Papert(1992)는 아동이 자신을 학습의 '수동적 소비자'가 아닌 '능동적 생산자'로 인식해야 한다고 주장한다. 어떻게 하면 교육계의 총체적 변화인 교육혁명에 이를 수 있을까?

내 견해로는 어려서부터 컴퓨터를 활용하면 아동의 창의적 능력이 촉진될 것 같다. 컴퓨터를 활용할 경우 학교교육 초기에 재미없는 공부로 여겨지던 수학학습이 능동적 사고도구가 된다. 내 생각에 전통적인 방법으로 수학을 가르치면 공부하기 힘들 뿐만 아니라 아동의 일상생활에 적용하기 어려워 아무 쓸모도 없다.

Papert(1980)는 비디오게임이나 컴퓨터 통제 프로그램 같은 컴퓨터 프로그램의 개발에 아동을 참여시켜 LOGO 프로그램을 개발했다. 아동은 그 프로그램을 이용해 음악, 미술, 게임 등 창의적 활동을 할 수 있다. 그런 방법을 이용할 경우 전통적인 방법을 이용할 때보다 아동이 더 빨리 잘 배우는 것으로 나타났다.

한편 대표적인 조기학습의 한 예로 이탈리아 레지오 에밀리아에 있는 다이애나(Diana) 초등학교 프로그램을 들 수 있는데, 그것은 유럽에서 유명하며 하버드 대학교 프로젝트 제로(Project Zero, 2001)의 모델이 되고 있다. 관련 논문인 「학습 가시화하기(Making Learning Visible)에서는 관련 방법 및 기법, 그로 인한 아동의 자율학습을 교사의 배려와 관련지어 설명하고 있다. 그 프로그램에서 교사의 의무는 아동이 한 인간으로 발달해 가도록 지원하는 것이고, 교사는 아동을 안내하는 동시에 아동과 더불어 새로운 것을 배운다.

여러 저자들이 제시한 바와 같이, 컴퓨터나 이런 새로운 교육학 덕분에 이제 아동은 능동적 학습이 가능하게 되었다. 교재를 읽어서 얻은 지식은 시간이 지나면 기억에서 점차 사라지지만, 컴퓨터를 활용하거나 능동적 학습을 통해 얻은 지식은 잘 기억될 것이다.

새로운 교육제도는 교사-교재-학생의 3요소에 기반을 두는 것이 아니라, 크리아넷(CreaNET)의 실장인 Paolo Manzelli가 제안한 대로 개방적인 환경에서 개발된 교육 프로젝트의 바탕 위에 창의적 학습을 유도하는 전문적 능력에 기반을 두어야 한다.

이제 우리는 새로운 학교, 차별화된 학교에 대해 숙고해야 한다. 현재의 교육과정은 물론이고 교수법도 바뀌어야 한다. 미국에서는 이미 이런 변화가 일고 있으며 관련 결과도 제시되고 있다. 학교, 연구센터 및 사회를 연결하는 새로운 교육계의 '상호작용'은 유럽 사회의 요구인 공동체 목표에 이르는 근본 원리다.

이런 문화혁명에는 찬성과 반대가 따르기 마련이다. 수학자이자 교사인 Papert(1996)가 관찰한 것처럼, 교육 분야에서 정보기술의 활용이 보수적인 선진국에 비해 개발도상국에서 더 쉽게 수용되고 적용되는 것은 흥미로운 일이다. 어차피 새로운 기술의 흐름은 거스를 수 없고 변화 또한 절실하다. 그런 변화를 통해 새로운 세대가 세계무대의 방관자가 아닌 주역이 되어야 한다.

참고문헌

Papert, S. (1979). *Mindstorms: Children, Computers and Powerful Ideas.* New York: Basic Books.

_______ (1992). *The Children's Machine: Rethinking School in the Age of the Computer.* New York: Basic Books.

_______ (1996). *The Connected Family: Bridging the Digital Generation Gap.* New York: Basic Books. www.ConnetedFamily.com/

Project Zero & Reggio Children (2001). *Making Learning Visible: Children as Individual and Group Learners.* Contributors: Claudia Giudici; Carla Rinaldi; Mara Krechevsky; Paola Barchi; Howard Gardner; Tiziana Filippini; Paola Strozzi; Laura Rubizzi; Amelia Gambetti; Paola Cagliari; Vea Vecchi; Giovanni Piazza; Angela Barozzi; Ben Mardell; Steve Seidel. Cambridge, MA: Reggio Emilia, Italy: Reggio Children, International Center for the Defense and Promotion of the Rights and Potential of all Children www.pz.harvard.edu/Research/MLV.htm

creaNet *Laboratory for Educational Research. Florence University EGO-CreaNet Association, Telematic Network.* www.thinkquest.it/egocreanet/stating.html

PART *01*

마음, 뇌, 교육의 관계

제1장 마음, 뇌, 교육의 이론과 실제
제2장 뇌와 자아에 대한 역사적 고찰
제3장 신경교육의 가교
제4장 마음, 뇌, 의식
제5장 복잡한 역동적 발달체계로서 마음, 뇌, 교육 이해하기

제1장 마음, 뇌, 교육의 이론과 실제

Antonio M. Battro, Kurt W. Fischer, & Pierre J. Léna

> 곤충학자가 화려한 나비를 쫓는 것처럼, 내 관심은 섬세하고 우아한 모양의 세포가 모여 있는 회백질 정원에서 영혼이라는 신비로운 나비의 날갯짓이 언제쯤 정신생활의 비밀을 밝혀 줄지에 있다.
>
> Santiago Ramón y Cajal(내 인생의 추억, 1981)

많은 과학자들과 교육학자들은 우리가 마음, 뇌, 교육(mind, brain, and education: MBE)을 연결하는 새로운 방향으로 나아가고 있음을 느끼고 있다. 아마도 이런 느낌이 든 것은 지난 20년간 인지과학, 신경생물학 및 교육학 관련 분야가 상당히 진보하고 그 분야의 학자들이 상호작용하게 되었기 때문일 것이다(Fischer, Bernstein, & Immordino-Yang, 2006). 더욱이 글로벌 세계에서 커뮤니케이션과 정보의 발달로 이들 분야의 연계성이 증가하였다. 앞의 축사(祝辭)에서 Rita Levi-Montalcini가 언급한 것처럼, 전 세계의 '디지털 환경' 은 인류사에서 새로운 현상이다(Battro, 2004). 다행히도 교육이 급속도로 발전하여 우리는 윤택한 삶을 누리고 있다. 그로 인해 국가, 인종, 종교가 다른 많은 과학자, 교사, 학생들이 협력하여 MBE이라는 새로운 초학문(transdisciplinary) 분야를 연구할 수 있게 되었다(Léna, 2002; Koizumi, 이 책).

이런 노력을 일컫는 한 가지 명칭으로 신경교육(neuroeducation)(Bruer, 이 책)이 있는데, 이 분야에서는 초학문의 교육적 측면을 강조하고 있다. 다른 명칭은 교육신경과학(educational neuroscience)으로서 교육과 관련된 신경과학에 주 관심을 두고 있다. 이제 인지과학, 생물학, 교육학을 종합하는 이러저러한 관심을 포괄하여 '마음, 뇌, 교육(MBE)' 이라는 명칭을 사용하기로 한다. 한편으로 이 신생 분야는 현대 신경과학의 모든 수준에 관심을 갖는다. 즉, 분자수준에서 유전자까지, 시냅스에서 인공 신경망까지, 반사에서 행동까지, 동물연구에서 인간의 뇌 영상까지의 모든 수준을 다룬다(Dawson & Fischer, 1994). 다른 한편으로 '교육' 이란 용어는 인류 문화 자체를 일컬을 정도로 광범위하다. 서로 다른 문화, 언어, 신념이 혼합되는 세계화 과정으로 인해 MBE 분야는 점점 더 복잡하고 다양해질 수밖에 없다.

교육이 신경 측면 이상인 것은 틀림없지만, 뇌과학과 생명과학은 교육의 과정과 방법을 상당 부분 조명해 줄 수 있다. 새로운 뇌영상과 DNA 분석법으로 신비에 싸여 있던 뇌와 그 발생과정이 점점 가시화되고 있다. 바야흐로 몇몇 사례를 통해 교육중재가 뇌의 정보처리와 유전적 발현에 미치는 영향을 관찰하게 될 것 같다. 이와 같은 엄청난 진보로 사회가 크게 흥분하고 있고 그 기대 또한 커져 사회가 생물학에 매혹되어 있는데, 이는 지난 10년간 생물학이 현저히 진보했기 때문이다. 이런 엄청난 기대가 비현실적일 수도 있지만, 그것은 교육을 개선하고 21세기의 복잡한 세계에 대처하려는 진보 욕구를 반영한 것이다. 즉, 정보와 인구 폭발의 시대이자 세계가 좁아지는 시대(커뮤니케이션과 세계화로)인 21세기에 대처하려는 진보 욕구를 반영한다.

이제 교육 분야에서는 많은 진보가 절실하다. 2001년 11월, 로마 교황청과학원에서 개최한 '과학의 도전: 21세기를 위한 교육' 이라는 워크숍에서는 기초교육에서의 과학이라는 논제를 다루었다. 즉, 경제발달 수준과는 별도로 대부분의 국가에서 나타나는 과학 지식 및 기술과 과학 활용능력 사이의 격차증가에 대한 해결방안을 다루었다. 결국 20세기에 과학과 기술이 크게 발전하여 새로운 교육문제가 등장한 것이다. 위의 워크숍과 거기서 제기된 질문들은 이 책의 바탕이 된 2003년 11월의 'MBE' 워크숍의 터전이 되었다.

과학교육과 지식 격차라는 논제는 정의와 민주주의를 위해 아주 중요하고 교육 실제의 혁명을 요구한다. 물론 그런 대과업에서 성공할 비법이 있는 것은 아니지만, 미국에서부터 브라질, 칠레, 아르헨티나를 거쳐 프랑스에 이르는 여러 나라에서 나름대로 성공적인 실험들이 진행 중이고 과학원에서도 가끔 이를 도입하고 있다. 이런 프로그램들은 모두 탐구자로서 아동의 역할을 회복시키고, 능동적 태도, 대화, 관찰 및 실험을 통해 아동의 호기심을 촉진하려 하고 있다. 그 실험들은 뇌발달 관련 지식, 자극과 동기의 역할, 학습과 기억의 관계로부터 많은 도움을 받았다. 특히 2~6세의 유아기에 관심을 갖고 있는데, 최근 인지심리학 연구에서는 학습 중인 아이가 주변을 탐색하고 실험하는 '과학자' 임을 제시하고 있다(Léna, 2002 참조).

MBE의 발전을 위해서는 연구자와 실무자들이 진심으로 협력하여 연구와 지식에 기여해야 한다. 그럴 경우 연구결과로 교육 실제를 조명할 수 있고, 교육 실제에서의 관찰결과는 연구에 중요한 문제의식과 통찰을 줄 것이다. 우리가 케임브리지 대학교 출판부에서 출판한 첫 번째 책인 『읽기장애의 MBE(*Mind, Brain, and Education in Reading Disorders*)』에서는 학습문제 아동을 중심으로 연구와 실제를 접목시키는 데 주력하였다. 두 번째 책인 이 책에서는 생물학과 인지과학을 교육과 접목시키는 주요 과학연구를 강조하고 있다. 그리고 우리는 세 번째 책인 『MBE의 유용한 지식(*Usable Knowledge in Mind, Brain, and Education*)』을 준비하고 있는데, 이 책에서는 과학자와 교육학자의 효과적인 대화를 촉진하여 교육 실제를 조명할 수 있는 지식을 창출하려 한다. 그것이야말로 이 분야의 장기적인 도전일 것이다.

추후 아주 포괄적인 새로운 패러다임이 출현하는 것도 아니고, 그렇다고 무관한 연구들을 어설프게 모아 놓은 잡동사니가 나오지도 않을 것이다. 오히려 새로운 지식 네트워크를 형성하려는 다양한 과학적 경향이 역동적으로 나타날 것이다. 그렇지만 한 요소가 다른 요소를 침해하지는 않을 것이다. 오히려 우리는 건전하게 성장하는 지식체계를 예측하는데, 이는 체계 안팎에 있는 하위요소들 간의 다양한 연계 및 그 요소들의 기능 덕분에 크게 발전할 것이다. 물론 그런 지식체계는 분명한 목적과 목표, 현실적인 계획, 엄청난 모험 및 도덕적 책임감을 가진 많은 팀들이 협력해서 노력한 결과일 것이다. 이 책은 그러한 성장 일로에 있는 국제적·초학문적 경향을 표현하려는 시도다.

이 책의 구성

이 책은 세 부분으로 구성되어 있다. 1부에서는 새로운 초학문 분야인 MBE의 역사적, 인식론적, 방법론적 틀을 제시한다. 2부에서는 뇌와 인지 발달에 대한 역동적·생물학적 접근과 뇌영상 기법이 연구와 실제에 주는 영향을 비롯해 신경과학을 학습 및 교육과 연결하는 연구가 주를 이룬다. 3부에서는 뇌의 언어와 수학 처리과정에 대한 연구를 살펴보는데, 이 분야는 과학적으로 상당히 발전한 상태이며 머지않아 교육 실제에 접목될 것이다.

우리는 교황청과학원에서 개최한 'MBE' 컨퍼런스의 명예회장이자 신경성장요소(nerve growth factor)를 발견한 노벨상 수상자이며 신경과학 분야의 권위자인 Rita Levi-Montalcini가 축사를 써준 데 대해 경의를 표한다. 그녀는 생후 신피질이 크게 발달하고 인간의 뇌가 느리게 성숙함을 강조하는데, 이는 곧 아동이 부모와 교사에게 장기적으로 의존하는 것과 관련된다. 이처럼 장기간에 걸쳐 서서히 진행되는 발달과 학습은 발달 중인 아동의 신경구조에 지속적인 흔적을 남긴다. 더욱이 연구자들은 영아의 인지능력이 이전에 생각한 것보다 훨씬 대단함을 발견하였다. 이런 결과로부터 조기교육의 중요성이 훨씬 더 자명해졌다. 요즘 유아들은 정보기술을 접하여 이를 적극적이고 생산적으로 활용하고 있다. 인간의 놀라운 인지능력과 그간의 새로운 정보 증가로 교육혁명이 요구되고 있다. Rita Levi-Montalcini가 밝힌 것처럼 우리에게는 '세계무대에서 방관자가 아닌 주역이 될' 신세대가 필요하다.

제1부 마음, 뇌, 교육의 관계

1부에서 저자들은 MBE라는 초학문 분야로의 수렴 통로를 마련할 때 중요한 논쟁점, 장점 및 장애물을 분석한다. 이는 곧 인간의 본질을 이해하는 역사적 틀, 인간의 뇌 및 행동 관련 지식에 대한 인식론적 분석, 그리고 마음, 뇌, 행동 발달 관련 연구와 실제에 대한 방법론적 접근을 의미한다.

2장의 '뇌와 자아에 대한 역사적 고찰'에서, 베를린에 있는 막스플랑크 재단(Max Planck Institute)의 저명한 심리사학자인 Fernando Vidal은 뇌가 '영혼의 자리'에서 '자아의 기관(자아의 기관이라는 개념 덕분에 그는 '뇌성[腦性, brainhood]'이라는 신조어를 만들게 됨)으로 바뀐 역사를 설명한다. 이처럼 급격한 개념변화는 뇌를 자아에 필요한 유일한 기관으로 이해하게 된 18세기 무렵 시작되었다. 실제로 최근 생물학과 의학, 특히 신경과학의 발달로 뇌 기반 인간이라는 '뇌성인간(cerebral subject)'의 개념이 강화되었다. 이 개념과 관련된 당시의 많은 예들(뇌이식이나 뇌를 분리해 보존하는 철학적 뇌공상[腦空想]이나 사고실험)이 인간의 동일성에 대한 오늘날의 논의에서도 여전히 활용되고 있고, 뇌성인간 개념은 의료 현장에서의 '뇌사'처럼 실제적으로나 윤리적으로 보편적 시사점이 있다. Vidal은 뇌의 됨됨이(뇌로서의 인간)를 일컫기 위해 '뇌성'이라는 용어를 만들었다. 뇌성은 광범위한 인류학적·사회학적 의미를 부여하며, 미래 교육에 예측할 수 없을 정도로 엄청난 영향을 줄 것이다. 두 손이 뇌를 감싸고 있는 Helen Chadwick의 〈자화상〉에서처럼, 뇌성은 일부 예술가들의 작품에 영감을 주었다. 무엇보다 교육에서 이 용어의 윤리적 영향이 필연적이다 보니, 학생의 뇌를 대상으로 물의를 일으킬 만한 관찰, 실험, 심지어 '비침습적인' 중재와 평가마저도 주의 깊게 고려해야 한다. 최근 일본 문부성의 신경윤리위원회 같은 단체 덕분에 인류사회에서 인도주의를 조명하게 되었다(Koizumi, 이 책).

철학 전공자이자 제임스 S. 맥도넬 재단(James S. McDonnell Foundation)의 이사장인 John Bruer는 교육학과 인지신경과학 분야에서 세계적으로 저명한 인물이다. '신경교육의 가교' 에서 그는 인지신경과학적 결과가 교육 실제와 정책에 어떻게 활용되고 있는지를 예리하게 비판한다. 남용되고 있는 예들 중 교육자들에게 인기 있는 하나는 시각에서 나타난 결정적 시기가 인지발달과 평생학습을 설명할 최적의 모델이라는 것이다. Bruer는 그런 주장이 근본적으로 잘못되었다고 말한다. 게다가 새로운 개념과 기능을 학습하려면 뇌대사와 시냅스 밀도가 높아야 한다는 일반의 주장은 엄격한 실험결과와 일치하지 않는다. Bruer가 말한 것처럼, "발달신경생물학에 과도하게 의지하다 보면 교수-학습에 대해 자칫 왜곡된 시사점을 도출할 수 있다." 오히려 우리는 학습에 좀 더 포괄적으로 접근해야 하는데, 학습에서는 요즘 당연시되는 생물학적 '기회의 창' 이나 '결정적 시기' 보다 특정 영역의 선행학습이 더 중요하다.

Bruer의 분석에 따르면 학습과 교수에 대한 인지과학 연구를 조명함으로써 신경생물학과 교육을 접목할 수 있다. 그러면서도 그는 신경생물학 연구가 교육에 대한 이해 증진과 직결되는 것은 아니라고 주장한다. 그는 그 예로 수학을 드는데, 실제로 위험에 처한 아동에게 라이트스타트(Right Start) 같은 프로그램으로 수학을 가르친 결과에서는 그 효과가 아주 큰 것으로 나타났다(Griffin, Case, & Siegler, 1994). 그리고 그런 인지적 결과와 개념은 피질의 수개념(수 이름, 아라비아 숫자, 아날로그 수) 표상을 연구한 Stanislas Dehaene 등의 신경과학 연구와도 관련된다. Bruer는 이들 연구를 종합하여 신경과학 및 인지 연구가 수학기능의 교육 통로를 조명해 주지만, 그렇다고 신경과학 연구가 교육과 직결되는 것은 아니라고 주장한다. 언어와 읽기 획득 연구에서도 신경과학, 인지과학, 교육 간의 관계는 유사한 것 같다(Dehaene, Goswami, Petitto, & Wolf, 이 책). Bruer는 신경과학과 인지과학을 접목시키려면 신경교육 연구전략을 정교화해야 한다면서 기초 신경인지 연구와 교육 실제 간에 '반복적 상호작용(recursive interaction)' 의 증가를 요구한다.

자아의식과 뇌는 오늘날 철학, 신경과학 및 교육의 주 관심사다. 콘스탄츠 대학교 철학 및 과학이론센터의 소장이자 철학교수인 Jürgen Mittelstrass는 마음-뇌 분야의 저명한 학자로서 일원론과 이원론에 대한 다양한 개념체계를 비판적으로 분석한다. 그는 '극히 이원론적인 철학연구와 극히 일원론적인 자연과학 연구(과학적 경향이 있는 심리학을 포함해)' 를 구성주의적으로 조정해야 한다고 제안한다. 또한 '마음-몸 문제의 흐름' 에서 '실용주의적 이원론' 을 도입한다. 그는 심리학적 개념들 각각의 설명력을 바탕으로 그 개념들을 옹호하나 신경환원주의의 제한된 관점에는 반대한다. 아마 이런 실용주의 모델 덕분에 현대 신경인지과학에서 가장 앞선 이론적 개념을 존재론적으로 설명하지 않고도 교육 실제에 도입할 수 있을 것이다. 우리가 MBE 같은 새로운 분야를 정착시키려면 항상 철학적 비판이 필요하다. 엄밀하고 철저한 철학적 분석과 종합을 통해 많은 실수와 단순화를 피할 수 있다. 현재 신경과학, 인지과학, 교육학에 도입되고 있는 많은 개념들이 철학사에서 생소하다는 점을 고려한다면 주의 깊게 검토할 필요가 있다.

새로운 개념과 기술이 도입되면 그에 따라 연구방법론도 새로워질 것이다. 마음, 뇌, 교육을 일관적인 한 분야로 결합하려면 여러 가지 사고 습관, 즉 종래의 여러 기준을 크게 바꿔 심리학과 교육학의 연구 범위를 생물학 시대에 맞게 확장해야 한다. 뇌 자체는 종래의 장비만으로 연구할 수 없는 아주 복잡한 기관이다. 첫째, 행동주의와 인지 연구에서 주로 사용하던 종래의 선형분석으로는 뇌의 복잡성을 파악할 수 없는데, 뇌의 경우 전체가 부분의 합 이상이기 때문이다. 뇌의 시냅스 수는 천문학적이고 매 시간 뇌 부위 간 상호작용 수는 엄청나다. 아마도 역동적 체계이론을 통해서만 각 부분들이 어떻게 이처럼 놀라운 기관을 이루는지 파악할 수 있을 것이다. 둘째, 마음/뇌, 몸, 세계는 영원히 상호작용하는 복잡한 체계다.

이 책에서 그로닝겐 대학교 심리학 교수인 Paul Van Geert와 Henderien Steenbeek은 신경심리 발달에 대한 복잡하고 역동적인 체계적 접근과 이를 교육과정 분석에 적용하는 방안을 소개하고 있다. 그들은 복잡한 체계의 네 가지 특징, ① 비선형성과 자기 조직,[1) ② 중첩, ③ 실체와 과정, ④ 인과성의 다층다척도 특성을 제시한다. 첫째, 비선형성과 자기 조직은 새로운 조직의 출현을 비롯해 발달 중 질서와 구조가 증가하는 것을 의미한다. 둘째, 중첩은 학습에서의 유전자와 환경처럼 겉보기에 양립 불가능한 두 가지 특성이 동시에 나타남을 의미한다. 일반적으로 체계 역동성에는 모순되거나 '양립 불가능한' 과정이 포함된다. 셋째, 실체와 과정에서는 어떤 현상에 대한 다양한 수준의 분석이 안정된 실체나 변화하는 과정과

1) 역주: 교사의 신호가 없어도 학습법칙에 따라 신경회로 모델이 유용한 회로나 구조를 형성하는 방식.

어떤 관련이 있는지를 설명한다. 가령, 공차기 같은 기능은 장기적으로는 안정적이라서 실체로 생각되지만 과정과도 관련될 수 있다. 그 이유는 공차기가 연습, 피로, 공의 특성, 팀의 상황 같은 요인 때문에 단기적으로 변할 수 있기 때문이다. 넷째, 인과성의 다층다척도 특성은 한 개인에서 인류에 이르는 층이 개인, 집단, 사회, 문화 같은 다양한 층으로 구성된다는 것을 의미한다. 층은 미시발달, 개체 발생, 역사, 진화 같은 시간척도에서도 나타날 수 있다. 저자가 말한 것처럼, 그런 것들은 모두 '상호 인과적' 으로 작용한다.

이처럼 복잡한 체계로 개념화할 때의 한 가지 실용적 시사점은 측정 시 시간의 흐름에 따라 변하는 체계 본래의 풍부함을 파악해야 한다는 것이다. 제대로 측정하지 못하면 체계가 잘 드러나지 않아 정적인 것처럼 보인다. 예를 들어, 읽기를 담당하는 뇌 부위를 확인한다 하더라도 우리는 여전히 읽기가 뭔지 안다고 말할 수 없다. 저자에 의하면 "뇌 관련 지식은 복잡한 퍼즐에 한 조각을 추가한 격이라, 퍼즐을 맞추는 데에는 기여할지 몰라도 퍼즐을 완성하지는 못한다."

Van Geert와 Steenbeek은 리더십이 서로 다른 아동 대상의 상호작용 연구를 통해 이 모델의 예언력이 높음을 보여 준다. 그 밖에도 많은 예가 있는데, 복잡성 분석은 양 보존, 안정된 단계, 유동적인 기능, 학습이나 발달의 역 U형 곡선, 퇴행 등을 비롯해 다양한 현상을 설명할 수 있다. 교육학에서는 이런 방법론적 고찰이 아주 중요하며, 21세기 교육학자들은 그것을 강조해야 한다.

제2부 뇌발달, 인지, 교육

과학에서 한 가지 큰 도전은 기초연구를 일상생활에 접목시키는 것이다. 현대사회의 성공은 이런 대과업과 관련되며, 교육의 성공 역시 그러하다. 컴퓨터와 커뮤니케이션 기술로 모든 수준의 교수와 학습에서 큰 변화가 이루어졌고 당연히 뇌도 그런 변화에 속한다(Battro, 2002). 우리는 다음 시대의 최첨단 교육은 인지과학과 뇌과학에서 도출된 기술에서 비롯될 것이라고 예측한다.

기술에 의한 사회변화와 더불어, 위의 과정과 관련된 뇌기제를 밝히고 알려 인식론적 변화가 일어날 것이다. Wolf Singer는 뇌과학자의 관점에서 "지식의 근원 탐색은 곧 뇌가 기능적 구조를 설계하고 수정하는 과정을 탐색하는 것이다."라고 말한다. 학습과 사고의 기반이 되는 신경생물학과 유전학을 설명하려는 대과업은 급격한 개념변화(몇십 년 전에 소수의 교육학자들만이 상상할 수 있었던)를 가져올 것이다. 오늘날 과학자들은 다양하고 강력한 신경생물학 장비로 지식의 출처를 추적하고, 발생설과 후성설, 계통 발생과 개체 발생 및 전 생애에 걸친 다양한 학습과 기억이 어떤 관계가 있는지를 분석하고 있다.

세계 곳곳에서 수천 명의 유능한 과학자들이 이런 기초연구를 수행하고 있지만, 당장 그것이 교육 현장에 접목될지는 아직 불분명하다. 가령, 새로운 인지신경과학 책 중 명저에 속하는 책(Gazzaniga, 2003)의 색인을 보면, '학습' 이라는 용어는 여러 번 등장해도 '교육' 이라는 용어는 한 번도 등장하지 않는다. 이처럼 '교육' 이라는 용어가 등장하지 않은 것은 아마도 많은 연구자들이 교육에 대한 관심이 없어서가 아니라 메워야 할 과학적 격차(즉, 탐색할 새로운 분야)가 있음을 말해 준다. 이런 격차를 메우려면 종래의 엄격한 학습모델이나 실험실에서 벗어나야 한다. 인지신경과학은 학교의 다채로운 교수–학습 상황에서 심오하고 유용하며 의미 있는 질문을 제기할 수 있을 것이다.

2부의 첫 장에서 프랑크푸르트에 있는 막스플랑크 재단의 뇌연구 책임자인 Singer는 학자와 실무자들이 기초 신경과학과 교육 실제의 격차를 줄일 수 있는 구체적 주제, 즉 시각의 결정적 시기와 유아 학교 아이들의 수면시간을 소개한다(수면시간은 이 책에 나오는 Daniel Cardinali의 시간교육학[2)]과도 관련된다.). 그는 복잡한 수면–각성 사이클이 발달과정, 기억 공고화, 학습 개선에 중요하다는 연구들에 대해 논의한다. Singer는 결정적 시기에 대한 동물의 시각연구 경험을 기반으로 '함께 발화하는 뉴런은 서로 연결된다.' 는 원리를 도출했다. 뉴런의 동기화 모델에 따르면 회로의 기능성이 검증되고 이를 통해 남은 생애 동안 그 연결이 공고화되거나 제거된다. 발달의 창문이 닫히면 뉴런이 새로운 시냅스 생성을 멈추고 기존의 연결이 더 이상 제거되지 않는 것 같다. 극단적인 예로는 '시각 박탈' 을 들 수 있다. 아기의 눈이 감염되어 조기에 피질의 시각회로가 제대로 발달하지 못하면 후에 그들의 망막이 정상이 되더라도 여전히 볼 수 없다.

그런가 하면 Bruer가 이 책과 다른 책(Neville & Bruer, 2001)에서 논의한 것처럼 불가역적으로 보이는 사태를 되돌릴 만큼 뇌의 가소성은 풍부한 측면도 있다. 심지어 성인의 뇌에서도 해마와 후각구에

2) 역주: 시간이 교육에 미치는 영향을 연구하는 학문.

서 새로운 뉴런과 시냅스가 형성될 수 있으며 피질의 다른 부위에서도 그럴 가능성이 있는데(Gage, 2003), Singer 역시 이런 현상이 가능하다고 말한다. 물론 이런 사실들을 바로 교육 프로그램에 접목시킬 수는 없지만, 교육에 관심을 갖고 기초연구를 하는 과학자들이 증가하고 있기에 교육에의 접목은 점차 가능해질 것이다. 이를 위해서는 교사와 신경과학자들이 협력하여 실험실에서 아직 연구되지 않은 교육 실제의 중요한 사안을 다루어야 할 것이다. 우리는 다음 세대가 신경과학과 교육을 접목시킬 역동적 사이클을 정립하여 교육에 대한 안목과 결과에 큰 영향을 주기 바란다.

그런 긍정적 사이클이 이미 존재함을 지지하는 주제는 시간교육학이다. 부에노스아이레스 대학교 의대의 생리학과장인 Daniel Cardinali는 이 분야에서 세계적인 인물로 생체시계가 학습과정과 교육에 어떤 영향을 주는지를 설명하고 있다. 먼저 그는 모든 세포의 24시간 일주기 리듬을 설명한다. 그 리듬은 유전자-단백질-유전자 피드백 고리에 기록된 생체시계인 신경조정기의 신호에 반응한다. 포유동물에서 주요 일주기 조정기는 시상하부의 시신경 교차상핵(SCN)에 있고 타이머 역할을 한다. 차이트게버(Zeitgeber)[3]가 내부시계를 재설정하거나 위상을 전환할 수 있다. 가령, 자정 이전에 빛에 노출되면 수면 위상이 지연되지만 자정 이후에는 앞당겨진다. 반대로 송과선에서 분비되는 '밤의 호르몬' 인 멜라토닌은 자정 이전에는 수면 위상을 앞당기지만 자정 이후에는 지연시킨다. 가장 현저한 일주기 사이클은 수면-각성 리듬이다. 매일 14~16시간 수면을 취하던 아기들이 성인이 되면 매일 8시간 수면을 취할 정도로 총 수

3) 역주: 생체 리듬에 영향을 주는 빛이나 기온 같은 요소.

면시간이 크게 감소한다.

생명에 필수적인 수면은 REM 수면과 NREM(non-REM) 수면 상태로 나누어지며 90~100분 사이클로 반복된다. 예컨대, 75세인 사람은 NREM 수면으로 19년을, REM 수면으로 6년을 보낸 셈이다. NREM 수면상태는 세포를 보호하고 세포 생성을 촉진하는데, 이때 뇌대사는 현저히 감소된다. 반대로 REM 수면상태는 항상성 조절을 못해 온도조절을 못하지만 각성상태보다 뇌가 훨씬 더 활성화되고 생생한 꿈을 꾼다.

교육적 관점에서 내부 시계를 경계상태, 동기, 기분, 학습 경향, 학습능력과 잘 맞추려면 관련 연구결과들을 꿰뚫고 있어야 한다. 오늘날 우리 세계는 24시간 사회로 변하였고, 고등학생들은 수면시간이 바뀌어 밤늦게 자고 새벽에 일어나야 하기에 수면이 부족하다. 이런 변화는 여러 측면에서 그들의 학업 수행에 큰 영향을 준다. Cardinali는 사춘기의 24시간 사이클에 맞추려면 그들의 인지기능이 절정인 저녁 무렵에 수업을 해야 한다고 제안한다. 교육적으로 중요한 여러 가지 사항을 시간생물학[4)] 관점에서 고려할 수 있다.

신경인지과학의 가장 큰 도전은 인지와 정서를 분자수준에서 행동수준까지 다양한 시공간 척도로 연구해야 한다는 것이다. 뇌과학과 교육을 제대로 통합하기 위해서는 여러 수준에서 분석이 이루어져야 한다. 한 가지 큰 과제는 신경 네트워크가 어떻게 형성되는지와 학습 및 인지 발달과 더불어 신경 네트워크가 어떻게 재조직되는지다. 읽기나 쓰기 같은 기능을 개발하려면 여러 해가 걸리지만, 수용기의 연결 여부는 백만 분의 1초밖에 안 걸린다. 네트워크는 억제와

4) 역주: 생체 내에서 인지되는 주기적 현상을 다루는 학문.

흥분을 기반으로 뉴런이 성장하고 시냅스가 발달한다. 신경 네트워크의 성장과 변화야말로 가까운 미래에 해결해야 할 가장 큰 과제다.

피질의 신경 네트워크 성장을 학습 및 교육과 어떻게 접목시킬지는 하버드 대학교 교육대학원의 'MBE' 프로그램 설립자이자 학과장인 Kurt W. Fischer가 쓴 장의 논제다. 그는 생물학, 인지과학, 교육을 체계적이고 포괄적으로 연결하는 최초의 대학연수 프로그램을 주관하고 있다. Fischer는 Antonio M. Battro, Juliana Paré-Blagoev 등과 함께 교황청과학원 실무회의에서 국제마음뇌교육협회(IMBES)를 창립하였고 현재 이 협회의 회장을 역임하고 있다. 마음, 뇌, 교육을 접목시킬 새로운 연결고리를 마련하려면 세 분야에 대해 통찰력 있는 연구자와 실무자가 필요하고, 그들이 모여 적극 협력할 때 비로소 연구와 교육 실제가 하나될 것이다.

가능성이면서 함정이 될 한 예로, 뇌와 인지의 성장 패턴이 매우 일치함을 들 수 있다(Fischer & Rose, 1994). 아동과 청소년은 출생부터 20대 중반까지 최적 조건에서 특정 연령을 간격으로 인지 수행의 고조가 뚜렷했으며, 동일 시점의 복잡성 척도에서도 수행 급증이 나타났다. 연령이 비슷할 때 뇌전도(EEG)를 비롯한 여러 특성에서 피질활동이 강한 고조와 불연속성을 보였으며, 피질 해부도에서도 비슷한 변화를 보였다. 이런 증거를 종합해 발달척도가 나왔으며, 학생의 학습, 교육과정 내용, 교사의 교수를 공통 척도로 평가하기 위해 그것을 활용하고 있다(Dawson & Stein, 출판 중).

불행하게도 뇌성장 고조에 대한 연구결과를 과잉 단순화하거나 지나치게 비약시켜 교육 실제에 잘못 적용할 때가 있다. 가령, 뇌성장 고조기가 아닐 때 새로운 것을 배울 수 없다는 주장이 제기된 바 있는데, 이런 비약은 학습연구에서 결코 지지되지 못하고 있다.

MBE에서 유용한 지식을 도출하려면 신경과학 연구결과를 그대로 적용해서는 안 되며, 학습 및 행동과 뇌의 관계를 적극 연구해야 한다. 학습이 뇌기능과 어떤 관련이 있는지를 비롯해 학교와 일상에서 아동의 학습방법을 검토하지 않은 채 뇌연구 결과만으로 새로운 교육모델을 정립해서는 안 된다.

오리건 대학교 교수인 Michael I. Posner가 Mary K. Rothbart, M. Rosario Rueda와 함께 쓴 장에서는 신경 네트워크에 대해 다른 접근을 제시한다. 다시 말해, 이제 뇌활동을 관찰하는 영상도구로 '사람이 생각하는 동안 뇌 안을 들여다볼' 수 있게 되었다. 신경영상과 인지 분야의 선구자인 Posner는 동료들과 함께 유아의 주의 네트워크 발달에서 유전자와 경험의 역할에 대해 의미 있는 주장을 하고 있다. 이 신경 네트워크는 전대상회에 주요 결절(結節, node)이 있으며, 초등학교 입학 후 새로운 인지, 정서, 사회 기능을 습득할 때 중요한 역할을 한다. 많은 연구에서는 이 주의 네트워크의 세 기능, 즉 경계, 지향, 실행적 통제를 확인했다.

과제를 하는 동안 학생들이 주의를 유지해야 하기 때문에 주의는 학교학습에 필수적이다. 하지만 집중력은 개인과 과제에 따라 크게 달라진다. 한 가지 질문은 주의 중 어느 정도가 유전되는가인데, 이는 일란성 쌍생아와 이란성 쌍생아를 대상으로 특수 주의검사를 실시하면 바로 알 수 있다. 자료에서는 실행적인 주의 네트워크에서 유전자의 역할을 지지하고 있다. 다른 실험에서는 도파민과 관련된 두 유전자의 대립유전자가 전대상회 내부를 크게 활성화시켰다. 또 다른 질문은 사람이 자기의 주의 네트워크 기능을 얼마나 촉진할 수 있는가다. 교사들은 장시간 집중하는 능력, 갈등이나 애매함을 다루는 능력, 즉각적 보상 추구를 절제하는 능력이 학급이나 인생에서 중요함을 잘 안다. 그런 능력을 개발하려면 오랜 시간이 필요하지만, Posner 등은 4세아 대상의 특수 주의훈련으로 고무적인 결과(피질활동과 학교 수행에서 나타난 것처럼)를 얻었다. ADD(attention deficit disorder) 아동과 자폐아동 대상의 연구에서도 유사한 결과를 얻었다. 연구자들은 이런 주의훈련 기법이 유아들에게 유용하기를 바라면서 교육과정 숙달을 위한 일종의 '뇌 부양책'을 마련하고 있다. 이처럼 신뢰성 있는 과학적 증거는 신경교육 발전을 위한 효과적인 방안 구축에 아주 중요하다.

이 과정에서 뇌영상 기법이 주요 장비인 것은 사실이지만, 교육적 관점에서 그런 기술은 교육 현장의 학습문제를 다루기에 실용적이지 못하고 복잡하며 너무 비싸다. 그런 기술은 고도로 정교한 장비, 전문가 팀, 부자연스러운 상황을 요구한다. 다시 말해, 아동이 가만히 앉아 있거나 누워 있어야만 할 정도로 부자연스럽다. 영상장비의 이런 제한점으로 인해 대부분의 영상촬영은 학교가 아닌 실험실이나 병원에서 이루어지고 있다. 이런 영상기술을 교실 같은 자연 상황에서 활용할 수 있다면 연구결과를 교육에 바로 적용할 수 있을 것이다. 학교에서 이용 가능하고 교사의 도움을 받아 분석할 수 있는 새로운 기술이 필요하다.

히타치(Hitachi)의 수석 과학자이자 일본 문부성(MEXT)의 뇌과학 및 교육 프로그램 책임자인 Hideaki Koizumi는 유망한 새 기술로 얻은 현저한 성과를 제시하고 있다. Koizumi 팀은 광토포그래피(optical topography: OT, 근적외선분광기라고도 함)를 발명하여 활동 중인 피질의 혈액변화를 근적외선으로 측정하고 있다. OT 장비는 작고 휴대 가능하다. 뿐만 아니라 피험자가 광섬유로 된 편안한 모자를 쓰고 의자에 앉아 있다 보니, 널리 알려진 기능성 MRI(fMRI),

뇌자도(MEG), 뇌전도(EEG)보다 이동성이 훨씬 더 크다. 이처럼 OT는 이동과 자세가 비교적 자유로워 대화하거나 움직이는 동안 아동의 뇌활동을 연구하기에 편리하다. 또 비침습적이고 저비용이며 유지비용이 적고 다른 장비에 비해 다루기도 간단한 편이다. 머지않아 OT가 학교연구에 도입될 것 같다. Koizumi는 학생이 독서, 계산, 사고, 상상 등을 하는 동안 OT에 나타난 몇 가지 사항을 제시한다. OT는 이미 뇌손상과 치매의 신경재활 과정에 많은 통찰을 주었으며, Koizumi는 학습과 교육에의 적용 가능성도 예측한다. 이는 Koizumi가 쓴 장의 주 내용이다. 그는 이런 뇌영상 기술을 남용하여 발생할 수 있는 도덕적·윤리적 문제, 즉 '개인의 마음이 노출될 가능성으로 인한 프라이버시 침해' 에 대해서도 논의해야 한다고 제안한다. 그는 이런 문제를 다룰 신경윤리위원회의 창립을 강력히 옹호하고 있나.

제3부 뇌, 언어, 수학

터프스 대학교 읽기 및 언어연구센터 소장이자 난독증 분야의 전문가인 Maryanne Wolf는 "오늘날 인간의 진화에서 지적 발달이 가능한 것은 뇌에 새로운 구조가 생겨서가 아니라 기존의 뉴런 통로를 재배열하는 능력이 엄청나기 때문"이라 말하고 있다. 읽기야말로 인간이 지닌 정신 재배열 능력의 예로, 뇌의 읽기처리에 대해 잘 알수록 교사와 학생들이 우리 시대의 흔한 '문화병리' 인 난독증에 잘 대처할 수 있을 것이다. 물론 난독증은 인류역사에서 문자가 중요해진 후에야 문제시되었는데, 그 과정은 수천 년이 걸렸다. Wolf

는 최초 문자인 설형문자와 상형문자를 통해 습득한 인지기능을 분석하고 교육을 그와 관련지었다. 놀랍게도 난독증 중재에 이용되는 고도의 기술인 Wolf의 RAVE-O(**R**etrieval[인출], **A**utomaticity [자동성], **V**ocabulary[어휘], **E**ngagement with Language[언어 참여], **O**rthography[철자법]) 교육과정은 고대 수메르인들이 사용하던 단어의 다차원적 특성을 회상케 한다. 알파벳을 처음 표현할 때에는 우가리트어처럼 모음으로만 시작했다. 한참 후 그리스어에 자음이 추가되면서, 페니키아 글씨를 재배열하여 그리스어의 모든 음소를 잘 표현하게 되었다. 그러나 고대에는 읽기가 아주 어려웠는데, 이유인즉 공간이나 점으로 단어를 구분하지 않고 단어를 쓰는 방향이 줄마다 달랐기 때문이다.

현대 알파벳의 경우 수메르어보다 읽기는 쉽지만, 읽기에 수반된 인지기능은 여전히 상당한 편이다. 첫째, 아동이 서기소-음소 일치 규칙을 배워야 한다. 이런 음운론적 단계에 결함이 있으면 특정 형태의 난독증이 발생할 수 있다. 오늘날에 와서는 난독증을 과학적으로 이해하게 되었고, 대부분은 성공적인 치료법이 존재한다. 그러나 음운론적 원인만으로 설명할 수 없는 난독증이 있다. 읽으려면 명명 속도에 영향을 주는 빠른 자동화 과정이 필수적인데, 그 과정은 음운론과 무관하며 그에 결함이 있으면 다른 치료법이 필요하다. Wolf의 이중결함 가설 덕분에 세 가지 범주, 즉 음운결함 아동, 자동화과정 결함 아동, 이 둘에 결함이 있는 아동을 확인하게 되었다. 세 번째 집단은 읽기 유창성과 독해에 심각한 결함이 있어 보상하려면 광범위한 중재가 필요하다.

사실 Wolf 등이 개발한 RAVE-O 프로그램은 읽기 속도에 비중을 두고 만들어졌다. 읽기 속도는 유창성 문제가 있는 아동의 읽기 실패를 예언하는 강력한 요소다. 읽기 유창성을 위해서는 언어의 철자법, 음운론, 의미론, 구문론이 밀접하게 상호작용해야 한다. 프로그램의 최종 목표는 '아동이 얼마나 빨리 읽는지가 아니라 읽은 것을 얼마나 잘 이해하고 즐기는지' 에 있다. 이 중재는 읽기 관련 인지와 뇌기제에 대한 지식이 문해교육 개선에 얼마나 도움이 되는지를 밝혀 주는 좋은 예다.

케임브리지 대학교 교육학부 교수인 Usha Goswami는 'MBE' 세계대학 발기인 대표다. 언어획득 전문가인 Goswami는 언어에 따른 읽기를 비교하는 독창적인 연구를 소개하고 있다. 사람들은 아주 다양한 문화와 언어 속에서 자기의 마음/뇌를 이용해 특정 언어를 처리한다. Goswami는 문맹인 성인은 단어의 음소를 인식하지 못하는 반면 읽기를 배우는 아동은 음소를 인식하는 이유를 설명한다. 알파벳 언어에서 읽기의 핵심 요소인 음소 인식은 언어 보편적인 것으로 나타났다. 읽기를 배우기 전의 아동은 단어의 음절과 '온셋' '라임' 에 민감하다. 가령, 'seat' 'sweet' 'street' 같은 단어에서 온셋은 음절의 첫 자음(s, sw, str)이고, 라임은 다음의 모음과 그 뒤의 음(s-eat, sw-eet, str-eet)이다. 그런데 온셋과 라임이 음의 큰 특징에 속하는 반면, 글자는 음소라는 추상적 단위를 표상하는 더 작은 단위다. Goswami에 따르면 이런 음소 인식 능력은 읽기와 쓰기 학습의 결과다. 이는 읽기 전 단계의 아이들이 음소 인식은 저조하면서도 음절은 쉽게 확인하는 이유이기도 하다.

중요한 한 가지 연구결과는 음소 인식을 배우는 속도와 그 기능수준이 철자법에 따라 달라진다는 점이다. 아동은 읽고 쓸 때 음운론을 철자법으로 정확히 표상해야 하는데, 언어마다 철자법이 아주 다양하다. 스페인어처럼 일치도가 높은 언어의 경우 아동이 더 쉽게 읽는데, 스페인어는 일치도가 높아 한 글자가 한 음소를 표상하고 온셋-라임 분절화가 바로 음소 분절화와 일치한다. 영어처럼 복잡하고 일치도가 낮은 언어의 경우는 음소 인식이 느리고 어렵다. 이런 차이는 곧 영어보다 스페인어를 사용하는 경우에 난독증이 더 적은 이유를 말해 준다.

Goswami는 난독증아가 소리 패턴을 표상할 때 겪는 곤란이 리듬 타이밍 결함 때문이라 주장한다. Goswami는 난독증아와 일반아를 대상으로 그들의 언어기능과 피질의 유발전위를 검사하여 언어 리듬을 결정하는 강음 탐지를 비교했다. 그 연구 결과를 기반으로 '난독증아의 청각체계가 비정상이 아니라 미숙했음' 을 제시했다.

토론토 대학교 심리학과 교수인 Laura-Ann Pettito는 신경과학 연구를 교육문제와 관련지으려는 교육신경과학 분야의 선구자다. 그녀는 새로운 기법인 광토포그래피(OT)를 활용해 유아 대상 연구 결과를 제시했다. 그녀는 말하기 훨씬 전의 영아마저도 언어자극을 지각할 때 신경언어 조직이 얼마나 활성화되었는지를 제시하는데, 이는 영아가 언어의 음을 이해하거나 생성하기 훨씬 전부터 언어 담당 뇌구조를 활용하고 있음을 시사한다. 언어 획득에서 이 부위가 하는 역할을 이해한다면 난독증을 조기에 예측할 수 있으며 언어발달에 대한 이해가 증진될 것이다. 행동과 인지 연구에 OT를 활용할 경우, 교육자들이 언어기능 같은 주요 기능의 성공과 문제에 대한 통찰을 얻을 수 있을 것이다.

우리는 지금까지 '뇌연구를 왜 교육과 접목시켜야 하는가?' 라는 질문을 여러 번 제기해 왔다. 이 책의 끝부분에서 프랑스 오르세이의 인지신경영상 그룹 대표인 Stanislas Dehaene는 이 질문에 대해 상세하고 설득력 있게 대답한다. 그는 생물학에 근거해 언어와 산수에 대한 지식을 체계적으로 제시했는데, 이는 문해와 수학 같은 문화적 도구를 해석하고 교육에서 이를 활용하는 방법에 대한 통찰을 준다. 수학 전공자이고 실험심리학자이자 신경영상 전문가인 Dehaene는 산수와 읽기 습득에 대한 연구결과를 바탕으로 교육을 뉴런 재활용 과정이라 정의한다. 그는 뇌가 보편적인 학습기계이고 마음은 수나 단어 등 문화적 대상으로 채워야 할 백지라 생각하는 일반인의 견해에 반대한다. 그는 수와 문자가 원래 인간에게 없었던 문화적 구인(construct)임을 강조하면서, 이런 문화적 대상을 우리 뇌의 진화사 및 발달사와 연결할 경우 사람들이 읽기와 수학을 배울 수 있는 이유를 설명하기가 용이하다고 주장한다.

인간은 뇌 고유의 능력을 바탕으로 읽기와 수학에 적합한 문화적 뇌를 만들어 왔다. 연구에서는 영장류와 인간의 뇌에 문자의 특징과 수를 탐지하는 작은 부위가 있음을 제시했다. 또 영장류를 비롯한 많은 종이 수감각을 보이고 아기마저도 양에 대한 원시개념이 있는데, 이는 두정엽(좌·우측 두정내고랑)의 기본 처리와 관련된다. 인간의 경우 이런 기능적 위치가 안정된 편이지만, 뇌손상으로 문제가 생기면 계산장애가 발생할 수 있다. 원숭이의 경우에도 특정 뉴런 집단이 5개보다 1개를 선호하는데, 이들 뉴런은 두정엽 유사 부위에 위치해 있다.

글자와 단어를 읽을 때는 좌측 복측시각영역(후두–측두구) 부위가 활성화되었다. 알파벳 체계의 활용 여부와는 별도로, 모든 언어를 사용하는 독자에게서 이런 패턴이 나타났다. 이 부위가 손상되면 독서장애가 나타난다. 더욱이 원숭이의 경우에는 알파벳을 닮은 요소마저도 특정의 후두–측두 뉴런을 활성화시켰다. 이런 증거들을 종합하여, Dehaene는 "우리 뇌구조가 지닌 기존의 제약(학습 가능한 대상의 범위를 정하는) 내에서 조정 가능할 때에만 새로운 문화 습득이 가능하다."라고 결론짓는다.

마찬가지로 생물학과 인지과학을 교육과 접목시키면 자아, 교수-학습 방법, 문화에 대한 우리의 지식도 변화될 것이다. 새로운 지식을 통해 MBE에 대해 심오하고 정확한 지식을 얻을 뿐만 아니라 질 높은 교수-학습 방법도 가능할 것이다. 이 책에 제시된 과학자와 교육학자의 집중 연구는 세계 곳곳의 과학자와 교육학자가 네트워크를 이루어 포괄적으로 연구하는 전조가 될 것이다. 이는 곧 새 시대에 생물학, 인지과학, 교육을 연결하는 새로운 분야의 지식을 모색한 증거다. 우리는 이런 신생 분야가 21세기의 교수-학습 방법에 큰 변화를 가져올 것이라 예측한다.

참고문헌

Battro, A. (2002). The computer: A tool for the brain. In *The Challenges of Science: Education for the 21st Century*. Pontifical Academy of Sciences. Scripta varia. Vatican.

________ (2004). Digital skills, globalization, and education. In M. Suárez-Orozco & D. Baolian Qin-Hilliard (eds.), *Education, Culture, and Globalization in the New Millennium*. CA: University of California Press.

Dawson, G. & Fischer, K. W. (eds.) (1994). *Human Behavior and the Developing Brain*. NY: Guilford Press.

Dawson-Tunik, T. L. & Stein, Z. (In press). Cycles of research and application in science education. In K. W. Fischer & T. Katzir (eds.), *Building Usable Knowledge in Mine, Brain, and Education*.

UK: Cambridge University Press.

Fischer, K. W., Bernstein, J. H., & Immordino, M. H. (2006). *Mind, Brain, and Economic in Reading Disorders*. UK: Cambridge University Press.

Fischer, K. W. & Rose, S. P. (1994). Dynamic development of coordination of components in brain and behavior: A framework for theory and research. In G. Dawson & K. W. Fischer (eds.), *Human Behavior and Developing Brain* (pp. 3-66). New York: Guilford Press.

Gage, F. H. (2003). Brain, repair yourself. *Scientific American*, 289(3), 47-53.

Gazzaniga, M. S. (ed.) (2003). *The New Cognitive Neurosciences*. MA: MIT Press.

Griffin, S. A., Case, R., & Siegler, R. S. (1994). Rightstart: Providing the central conceptual prerequisites for first formal learning of arithmetic to student at risk for school failure. In K. McGilly (ed.), *Classroom Lessons* (pp. 25-50). MA: MIT Press.

Léna, P. J. (2002). Science education in France: La main à la pâte. In *The Challenges of Science: Education for the 21st Century*. Pontifical Academy of Sciences. Scripta varia, Vatican.

Neville, H. J. & Bruer, J. T. (2001). Language processing: How experience affects brain organization. In D. B. Bailey, Jr., J. T. Bruer, F. J. Symons, & J. W. Lichtman (eds.), *Critical Thinking about Critical Periods* (pp. 151-172). MD: Paul H. Brookes Publishing.

Ramón y Cajal, S. (1981). *Recuerdos de mi vida: Historia de mi labor cientifica*. Madrid: Alianza Editorial; (1937) *Recollections of My Life*. Philadelphia: American Philosophical Society.

제2장 뇌와 자아에 대한 역사적 고찰

Fernando Vidal

개관

이 장에서는 뇌와 자아의 관계에 대한 사고를 역사적으로 탐색한 후, 그런 사고가 신경과학과 인문학 분야를 통합하려는 프로젝트의 배경(『마음, 뇌, 교육의 연결고리를 찾아』라는 이 책을 쓰게 된 것처럼)이 되어야 한다고 제안한다. 그런 통합은 환원론적(해당 분야, 즉 교육과 정신분석이 신경과학적 지식을 기반으로 완전히 개혁되고 신경과학 발달에 의존하게 됨)으로 나타날 수도 있고, 좀 더 협력적(인문학이 자체의 인식론적·방법론적 독립성을 유지하되, 이용 가능한 신경과학 정보에 의해 심화되거나 부분적으로 수정됨)으로 나타날 수도 있다. 신경과학이 중요하게 여겨진다면, 그것은 결국 신경과학(응용이나 협력 수준을 넘어)에서 뇌가 인간성을 담당하는 주 기관임을 보여주기 때문이다. 하지만 저자에 따르면 신경과학의 의의는 우리가 자신이 되기 위해 필요한 유일한 기관이 뇌라는 믿음에 부분적으로나마 의존한다는 것이다. 그런 믿음은 분명 신경과학 연구결과의 지지를 받고 있지만 그 연구결과에서 비롯된 것은 아니다. 오히려 그런 믿음이 뇌에 대한 현대의 지식보다 앞선다. 이 말이 믿어지지는 않겠지만, 정말로 사실이라면 우리는 역사 덕분에 신경과학이 다른 분야에 미친 영향에 대한 오늘날의 열정적인 암묵적 가치와 믿음뿐만 아니라 그 뿌리를 이해하게 될 것이다.

–편집자–

뇌성인간과 신경 관련 학문

역사적 관점에서 뇌와 자아에 대해 말하려면 '뇌성(brainhood)'과 '뇌성인간(cerebral subject)' 이라는 두 개의 신조어를 만드는 것이 유용하다. 뇌성이라는 신조어는 인간성(personhood)에 비유해 만든 것이다. 인간성이란 곧 개인의 인간 됨됨이이므로, 뇌 됨됨이를 일컬을 때 뇌성이라는 말을 사용해도 무방할 것이다. 나는 20세기 후반부터 뇌성이 인간을 정의하는 특성으로 주제화되었다고 말하고 싶다. 이제 인간은 확실히 '뇌성인간' 이라 부를 만한 존재가 되었다. 공상과학을 주제로 한 책과 영화에서는 신경철학, 중환자 관리, 장기이식에 이르기까지 인간이 단순히 '뇌를 가진 정도' 가 아닌 '뇌 자체' 인 것처럼 여기고 있다. 물론 인간의 여러 가지 다른 특성을 인정한다. 그럼에도 불구하고 전체적으로든 부분적으로든 뇌는 개별성이나 자아의 존재에 필수적인 유일한 기관으로 등장하였다. 실제로 장기이식이나 신체변형 같은 기타 경우와는 반대로, A의 뇌를 B의 몸에 이식하면 새로운 뇌를 받은 B가 아닌 새로운 몸을 얻은 A라 가정한다.

20세기 후반 이후의 서구 산업사회에서 뇌성인간은 아주 영향력 있는 인류학적 상징으로서 사생활이나 공공정책의 모든 결정에 많은 영향력을 행사해 왔고 또 앞으로도 그럴 것이다(예, Blank, 1999 참조). 뇌성인간은 뇌과학사가인 Michael Hagner가 호모세레브라리스(homo cerebralis)라 부른 것을 전제로 한다(Hagner, 1999; 또한 Breidbach, 1997a도 참조). 이 표현은 뇌가 19세기에 겪은 변화(영혼의 자리에서 자아의 기관으로)를 반영한다. 뇌성인간이라는 개념은 인격 동일성(personal identity)의 물질적 기반을 강조하는 Jean-Pierre Changeux(1983/1997)의 '뉴런인간(neuronal man)'을 포함하기도 한다. 하지만 뇌성의 존재론으로 정의한 '뇌성인간'은 '호모세레브라리스'나 '뉴런인간'보다 더 포괄적이다. 뇌성인간은 철학, 심리학, 신경과학 분야 안팎의 아주 다양한 사회적 기록, 통합체, 결정체인 인류학적 상징(뇌로서 인간)을 지칭한다. 그래서 뇌성인간 덕분에 신경과학과 인문학 분야를 종합하고 뇌에 대한 지식을 기반으로 인문학을 개혁하는 프로젝트가 가능할 것이다. 현재 그와 관련된 새로운 프로젝트를 꾸준히 개발 중이다.

실제로 신경(neuro)이라는 연구 영역의 등장은 오늘날 문화구도의 현저한 특징이다. 17세기 이후 접두사 '신경'이 사용되어 왔지만, 선구적인 용어는 1960년대 초반에 등장한 '신경과학'이다. 곧이어 다른 용어들이 등장했고, 오늘날에 와서는 신경소아과학, 신경노인학, 신경노인병학뿐만 아니라 신경미학, 신경경제학, 신경정신분석학, 신경윤리학, 신경신학, 신경교육에 대해 말할 정도다. 이들 영역이 성숙한 분야로 성장하든 분야 간의 교차점으로 남든 그 이름 자체만으로 의미가 있다. 뉴런이 뇌에만 있는 것은 아니지만, 신경이라는 신조어는 뇌만을 지칭한다. 그 접두어는 'brain'이나 'cerebrum'에서 유래한 다른 단어들에 비해 발음이 용이할 뿐더러, 최근의 신경 영역을 기존의 권위 있는 학문인 신경과학과 직결할 수도 있다. 거기에 바로 neuro라는 신조어의 홍보 효과가 있다. 하지만 그것만이 다가 아니다. 그래서 신경이란 접두어는 신경과학 발전이 중요한 도전 과제이자 관련 학문에도 흥미로운 기회를 줄 것임을 확신한다.

신경 분야는 주로 물질적 기반을 일컫는다. 가령, 신경소아과학과 신경노인학의 경우에는 발달 초기와 후기의 뇌를 다룬다. 신경신학은 영적이고 신비스러운 경험의 신경학적 기반을 연구하는 학문이다(예, Newberg, D'Aquili, & Rouse, 2001 참조). 마찬가지로 신경미학에서는 '미적 경험의 생물학적·신경생물학적 기반을 정립하려' 한다. 그 분야의 경우 이미 런던 대학교에 연구소가 있고 버클리에서 매년 학술대회를 개최하고 있다(www.neuroesthetics.org 참조). 약간 다른 '뉴런미학'은 오히려 자연주의적 미학을 정립하려는 시도다(Breidbach, 1997; Kleeberg, 2004 참조). 신경정신분석에서는 정신분석이론에서 제시한 과정의 신경학적 기반에 관심을 둔다(예, Kaplan-Solms & Solms, 2000; 저널 *Neuro-psychoanalysis* 참조). 아마도 새로운 분야 중 가장 발달한 신경경제학(최근 인지과학대사전에 추가된 유일한 분야임)은 '체화된(embodied) 뇌가 외부 환경과 어떻게 상호작용하여 경제행동을 유발하는지를 연구' 하면서 개인의 의사결정을 강조한다(McCabe, 2003; Glimcher, 2003; Camerer, Loewenstein, & Prelec, 2003; 클레어몬트 대학원 내 신경경제학 연구센터[http://fac.cgu.edu/~zakp/ CNS/]).

신경과 관련해 미래에 아주 중요할 것으로 예측되는 신경윤리학은 좀 다르다. 신경윤리학은 도덕적 행동의 신경학적 기반에 대한 연구이지만 주로 신경과학적 지식의 윤리적, 사회적, 법적 영향과 응용에 치중해 있다(Marcus, 2004; 법과 관련해서는 Garland, 2004 참조). 이런 분야들 모두 환원주의 대신 신경과학과 다른 분야의 대화, 학제간 연구 및 상호작용을 강조하고 있다. 물론 모든 분야가 비슷한 것은 아니고 논쟁의 소지가 있지만, 그 분야들 모두 피질 중심 경향을 보이며 신경영상 기법의 기여에 무한한 희망을 걸고 있다.

신경교육도 예외가 아니다. 이 책의 편집자들이 설명한 바와 같이, 교육이 신경 측면 이상이라 할지라도 신경과학은 '많은 교육 욕구를 채워 줄' 것이다(Battro, Fischer, & Léna, 이 책). 교육예술을 바꿀 수 있는 방법론과 지식체계에 대한 연구는 적어도 르네상스에서 시작되어 20세기 초 진보주의 교육운동 이후에 두각을 나타내었다. 신경교육 프로젝트 역시 예외가 아니다. 이전의 연구들과 마찬가지로, 신경교육 역시 과학의 진보가 교육의 성공에 필수조건임을 암시한다. 결국 신경과학 발전이 교육에 더 확고한 경험적 기반을 제공해 줄 것이고 적절한 교육개혁을 유도할 것이라고 믿는다.

그런 믿음에 기반을 둔 과학의 본질과 역사에 대한 견해는 과학사가들에게 지배적인 견해와 다름을 주목해야 한다. 과학사가들의 견해에 따르면 객관성, 증거, 사실들 자체는 역사적으로 구성되고 특정 맥락에 기반을 두었으며 지적·제도적 협상의 결과였다. 하지만 Bruer는 신경교육 열광자들에게 일격을 가한 후, 편재화와 결정적 시기에 대해 단순화되고 근거 없는 개념을 기반으로 신경과학과 교육을 연결하려는 성급한 시도를 비판하고 있다. 그는 시냅스 형태의 변화로부터 교육적 시사점을 도출할 정도로 우리가 뇌의 작용을 많이 아는 것은 아니라고 하면서, '신경과학이 뉴런과 시냅스에 대해 많은 것을 발견했지만 교육 실제를 안내할 정도는 아니라고' 결론짓는다(Bruer, 1997: 10, 15; 또한 Bruer, 1999도 참조).

그간 누적된 과학만 생각한 채 이 문제를 양적으로만 고려해서는 관련 논제의 복잡성을 제대로 다룰 수 없다. 우선 양 자체보다 관련된 것으로 판명된 지식과 기술이 더 중요하다. 즉, 교육의 경우 발달 신경생물학과 뇌영상 기법이 뉴런 중재와 신경인지 중재에 이르는 길을 여는 중요한 분야로 등장했다. 다른 신경 분야와 마찬가지로 신경교육도 과학발전이 해결책을 제시해 줄 것이라는 강한 믿음을 갖고 있다. 그럼에도 불구하고 신경교육에서는 다른 분야보다 상호적 관계를 더 강조한다. 즉, 신경과학자들이 교실로 들어가는 동시에 교사들은 그들의 문제를 실험실로 가져와야 한다. 이는 ① 교육의 목적, ② 연구와 중재의 윤리, ③ 미래 개혁의 정치적·정책적 차원과 영향에 대한 문제를 제기함으로써 과학적 담화를 보완하려는 첫 단계다. 궁극적으로는 다른 신경 분야에서처럼 신경교육자들도 그들의 인류학적 가정, 즉 인류와 사회의 현재와 미래에 대한 자신의 믿음을 숙고해야 한다.

신경학화 경향

신경 관련 학문들의 등장과 더불어 나타난 신경학화 경향은 '인간됨'과 '뇌 소유'의 관계에 대한 가정(뇌야말로 자신이 되기 위해 꼭 필요한 우리 몸의 유일한 부위이고 대체할 수 없는 부위라는 믿음)에 기반을 둔다. Roald Dahl의 유명한 작품인 『윌리엄과 메리(*William and Mary*)』에서 윌리엄은 자기 몸이 죽은 후에도 분리된 뇌로 살고 싶었다. 수술 전에 그는 의사에게 시신경과 한쪽 눈을 남겨 두어서 신문을 보게 해 달라고 부탁했다. 그래서 윌리엄은 액체에 떠 있는 뇌로 생명을 유지했고, 뇌에는 안구 하나가 붙어 있었다. 물론 윌리엄과 의사 모두 윌리엄이 이전과 똑같은 사람으로 사는 데 눈이 필수적이라 생각하지는 않았다(Dahl, 1960/1979). 일부에게는 이런 공상이 진짜 열망일 수도 있다. 냉동 보존술(저비용이라는 이유 때문에)로 불멸을 추구하는 최신의 방식은 바로 신체의 다른 부위를 제거하고 뇌만 남겨 두는 '신경보존' 이다(Alcor Life Extension Foundation, www.alcor.org?FAQs/faq02.htm#neropreservation 참조).

일부 신경보존 의뢰자와 인문학의 신경학화를 촉진하는 아주 많은 사람들조차 자신을 뇌성의 존재로 보지 않고 우리가 뇌로 환원될 것이라는 견해에도 반대할 것이다. 하지만 역사적 관점에서 신경학화 경향이 등장하게 된 중요한 요소로 뇌성인간이라는 인류학적 상징을 들 수 있다. Hagner와 Borck(2001: 507-508)이 언급한 바와 같이, 신경과학은 분자생물학 같은 생명과학 분야와는 다르다. 신경과학의 성공이 '기술적·개념적 발전에서 비롯된 것도 아니고 풍부하고 꾸준한 기술발달의 흐름 속에서 이루어지거나 그로 인해 나아진 것도 아니기 때문이다. 보충하자면, 인간성의 뇌화(cerebralization)가 꼭 신경과학 발전의 결과는 아니다(Zimmer, 2004). 오히려 그것은 근대 신경과학의 우연한 가정이다. 18세기에는 뇌가 인격 동일성의 자리일 뿐만 아니라 자아에 필수적인 유일한 부위가 되었다. 19세기와 20세기에 신경학과 신경과학이 발달하면서 이런 초창기 관점이 크게 강화되었다. 그 후 1960년대에 이르러 영미의 분석적 전통을 지닌 철학자들은 뇌를 실험 대상으로 보는 사고실험을 통해 인격 동일성을 논의하였고, 인격 동일성을 고려할 때 뇌외과적 공상을 필수적인 개념적 도구로 삼았다(Ferret, 1993; Noonan, 1991; Perry, 1975).

철학적 뇌공상의 증가는 ① 어떤 연구 분야가 인류의 미래에 가장 중요한지에 대한 대중의 인식, ② 학문 분야에서의 상대적 성장, ③ 기금 분배에서 뇌연구에 대한 상징적·제도적, 재정적 비중 증가와 시기적으로 일치한다. 1960년에는 과학자들의 연수와 교류 및 신경과학 발전의 촉진이라는 목표하에 국제뇌연구기구(International Brain Research Organization: IBRO, UNESCO에서 승인한 비정부 기구)가 설립되었다. IBRO는 1973년 국제과학연맹 이사회(International Council of Scientific Unions)의 준회원으로 인정받고 1993년에는 정회원이 되었으며, 1999년 이래 매년 신경과학 연수를 실시하고 있다(www.ibro.org 참조). 국제적으로 뇌과학이 성장하던 초창기 기세에 이어, 20세기 후반에는 활발한 봉사활동과 자선활동이 이루어졌다. 예를 들어, 미국 정부는 1990년대에 뇌의 10년을 선포하고(icweb.loc.gov/loc/brain/), 미국의 두 주요 재단에서는 뇌연구와 그에 대한 대중교육에 주요 관심을 두었다. 1992년 찰스 A. 데이나 재단(Charles A. Dana Foundation)에서는 뇌이니셔티브연합(Alliance for Brain Initiatives)을 설립한 후 뇌연구의 진보, 전망, 이점에 대한 대중의 인식을 높이기 위해 매년 뇌주간을 마련했다(www.dana.org). 그리고 2000년 이후 '뇌, 마음, 행동 연결하기'가 존 S. 맥도넬 재단(John S. McDonnell Foundation) 21세기 과학이니셔티브의 지원을 받게 되었다(www.jsmf.org). Jean-Pierre Changeux(2000)는 21세기를 뇌의 세기라 말하였고, 기억 전공자이자 노벨상 수상자인 Eric R. Kandel은 "인지과학(지각, 행위, 기억, 언어, 선택적 주의 집중에 주요 관심을 둔)이 점차 모든 신경과학의 중심이 될 것"이라 말하였다(www.cogneurosociety.org/content/ welcome에서 인용).

사실 이런 것들은 현대 서구 산업사회의 과학연구에서 신경과학의 몇 가지 가시적인 예에 불과하다. 과학연구는 20세기 중반 이후의 과학사와 과학사회학뿐만 아니라 인간성의 핵심을 다루고 있다. 1989년 DNA 구조의 공동 발견자이자 인간게놈 프로젝트의 초대 단장인 James D. Watson은 "우리는 우리의 운명이 별에 있을 거라 생각하곤 했다. 이제 우리 대부분은 우리의 운명이 유전자에 있음을 알고 있다."라고 말했다(Jaroff, 1989: 67에서 인용). 우리가 예측한 대로라면 21세기의 우리는 유전자에 머물지 않고 뇌로 나아갈 것이다. 뇌성에 대한 역사적 관점 덕분에, 우리는 다가오는 신경세계에서 불가피하게 제기되는 윤리적·심리적 도전을 미리 예측하여 대처하게 될 것이다.

뇌, 신체, 자아

뇌성이라는 논제는 영혼과 신체의 관계에 대한 문제와는 다르다. 간단히 말하자면, 서구 기독교사회에서 계몽주의까지 두 가지 주요 국면이 있고 기본적으로 영혼과 신체의 관계에 대한 사상사에는 한 가지 전통이 있다고 말할 수 있다. 두 가지 국면은 Aristotle 철학과 Aristotle 이후의 철학이고, 한 가지 전통은 Galen 의학과 생리학이다. 16세기 후반까지 스콜라철학을 지배하던 기독교적 Aristotle 철학에서 영혼은 '형상' 또는 '잠재적 생명을 지닌 자연적 신체의 제일 현 실태' (*De Anima*, 412a20)로 정의된다. 이는 곧 영혼이 생명의 원리이거나 어떤 유형의 질료에 생명을 불어넣을 뿐만 아니라 신체와 분리될 수 없음을 의미한다. 이에 대한 Aristotle 자신의 유추는 명쾌하다. 즉, 그는 "눈이 동물이라면 시각은 영혼일 것이다. 그래서 시각이 없어지면 그 눈은 돌로 만들어지거나 그려진 눈과 같이 이름만 같을 뿐 더 이상 눈이 아니다."라고 했다(*De Anima*, 412a-413a).

이렇게 표현된 영혼은 생물의 본질적인 기능을 담당한다. 그 기능은 능력이나 힘으로 정의되며, 영양, 감각, 욕구, 운동, 이성 같은 이름을 갖는다(Kessler, 1990; Michael, 2000; Park, 1990 참조). 때로는 능력을 여러 영혼으로 기술하기도 하지만, 이에 대한 논의는 여기서의 우리 관심사가 아니다. 중요한 것은 인간의 영혼은 이 모든 능력을 지닌 반면, 다른 생물은 이성영혼이 부족하고 식물에는 영양영혼만 존재한다는 점이다. 이런 모든 유기체를 동물 또는 '영혼이 부여된 신체' 로 여겼는데, 그 이유는 17세기 말까지 심리학이나 그 동의어인 '영혼의 학문' 이 식물, 동물, 인간 등 모든 생물에 대한 학문을 의미했기 때문이다. 이성영혼은 특유의 문제를 제기했다. Aristotle은 '능동이성' 이 분리되고 불멸하며 영원하다고 말했다. 이처럼 다소 비아리스토텔레스적인 개념으로 인해 몇 세기에 걸친 논쟁이 있었지만, 13세기에는 영혼이 단일 실체이고 이성영혼은 '그 자체가 본질적으로' 신체의 '형상' 이라는 견해가 기독교회의 정설이 되었다.

Aristotle의 이론이 약화되면서, 영혼이 영양, 식물, 감각 기능을 담당하는 것이 아니라 René Descartes 철학에서처럼 마음이나 이성영혼과 동일해졌다. 이로 인해 영혼의 개념이 크게 변화되었고, 영혼과 신체의 결합을 재고할 수밖에 없었다. 17~18세기에는 영혼-신체 결합에 대한 논의가 세 입장으로 나누어졌다(Vidal, 2003). 먼저 물리적 영향 학설에 따르면 두 실체는 서로 물리적으로 영향을 준다. Nicolas Malebranche의 기회원인론에서는 하나님이 두 가지를 결합하는 인과적 대리인이다. 가령, 하나님은 영혼이 신체를 움직이려 할 때 신체를 이동하게 한다. 마지막으로 Gottfried Wilhelm Leibniz는 미리 정해진 조화에 의해 영혼과 신체의 동기화가 완벽한 시계처럼 그 관계가 조절된다고 보았다. 영혼-신체의 결합에 대한 가정은 경험적 탐구 주제인 영혼-신체의 상호작용과는 다르다. 영혼-신체의 결합은 신앙, 이성, 내적 감각에 의해 기정 사실로 수용된 반면, 그 상호작용은 영혼과 신체의 상호 의존을 반영하는 인간 현상을 검토한 후에야 비로소 명료해질 수 있다. 이런 상호작용은 18세기에 발달한 '경험심리학' 분야의 주 관심사다(Vidal, 2000; Vidal, 2006).

Aristotele 철학과 Aristotle 이후 철학의 주요 차이에도 불구하고, 영혼과 신체의 상호작용을 보는 방식은 오랫동안 그리스 철학자이자 의사인 Galen의 심리학에 기반을 두었다(Temkin, 1973). Galen은 기원전 460년쯤 태어난 그리스 의사 Hippocrates가 제시한 아이디어를 기반으로 신체의 네 가지 '체액'이 균형을 이루어야 건강하다고 했다. 그 체액들(혈액, 황담즙, 점액, 흑담즙)은 네 가지 요소(불, 공기, 물, 흙)의 혼합물로 기본 특성(뜨거움, 차가움, 습함, 건조함)을 공유한다. 건강한 삶을 위한 치료적, 영양적, 위생적 처방은 체액의 균형 유지에 기반을 두었다. 개인마다 체액의 비율과 혼합물이 다르며, 이로 인해 소위 '기질'이 정해진다. 나아가 Galen의 유력한 논문(「영혼의 능력은 신체의 혼합물에 따라 달라진다[That Capacities of the soul Follow the Blends of the Body]」)에 따르면, 기질은 오늘날 개인의 성품과 능력을 말한다. 여기에서 핵심 사항은 인간이 끊임없이 상호작용하는 두 실체인 영혼과 신체의 합성물이라는 점이다.

그 당시에는 상호작용 자체를 생리학으로만 설명했다. Galen에 따르면 신체에는 뇌와 신경, 심장과 동맥, 간과 정맥의 세 체계가 있다. 간에서 형성된 혈액은 정맥을 통해 여러 신체 부위로 이동해 각 기관에서 소모되며, 다양한 '정기'가 되거나 점점 묽어진다. 처음에 혈액은 영양과 성장을 담당하는 '자연정기'가 된다. 혈액은 허파에서 공기와 결합된 후 심장으로 가며, 그 일부는 운동과 생명 기능의 기반인 '생명정기'가 된다. 마지막으로 혈액은 뇌에서 바뀌어 감각과 이성 기능에 필요한 '동물정기'가 된다. 정기의 특성인 온도나 밀도는 체액의 특성과 밀접하다. 가령, 어떤 사람의 혈액이 너무 차가우면 그의 동물정기도 차가워지고, 그에 따라 정신활동이 서툴고 느려질 것이다. 동물정기는 뇌실([그림 2-1 참조])에 있으며 뇌실 사이를 흘러 다니는데, 뇌실은 감각정보를 모으는 '상식'의 자리, 상상과 환상의 자리, 판단과 이성의 자리, 기억의 자리다(Clarke & Dewhurst, 1973; Harvey, 1975; Kemp, 1990).

여기에서 뇌는 동물정기의 생성 장소이지만, 이런 정기 자체가 나머지 체액과 더불어 개인의 성격과 능력을 결정한다. 예를 들어, Galen의 영향을 받은 스페인의 의사 Juan Huarte de San Huan (1575)은 습기와 기억, 건조와 이해, 열과 상상력이 각각 상응한다고 말했다. 그러므로 이런 능력의 개인차는 뇌의 물리적 특성, 즉 습도와 온도에 따라 달라진다.

17~18세기에는 체액이론이 물리적이고 확고한 대안에 밀리게 되었음에도 그 영향은 여전히 대단했다. 영혼과 신체의 상호작용, 특히 인지기능에 관한 한 신경(nerve)이 새로운 의미를 갖게 되었다. 당시에는 신경을 견고하고 탄력 있는 섬유나 공동 튜브로 여겼다. 어떤 경우든 신경은 신체와 영혼의 매개물이었다. 일부 저자(제네바의 자연주의자이자 철학자인 Charles Bonnet와 같은)들이 신경이

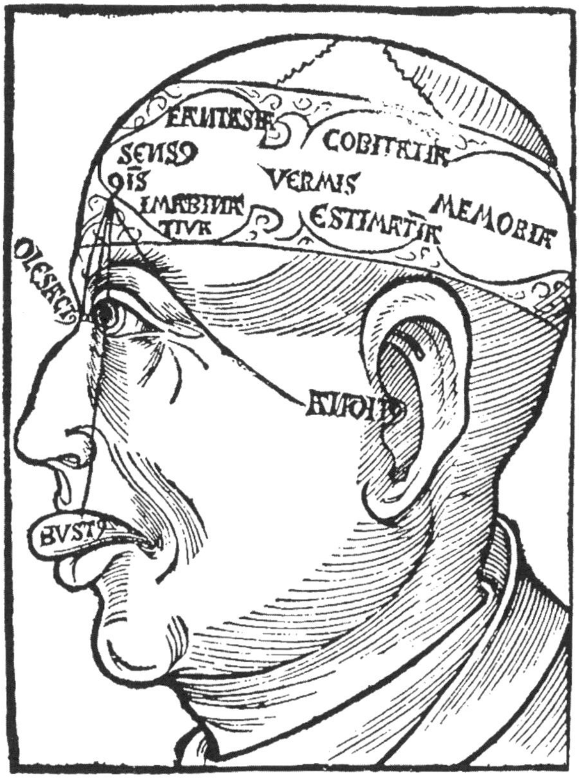

[그림 2-1] 정신기능을 나타내는 세포설 그림(Brunschwig, 1525). 혀, 코, 귀는 환상과 상상력을 담당하는 전측뇌실의 '상식' 과 연결된다.

모이는 뇌 안의 한 지점을 영혼의 자리로 보게 되면서 신경의 역할이 강조되었다. 그로 인해 뇌가 체액과 기질을 중시하던 Galen의 이론에서보다 자아의 기관으로서 명실상부해졌으며, 발달 중인 경험심리학에도 크게 기여했다. 계몽주의 시대에 가장 중요한 심리철학자 두 사람, 즉 『인간과 그의 사상, 의무, 기대에 대한 고찰(*Observations on Man, His Frame, His Duty, and His Expectations*)』(1749)을 쓴 스코틀랜드의 의사 David Hartley와 『심리학 논문(*Essay on Psychology*)』(1754)과 『영혼의 능력에 대한 분석(*Analytical Essay on the Faculties of the Soul*)』(1760)을 쓴 Bonnet는 습관 형성, 연합기제, 개념발달에서 신경과 뇌의 역할을 강조했다.

하지만 기술적인 이유 때문에 뇌는 오랫동안 과학적으로 연구하기 가장 힘든 기관이었다(Brazier, 1988; Clarke & O'Malley, 1968; Clake & Jacyna, 1987; Corsi, 1990; Finger, 1994; Neuburger, 1897/1981). 그런 사실을 고려할 때, 심리학의 뇌화나 신경학화는 결코 뇌의 구조와 기능에 대한 지식발전 덕분이 아니다. 오히려 아주 중요한 요소는 바로 내가 뇌성이라는 용어에서 포착하려 했던 인류학적 혁명이다. 이제 이 혁명에 대해 살펴보기로 하자.

뇌성혁명

Galen의 생리학과 이후 계몽주의 시대의 신경심리학에서 뇌가 중요시되었음에도 불구하고 뇌성의 존재론이 등장할지 여부는 다른 과학적·철학적 요소에 좌우된다. 이런 요소들을 이해하려면 먼저 종교적 전통으로서 기독교의 본질을 고려해야 한다. 이는 부활이라는 불가사의(예수가 육체를 입은 하나님이라는)를 기반으로 한다. 물론 예수의 인간적·신적 본질과 육체의 본질에 대해서는 초기에 논쟁이 있었다. 그러나 정설은 예수가 완벽한 인간의 육체를 지녔고, 하나님인 동시에 인간이었다는 것이다. 이로부터 인간이 육체로서만 존재할 수 있다는 기독교 인류학의 기본 원리가 나왔다.

기독교에서는 인간이 이원론, 즉 거양(擧揚)하고 구원할 불멸하는 영혼과 억제하고 혐오할 멸하는 육체로 나눠진다고로 본다. 그럼에도 불구하고 인류학적 관점에서 그 개념은 Descartes의 『성찰(*Meditations on First Philosophy*)』(1641)의 앞부분에 제시된 '육체 없는 자아' 라는 가설과 반대된다. 기독교 전통에서는 인간됨이 곧 '체화된 마음됨' 이라는 생각(Porter, 1991: 212)은 옳지 않다. '체화된 자아' 라는 평범한 표현은 잠재적으로 '육체 없는 자아' 라는 개념을 암시한다. 하지만 기독교에서는 인간이 영혼과 육체의 합성물이 아닌 상태로 존재할 가능성을 부인한다. 신학자 Antoine Vergote가 설명한 바와 같이, "인간이란 육체를 지닌 사람이 아니라 인간이라는 존재 자체가 육체적이다." 다시 말해, "육체가 전인이다(Vergote, 1979: 96, 97; 또한 Bynum, 1995; Keenan, 1994도 참조)."

이런 인류학은 혁명적 영향력을 지니며, 그중 가장 불가사의한 것은 육체의 부활론일 것이다. 또 초기 기독교시대에는 논쟁이 있었지만, 부활된 사람의 육체적·심리적 동일성이 생존 시의 동일성과 같을 것이라는 견해가 공식적 입장이 되었다. 그러므로 라틴어의 재귀대명사 ipse의 의미인 '자아 동일성' 은 idem의 의미인 '자체 동일성' 을 필수조건으로 한다. 이와 관련된 몇 가지 복잡한 문제가 있다. 그 일부는 기독교시대 초기에 제기되었고 18세기까지 철학자들을 괴롭혔다(Vidal, 2002). 바로 그런 문제들은 '우리의 모든 육체가 그대로 부활되어야 한다면' 살면서 우리가 잃고 대체한 모든 요소에 무슨 일이 일어날까?와 같은 질문을 수반한다. 좀 더 극적인 예로, '식인종이 당신을 먹어 당신의 육체를 소화시켰다면 궁극적으로 소화된 육체가 가는 곳은 식인종의 부활된 육체일까, 아니면 당신의 부활된 육체일까?'

이런 질문은 존재론적 문제를 나타낸다. 부활론에서는 우리의 부활된 육체가 '영적' 일 것이고 나름의 특성을 부여받을 것이라고 본다. 동시에 부활된 육체가 현세에서의 육체와 특성뿐만 아니라 물리적으로도 동일해 '수적으로' 동일할 것이라고 주장한다. 기독교도들에게는 부활이 일어날지 여부나 부활된 사람이 정말로 우리 자신일지 여부는 결코 문제가 안 된다. 사실 신체적 자아 동일성 및 그것과 우리 자신의 관계를 개념적으로 상상하기는 어렵다. 부활된 육체가 수적으로 현세의 육체와 동일할까? 그렇다면 어떻게 그런가? 아니라면 그들의 특성 동일성은 어디에 의존할까? 그래서 부활 같은 난제에서는 육체가 전인이고, 육체 없는 인간은 존재할 수 없으며, 우리 각자가 자아가 되려면 육체(아무런 육체가 아닌 자신의 육체)가 있어야 한다는 기독교 인류학의 원리를 강조한다. 하지만 17세기 후반 무렵에는 이런 견해를 재고하고 그에 도전하게 된다.

우리의 주제와 관련해 과학혁명에서는 상호 관련된 세 과정(인간성에서 육체가 빠짐, 인격 동일성의 심리학화, 신체 중 뇌에 대한 관심 증가)이 시작되었다. 그 당시 '새 철학' 이라 불리던 것의 두 요소(입자철학과 John Locke의 인격 동일성)가 결합되어 최초의 뇌성이 나왔다. 가령, Isaac Newton이 지지한 이론인 입자철학에서는 상호 교환 가능한 물질 분자의 운동, 형태, 안정, 위치로 자연 현상을 설명한다. 신체의 차이는 그 실체의 본질에 기인하는 것이 아니라 신체를 이루는 입자의 물리적 특성에 기인한다. 이는 부활론에 직접적이고 뚜렷한 영향을 주었다. 즉, 부활한 육체는 더 이상 현세의 육체와 똑같은 물질로 구성될 필요가 없다. 인격 동일성의 구성요소로서 물질의 지속성이 중요성을 잃게 된 것이다. 곧이어 Locke가 명료화한 것처럼 그것은 부활한 사람뿐만 아니라 전반적인 인간성에 적용되었다.

『인간이해에 관한 에세이(*Essay Concerning Human Under-*

standing)』(제2판, 1694/1988)에서, Locke는 실체와 인격 동일성을 구분해야 한다고 제안했다. 그의 이론은 '인간(man)' 과 '인격적 존재(person)' 를 구분하는 데서 출발한다. Locke는 '인간' 의 동일성이 변함없이 지속되는 삶(동일하게 조직된 육체와 계속 통합된)에 있다고 말한다. 가령, 헬리오가발루스의 영혼이 그의 돼지에 들어갔다면 아무도 돼지를 보고 헬리오가발루스라 말하지 않을 것이다. 반대로 '인격적 존재' 란 '사고하는 존재로서 이성과 사유가 있고 시간과 장소가 바뀌어도 변함없이 자신을 사고하는 사람' 으로 본다.' 그러므로 인격 동일성은 Locke가 이성적 존재의 동일성이라 부르는 것, 즉 지속적인 기억과 의식에 있다. 그는 이런 의식이 과거의 어떤 행위나 사고까지 확대될 경우 그 사람의 동일성도 확대된다고 덧붙인다. 그는 "인격 동일성은 인간을 자기답게 하는 동일한 의식에만 의존한다."라고 말한다. 이어서 자아(Locke에게는 '인격적 존재' 가 칭하는 것)는 실체가 아니며 의식에만 의존한다고 말한다. 그래서 철학자는 '내 새끼손가락이 손에서 잘려 나간 후 그것에 내 의식이 있다면 새끼손가락은 인격적 존재, 즉 동일한 인격적 존재임이 분명하고, 그럴 경우 나머지 육체는 자아와 무관하다.' 고 생각한다. 이러한 소유적 개인주의 관점에서는 우리가 육체라 말하지 않고 육체를 '소유한다' 고 말한다. 우리의 '자아' 로부터 멀어지고 객관화된 우리의 육체는 우리라는 실체가 아닌 우리가 소유한 것이다(Taylor, 1989). 그래서 인격 동일성이 심리적이게 되고 육체적 동일성과 구분된다.

자아의 육체적 본질을 강조하던 초기와 달리, Locke의 접근에서는 분명 육체가 빠져 있다. 하지만 이런 식으로 육체가 아예 빠질 리는 없다. Locke의 가설로 돌아가 보면, 새끼손가락에는 여전히 동일성에 필요한 기억과 의식이 있다. 계몽주의 시대의 경험심리학에서 기억과 의식은 뇌에 편재되어 있다. 그러므로 육체가 없는 영혼만으로는 Locke가 말한 인간(man)이 될 수 없다. 그러면 문제는 우리 자신이 되려면 우리 육체의 어떤 부분이 필요할까라는 것이다. 그 답은 바로 인격적 존재(person)가 되기 위해 개인에게 필요한 것은 뇌(자신의 기억과 의식을 담고 있는)뿐이라는 것이다. 육체의 나머지 부분은 남에게 줄 수도 있고, 실제로 이식해 주고 나면 더 이상 자기 것이 아니다. 뇌과학에서 그런 문제들을 직접 다루지 않은 것은 당연하다. 18세기 말 이후 세 차례의 내부 논쟁에서는 그런 문제들이 주를 이루었다. 첫 번째는 마음–뇌, 즉 일원론–이원론 논쟁이다. 여기에서 문제는 전반적인 인지와 행동을 물리적 기반인 뇌와 별도의 실체로 여길지, 아니면 마음과 그 기능이 뇌로 환원될지다. 두 번째는 편재화론–전체론 논쟁이다. 여기서의 문제는 뇌의 뉴런과 여러 부위가 특정 기능을 하는지, 아니면 뇌가 통합된 전체로 작용하는지다. 세 번째는 의식의 본질과 뇌에서 의식이 어떻게 일어나는지에 관심을 둔다. 덧붙이자면, 현대 신경과학과 신경철학에서 영혼이라는 용어가 재현된 것은 단지 비유적 표현이나 역설적인 말이 아니라(Crick, 1994) 해결해야 할 주요 문제라는 표시다.

19세기에는 뇌성인간이 출현할 징조가 많았다. 골상학(Phrenology)은 가장 친숙한 예다(Clarke & Jacyna, 1987; Renneville, 2000; http://pages.britishlibrary.net/phrenology). 비엔나의 의사인 Franz Joseph Gall(1758~1828)의 이론에 기반을 둔 골상학은 뇌에 대한 이론인 능력심리학(faculty psychology)인 동시에 사람의 성격과 능력을 측정하는 방법이었다. 골상학은 다음과 같은 몇 가지 전제를 기반으로 한다. 즉, 뇌는 마음을 담당하는 기관이고, 마음은 선천적 능력으로 구성되어 있으며, 각 능력은 뇌에 자신의 자리 또는 '기관'이 있다. 기관의 크기에 따라 해당 능력이 달라지며, 각 기관의 성장이 다르다 보니 뇌의 모양도 달라진다. 그리고 두개골이 그 안의 뇌에 형태를 부여하기 때문에 그 표면이나 '융기'가 곧 개인의 심리적 소질과 경향을 나타낸다.

그 당시 주장된 기능 분화가 허상인 것으로 판명되었지만, 골상학은 심리적 특성과 행동을 편재화된 대뇌피질로 돌린 최초의 학설이었다. 일부 전제는 피질편재화와 세포구축학에 관한 기초가 발전한 19세기 후반에야 인정을 받았다. 이런 발견은 뇌가 자아의 기관이라는 생각에 힘입은 것이었다. 이와 같은 믿음이 천재, 범죄자, 정신질환자의 뇌에 대한 연구에서 구체화되었는데, 그들의 남다른 긍정적·부정적 특성이 뇌에 기록될 것이라 여겨졌다(예, Hagner, 2004 참조). 그 후 뇌상태와 심리상태의 관계에 대한 신경철학의 가정은 그 매력을 계속 유지해 왔다. 더구나 우리의 상태에 대한 흥미진진한 사실을 사진(역동적 아름다움, 현저한 즉시성, 그럴듯한 가독성 및 직관적 매력을 지닌)으로 찍어내는 신경영상 기법이 확대되면서 그 매력은 한층 더 증가하였다.

뇌성의 존재론

이상에서 살펴본 역사를 통해 '인격적 존재가 되려면 뇌만 있으면 된다.'는 암묵적 믿음뿐만 아니라 호모세레브라리스와 뉴런인간이 나오게 되었다. 하지만 뇌성의 존재론은 1960년대 인격 동일성에 대한 철학적 논의에서 비로소 구체화되었다. 이 논의에서는 Locke가 그의 논문에서 이용한 실험과 유사한 상상적인 실험을 활용했다. 그중 첫 번째 예는 1963년 코넬 대학교 철학자 Sidney Shoemaker가 출판한 『자아인식과 자아 동일성(*Self-Knowledge and Self-identity*)』이다.

인격 동일성의 신체적·심리적 준거를 논의하면서, Shoemaker는 Locke가 '신체교체 논쟁'이라 불렀던 내용을 소개했다. Locke는 '왕자의 과거 생활에 대한 의식을 지닌' 영혼이 구두수선공의 몸에 들어가 그 몸이 왕자의 영혼이 하는 대로 따라 한다면, 그는 여전히 구두수선공처럼 보일지라도 '왕자와 동일한 존재로서 왕자의 행위만 책임질' 것이라고 했다(Locke, 1694/1988). Shoemaker(1963)가 관찰한 대로, Locke의 생각에는 인격적 존재가 과거의 자기 몸이 아닌 다른 몸을 갖게 된 것이다.

그 후 Shoemaker는 검사하거나 수술할 뇌를 두개골에서 꺼냈다가 다시 넣는 '뇌적출' 기법이 개발될 것이라 상상하기에 이르렀다. 어느 날 한 외과의사는 레지던트가 브라운과 로빈슨의 뇌를 적출했다가 두 뇌를 바꾸어 넣은 것을 뒤늦게 알게 되었다. 두 환자 중 한 사람은 바로 사망했지만 다른 한 사람은 생존했다. 생존한 사람은 로빈슨의 몸에 브라운의 뇌를 지녔다. 그래서 Shoemaker는 그를 '브라운슨'이라 불렀다. 브라운슨은 의식을 찾아 자신을 본 순간 자신의 외모에 아주 놀라서 그 몸이 옆 침대에 누워 있던 로빈슨의 몸이라 주장했다. 그리고 그는 이름을 묻자 '브라운'이라 대답했고, 브라운의 아내와 가족을 알아보았으며, 브라운의 생애에 있었던 사건에 대해 말할 수 있었다. 사실 그는 브라운의 모든 성품과 심리적 특징을 보였다.

Shoemaker는 우리 대다수가 '브라운슨이 로빈슨의 몸을 지녔지만 브라운으로 보는' 경향이 강하다는 데 주목했다. 하지만 그는 이

상황에서 "뇌 동일성을 우리의 인격 동일성 준거로 보는 것은 불합리하다."라고 논평했다. 실제로 브라운슨이 의식을 찾자마자 과거의 로빈슨처럼 말하고 행동했다면, 브라운의 뇌를 가졌다 하더라도 로빈슨처럼 보이고 행동하며 말하고 로빈슨의 몸을 지닌 사람에게 브라운이라 말하는 사람은 없을 것이다. 그래서 Shoemaker는 뇌상태와 심리적 특징의 관계가 인과적이고 유관적이지만 '논리적으로 필수적인 것은 아니다.' 고 결론짓는다. 브라운슨이 지닌 브라운의 뇌가 '예전의 브라운과 심리적으로 유사하다는 것을 인과적으로는 이해할 수 있지만 그 자체만으로 브라운슨을 브라운이라 말할 근거일 수는 없다.' 이렇게 본다면 인격 동일성의 심리적 준거가 '신체적 비동일성이라는 사실' 보다 우위임을 인정하는 셈이다(Shoemaker, 1963: 24-25). 비판자들은 '신체적 비동일성' 에 대해 말하고 이 논의를 '신체교체 논쟁' 이라 부르면서, Shoemaker가 뇌 빠진 몸을 온몸으로 다루었음(뇌가 신체의 일부라는 사실을 완전히 무시하고)을 관찰했다(Ferret, 1993: 77). 하지만 '신체가 아닌 뇌가 피곤함을 느낀다.' 는 말처럼, 이 분야의 철학자들은 일반적으로 신체와 뇌를 양분하고 있다(Randerson, 2004).

이후에는 인격 동일성을 논의하려 할 때 Shoemaker를 따라 외과적인 뇌 공상에 의지하게 되었다. 이제는 뇌가 자아의 신체 부위로 등장하여, 내 뇌를 절제했다면 나는 더 이상 내가 아니다. 심리적·신체적 준거는 다음과 같은 공식과 결합될 수 있다. 즉, A와 B의 뇌가 기능이 같다면 A는 B와 동일하다(Ferret, 1993: 79). 관련 신체를 뇌로만 보는 이런 정의를 뇌성의 원리라 할 수 있다.

이런 뇌성은 철학, 인문학, 생명과학을 넘어 문화적으로 무수히 구현되었다. 즉, 의료윤리(뇌사, 뇌중재 기법, 신경이식 수술 같은 문제를 다루는), 신학과 종교(영성과 종교적 경험의 신경과학적 기반을 연구하는 '신경신학' 뿐만 아니라 육체의 부활을 뇌의 부활로 재고하면 안 되는지에 대한 문제를 포함하는), 엄청나게 팽창하는 신경신앙과 신경실무(한쪽 뇌로 그리기나 느끼기를 배우는 것에서부터 다양한 형태의 신경건강주의와 신경비교주의에 이르기까지) 분야에서 구현되었다. 과학 분야에서 사회인류학을 연구하는 Joseph Dumit은 영상기법이 어떻게 인간의 모습을 디지털 영상으로 찍어내고 '객관적 자아 형성(objective self-fashioning)' 을 통해 사람의 삶과 자아인식을 바꿀 수 있는지를 보여 주고 있다(Dumit, 1997, 2004). 마지막으로 최근의 연구에 따르면, 뇌를 제외한 신체가 인격 동일성의 기본 장소로 보여서 신체변형이 곧 자신을 변형하는 방법이라 생각하지만, 그 자체는 신체가 우리 자신이 아니고 우리가 소유한 것이라는 태도를 내포한다는 것이다(Andrieu, 2002; Featherstone, 2000; Le Breton, 2000). 단일 개념(즉, mindbrain) 덕분에 마음-뇌 문제가 사실상 중단되거나 해결될지라도, 뇌성은 무언의 가정으로 남을 것이다. 가령, 하버드 철학자 Hilary Putnam(1981, 1장)이 회의주의에 반대하면서 다음과 같이 상상한 것은 의미가 있다. 당신이 자고 있는 동안, 한 과학자가 당신의 뇌를 꺼내어 큰 통에 넣은 후 컴퓨터와 연결해서 평상시 당신의 뇌로 가던 감각신호를 당신의 신경종말에 보냈다. 당신이 깨어났을 때는 당신의 뇌가 통에 있다는 사실만 제외하면 모든 것이 평상시와 똑같아 보였다. Putnam이 그의 사고실험에서 어떻게 반(反)회의적인 결론을 도출했는지에 대해서는 신경 쓸 필요가 없다(그는 당신이 정말 통에 있는 뇌일지라도 당신 자신이 그렇게 생각하지 않을 것이라 주장한다.). 자아인식 문제를 연구할 때 당연하고도 필수적으로 뇌성을 포함한 것처럼, 중요한 것은 뇌를 선택한 것이 얼마나 당연해 보이는지다.

지금까지 뇌성의 존재론에 저항하는 몇 가지 접근이 있었다. 물론 그중 어느 것도 기본적인 뇌의 역할까지 부인하지는 않았다. 한 접근은 Kathleen Wilkes의 『리얼 피플(*Real People*)』에 제시되어 있는데, 이 책에서는 많은 부분을 할애하여 사고실험을 비판하면서 과학정보를 과잉 단순화하지 말고 뇌를 피질로 단순화하지 말라고 강조한다. 다른 접근은 Paul Ricoeur의 접근이다. 그가 보기에 뇌 공상은 신체를 무력화하고, 신체적 존재로서 자아를 무시한 채 자아를 뇌로만 제한했다. 그는 뇌가 '현상학적 상태'가 부족하다는 점에서 신체의 다른 부위와 다름을 관찰했다. 정말로 우리가 신체의 다른 기관들과 '관련된' 동안에는 그 기관들이 각기 움직임(손), 지각(눈), 정서(심장), 표현(목소리) 등과 관련되지만, 뇌의 경우에는 그런 경험과 무관하다(Ricoeur, 1990: 159). 세 번째 접근은 신경과학자인 고 Francisco Varela의 접근이다. 뇌-신체 동일시와 소거적 신경환원주의(이에 따르면 정신상태는 없고 뉴런 상태만 존재함) 비판으로 출발한 그는 신경과학 통합체와 주관적 경험을 재통합하려는 '신경현상학'을 개발했다(Varela, 1996; Varela, Thompson, & Rosch, 1991; Petitot et al., 2000).

나는 뇌성에 대한 이런 반응이 당연한 것이라 생각한다. 하지만 뇌성연구는 이제 막 시작한 상태이고, 현재로서는 뇌성인간의 역사와 시사점을 제대로 연구해야 한다. 사실 그 일은 쉽지 않은데, 우리는 뇌의 일부만 없어도 존재할 수 없고 뇌성은 우리가 완전히 몰입한 실존상태로 기능하기 때문이다. 뇌성은 이미 죽음의 순간을 주관하고(문제가 없는 것은 아니지만) 있고(Schlich & Wiesemann, 2001), 우리에게 득실을 주면서 점점 우리 삶의 많은 진로를 결정할 것이다. 동시에 인간이라는 존재에 대한 견해인 한, 뇌성은 본래 필연적인 것이 아니라 인간이 만든 것으로서 도덕적 권위를 본성으로 돌리려는 오랜 경향의 또 다른 예일 뿐이다(Daston & Vidal, 2004). 뇌성의 존재론을 이해하고 수용하는 것은 장기적 과제다. 여기에서는 내가 선호하는 것을 간접적으로만 암시하고 우리가 직면하게 될 것이라 여겨지는 상징적 도전을 제시하려 한다.

1991년 고 Helen Chadwick은 훌륭한 예술작품을 만들었다([그림 2-2] 참조). 이 작품은 유리판에 인화하고 뒤에서 조명을 비췄다. 작품의 제목이 다소 당황스러운데, 바로 〈자화상(Self-portrait)〉이다. '뜻밖의 기발한 상상력으로' (Warner, 1996), Chadwick은 전통적인 자화상의 얼굴을 뇌로 대체했다. 그래서 그녀가 '나는 나의 뇌' 라 말하고 있는 것 같다. 하지만 묘사된 뇌는 예술가 자신의 뇌가 아니다. 반면 전통적인 자화상의 다른 요소인 손이야말로 독특한 모양에 특유의 흔적이 있고 반지까지 낀 정말 그녀의 손이다. 그 손은 봉헌이나 기도 또는 안수례에서 의미를 신성시하고 연약함을 전하는 것처럼 바치는 듯한 조심스러운 자세로 뇌를 들고 있다. 하지만 뇌와 같은 색깔로 배경을 이루는 주름진 손의 존재야말로 우리에게 예술가의 전신, 재능, 개성, 역사, 상황적·개인적 유대(bond)를 말해 준다. Chadwick은 "나는 뇌처럼 몸이 승리의 장소이길 바란다." 라고 말했다(Warner, 1989: 58에서 인용). 그렇다면 그녀의 〈자화상〉이 '나는 나의 뇌' 라 말하지 않는 것이 분명하다. 오히려 뇌는 예술작품의 중앙에 있어도 작품을 만든 작가가 뇌로 환원될 수 없음을 보여 준다.

이는 신경교육을 모색하는 이 책의 정신과 일치한다. 하지만 여기에서는 뇌와 자아에 대한 역사적 고찰을 통해 그런 견해가 유일한

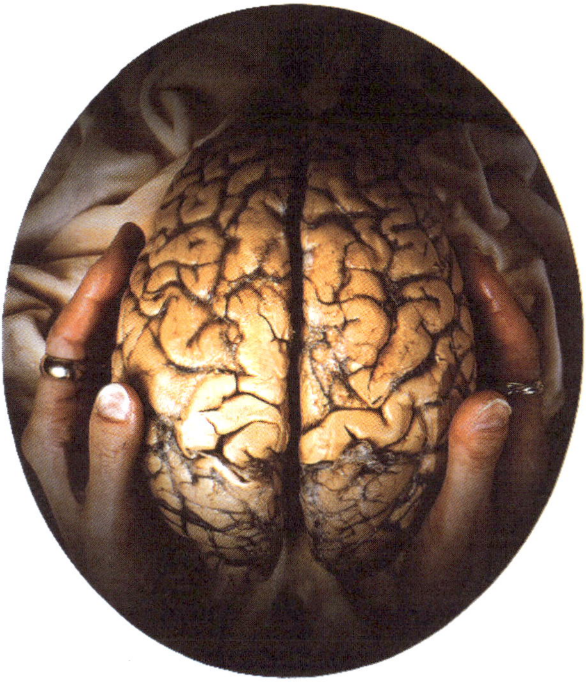

[그림 2-2] Helen Chadwick의 자화상(1991).

것이 아니며 그 자체도 신경과학의 도전에 대한 반성적 태도와 역사적 발달에서 나왔음을 보여 준다. 그런 논의를 통해 신경교육 프로젝트의 발달 상황을 간단히 제시함으로써 신경교육자들이 인류학적 상황과 차원에 민감해질 것이다. 그들은 교육의 '예술' 부분이 항상 '과학' 부분을 능가할 것이라 생각할 것이다. 하지만 난제는 두 가지를 어떻게 조화시킬지와 신경과학이 교육에 미치는 영향(단순히 뇌의 구조와 기능에 대한 자료량이 아니라)을 어떻게 생각할지일 것이다. 뇌성과 뇌성인간의 역사에서 제안하는 것처럼, 신경과학이 교육에 미치는 영향은 기술적 정보보다 오히려 인간이 무엇인지와 인간

사회가 어떻게 조직되어야 하는지에 대한 통찰력 있고 지혜로운 도덕적·철학적·정치적 결정에 좌우될 것이다.

참고문헌

Andrieu, B. (2002). *La nouvelle philosophie du corps* (The New Philosophy of the Body). Ramonville: Éditions érès.

Blank, R. H. (1999). *Brain Policy: How the New Neuroscience Will Change Our Lives and Our Politics.* DC: Georgetown University Press.

Brazier, M. A. B. (1988). *A History of Neurophysiology in the Nineteenth Century.* New York: Raven Press.

Breidbach, O. (1997a). *Die Materialisierung des Ichs. Zur Geschichte der Hirnforschung im 19. und 20. Jahrhundert* (The Materialization of the Self. On the History of Brain Research in the Nineteenth and Twentieth Century). Frankfurt, Suhrkamp.

_______ (1997b). Einleitung: Neuronale Ästhetik-Skizze eines programms (Introduction: Neuronal Esthetics. Sektech of A Program). In O. Breidbach (ed.), *Natur des Ästhetik—Ästhetik der Natur* (Nature of Esthetics—Esthetics of Nature) (Vienna/New York, Springer).

Bruer, J. T. (1997). Education and the brain: A bridge too far. *Educational Researcher, 26*, 4-16.

_______ (1999). In search of ... brain-based education. *Phi Delta Kappan*, www.pdkintl.org/kappan/kbru9905.htm.

Bynum, C. W. (1995). Why all the fuss about the body? A Medievalist's perspective. *Critical Inquiry, 22*, 1-33.

Camerer, C., Loewenstein, G., & Prelec, D. (2003). Neuroeconomics: How neuroscience can inform economics, http://sds.hss.cmu.edu/faculty/Loewenstein/downloads/neurojep.pdf.

Changeux, J. P. (1983/1997). *Neuronal Man. The Biology of Mind*, trans Laurence Garey. Princeton: Princeton University Press.

_______ (2000). La révolution des neurosciences (The Neurosciences Revolution) [an interview]. *Label France*, n° 38, www.france.diplomatie.fr/label-france/FRANCE/DOSSIER/ 2000/09neuro.html.

Clarke, E. & Dewhurst, K. (1972). *An Illustrated History of Brain Function*. CA: University of California Press.

Clarke, E. & O'Malley, C. D. (1968). *The Human Brain and Spinal Cord*. CA: University of California Press.

Clarke, E. & Jacyna, L. S. (1987). *Nineteenth-Century Origins of Neuroscientific Concepts*. CA: University of California Press.

Corsi, P. (ed.) (1990). *La fabrique de la pensée. La découverte du cerveau de l'art de la mémoire aux neurosciences* (The Fabric of Thought. The Discovery of the Brain from the Art of Memory to the Neurosciences). Milan, Electa.

Crick, F. (1994). *The Astonishing Hypothesis. The Scientific Search for the Soul*. New York: Scribner.

Dahl, R. (1960/1979). William and Mary. In Roald Dahl, *Tales of the Unexpected*. Harmondsworth, Penguin Books.

Daston, L. & Vidal, F. (eds.) (2004). *The Moral Authority of Nature*. Chicago: University of Chicago Press.

Dumit, J. (1997). A digital image of the category of the person. PET scanning and objective self-fashioning. In G. L. Downey & J. Dumit (eds.), *Cyborgs & Citadels. Anthropological Interventions in Emerging Sciences and Technologies*. Santa Fe, New Mexico: School of American Research Press.

_______ (2003). Is It Me or My Brain? Depression and Neuroscientific Facts. *Journal of Medical Humanities, 24*(1/2), 35-47.

_______ (2004). *Picturing Personhood. Brain Scans and Biomedical Identity.* Princeton: Princeton University Press.

Eickmeier, J. (1004). Make your brain feel younger. www.prevention.com/article/0,5778,s1-5-91-276-2889-1,00.html

Featherstone, M. (ed.) (2000). *Body Modification.* London: Sage.

Ferret, S. (1993). *Le philosophe et son scalpel. Le problème de l'identité personnelle* (The Philosopher and His Scalpel. The Problem of Personal Identity). Paris: Editions de Minuit.

Finger, S. (1994). *Origins of Neuroscience. A History of Explorations into Brain Function.* New York: Oxford University Press.

Garland, B., (ed.) (2004). *Neuroscience and the Law. Brain, Mind, and the Scales of Justice.* New York: Dana Press.

Glimcher, P. (2003). *Decision, Uncertainty, and the Brain. The Science of Neuroeconomics.* MA: MIT Press.

Hagner, M. (1997). *Homo cerebralis. Der Wandel vom Seelenorgan zum Gehirn* (Homo Cerebralis. The Transformation of the Organ of the Soul into the Brain). Berlin: Berlin Verlag.

_______ (2004). *Geniale Gehirne. Zur Geschichte der Elitenhirnforshung.* Berlin: Wallstein.

Hagner, M. & Borck, C. (2001). Mindful practices: On the neurosciences in the twentieth century. *Science in Context, 14*(4), 507-510.

Harvey, R. (1975). *The Inward Wits. Psychological Theory in the Middle Ages and the Renaissance.* London: Warburg Institute.

Jaroff, L. (1989). The gene hunt. *Time Magazine, 20* March, 62-67.

Kaplan-Solms, K. & Sloms, M. (2002). *Clinical Studies in Neuro-Psychoanalysis: Introduction to a Depth Neuropsychology.* New York:

Karnac Books (2nd edn.).

Kemp, S. (1990). *Medieval Psychology*. New York: Greenwood Press.

Keenan, J. F. (1994). Christian perspectives on the human body. *Theological Studies, 55*, 330-346.

Kessler, E. (1990). The intellective soul. In Schmitt et al. (1990).

Kleeberg. B. (2004). Vor der Sprache. Naturalistischer Konzepte objektiver Wahrnehmung (Before Speech. Naturalistic Concepts of Objective Perception). In F. Crivellari, K. Kirchmann, M. Sandl, & R. Schlögl (eds.), *Die Medien der Geschichte. Historizität und Medialität in interdisziplinärer Perspektive* (The Media of Hisotry. Historicity and Mediality in Interdisciplinary Perspectives). Konstanz. UVK Verlagsgesellschaft.

Le Breton, D. (2002). *Signes d'identité. Tatouages, piercings et autres marques corporelles* (Signs of Identity. Tatoos, Piercings, and Other Body Markings). Paris: Métailié.

Locke, J. (1694/1988). *An Essay Concerning Human Understanding*, ed. Peter H. Nidditch. Oxford: Clarendon Press.

Marcus, S. J. (ed.) (2004). *Neuroethics. Mapping the Field*. New York: Dana Press.

McCabe, K. (2003). Neuroeconomics. In L. Nadel (ed.), *Encyclopedia of Cognitive Science*. London: Nature Publishing Group, vol. 3.

Michael, E. (2000). Renaissance theories of body, soul, and mind. In J. P. Wright & P. Potter (eds.), *Psyche and Soma. Physicians and Metaphysicians on the Mind-Body Problem from Antiquity to Enlightenment*. Oxford: Clarendon Press.

Neuburger, M. (1897/1981). *The Historical Development of Experimental Brain and Spinal Cord Physiology Before Flourens*, annotated and translated by Edwin Clarke. Baltimore: Johns Hopkins University Press.

Newberg, A., D'Aquili, E., & Rause, V. (2001). *Why God Won't Go Away. Brain Science and the Biology of Belief.* New York: Ballantine Books.

Noonan, H. (1991). *Personal Identity.* London: Routledge.

Park, K. (1990). The organic soul. In Schmitt et al. (1990).

Perry, J. (ed.) (1975). *Personal Identity.* CA: University of California Press.

Porter, R. (1991). History of the body. In Peter Burke (ed.), *New Perspectives on Historical Writing.* Pennsylvania: Pennsylvania State University Press.

Petitot, J., Varela, F., Pachoud, B., & Roy, J. M. (eds.) (2000). *Naturalizing Phenomenology. Issues in Contemporary Phenomenology and Cognitive Science.* Stanford: Stanford University Press.

Putnam, H. (1981). *Reason, Truth, and History.* New York: Cambridge University Press.

Randerson, J. (2004). Brain not body makes athletes feel tired. *New Scientist,* 29 July. www.newscientist.com/article.ns?id=dn6208

Renneville, M. (2000). *Le language des crânes. Une histoire de la phrénologie* (The Language of Skulls. A History of Phrenology). Paris: Les Empêcheurs de tourner en rond.

Ricoeur, P. (1990). *Soi-même comme un autre* (Oneself as Another). Paris: Seuil.

Schlich, T. & Wiesemann, C. (eds.) (2001). *Hirntod. Zur Kulturgeschichte der Todesfeststellung* (Brain Death. On the Cultural History of the Definition of Death). Frankfurt: Suhrkamp.

Schmitt, C. B., Quentin, Kessler, E., & Kraye, J. (eds.). (1990). *The Cambridge History of Renaissance Philosophy.* New York: Cambridge University Press.

Shoemaker, S. (1963). *Self-Knowledge and Self-Identity.* Ithaca: Cornell University Press.

Taylor, C. (1989). *Sources of the Self. The Making of the Modern Identity.* Cambridge, MA: Harvard University Press.

Temkin, O. (1973). *Galenism. Rise and Decline of a Medical Philosophy.* Ithaca: Cornell University Press.

Varela, F. (1996). Neurophenomenology: A methodological remedy to the hard problem. *Journal of Consciousness Studies, 3*, 330-350.

Varela, F., Thompson, E., & Rosch, E. (1991). *The Embodied Mind. Cognitive Science and Human Experience.* MA: MIT Press.

Vergote, A. (1979). The body as understood in contemporary thought and biblical categories. *Philosophy Today, 35*, 93-105.

Vidal, F. (2000). The eighteenth century as 'century of psychology'. *Annual Review of Law and Ethics, 8*, 407-434.

_______ (2002). Brains, bodies, selves, and science. Anthropologies of identity and the resurrection of the body. *Critical Inquiry, 28*(4), 930-974.

_______ (2003). Soul. In Kors, A. C. (ed.), *Encyclopedia of the Enlightenment.* New York: Oxford University Press.

_______ (2006). *Les sciences de l'âme, XVIe-XVIIIe siècle* (The Sciences of the Soul, 16th-18th Century). Paris: Champion.

Warner, M. (1989). In the garden of delights. In H. Chadwick, *Enfleshings.* New York: Aperture.

_______ (1996). In extremis: Helen Chadwick & the wound of difference. In H. Chadwick, *Stilled Lives.* Edinburgh: Portfolio Gallery/Odense: Kunsthallen Brandts Klædefabrik.

Wilkes, K. V. (1988). *Real People. Personal Identity Without Thought Experiments.* Oxford: Clarendon Press.

Zimmer, C. (2004). A distant mirror for the brain. *Science,* 303, n° 5654 (2 January), 43-44.

제3장 신경교육의 가교

John T. Bruer

개 관

MBE 이니셔티브는 행동과학자, 인지과학자, 신경생물학자 및 교육학자 사이에서 가교 역할을 해야 한다. 현재로서는 확고한 다리도 있지만 확실치 않은 다리도 있다. 그중 인지발달과 교육의 접목은 쉽고 유용하다. 가령, 사회경제적 지위가 낮은 아동은 대체로 산수기능과 개념 습득이 지연되었다. 이런 아동은 '라이트스타트(Right Start)' 프로그램으로 집중훈련을 받았을 때 장애를 극복하고 수행수준이 향상되었다. 하지만 기반이 그리 확고하지 않은 다리도 있다. 특히 뇌 성숙과 관련된 학습의 민감기에 과잉 의존하다 학습연구에서 지지되지도 않는 '기회의 창'이라는 제한된 개념이 나왔다. 실제로 일부 연구에서는 높은 시냅스 밀도가 학습에 필수적이라는 대중의 견해를 지지하지 않았다. 신경과학을 교육과 접목시키려면 뇌연구 결과에서 분명히 관련될 것이라 가정한 것이 아닌 산수나 읽기 학습 같은 표적행동을 평가해야 한다. 이 책의 다른 장들(11, 12, 13, 14장)에서는 뇌연구와 교육 관련 행동을 접목시켜 성과가 있는 영역, 특히 언어와 수학을 강조하면서 학문적 경고를 제시하고 있다.

－편집자－

『교육과 뇌: 너무 먼 다리(*Education and the Brain: A Bridge Too Far*)』(Bruer, 1997)에서 나는 발달신경과학자들이 교수－학습에 대해 가정한 시사점에 우려를 표하였다. 그 논문에서 나는 발달신경과학보다 인지심리학이 교육 관련 기초연구에 더 유익할 것이라 표명한 바 있다. 추후 인지신경과학이 기초 학습과학에 가장 유익할 것이며, 인지신경과학 역시 인지심리학에 의지할 것이라 말하였다. 그러므로 교육학자들은 먼저 인지심리학을 수용하고 인지심리학과 교육 실제 사이에는 '응용의 다리'를, 인지과학과 신경과학 사이에는 '기본의 다리'를 세워야 한다.

1997년의 내 논문은 주 대상이 인지나 신경과학 연구자들이 아니라 주로 교육과 정책 담당자들이었다. 그 논문에서는 어떤 과학적 기반을 바탕으로 교육 실제를 개선할지에 주 관심을 두었다. 그래서 마음과 뇌과학을 교육 실제와 접목시키려는 연구들은 다루지 않았다. 그것은 바로 신경교육 영역인 동시에 이 논문의 관심사다. 여기에서는 그런 연구들의 장단점에 대해 논의할 것이다.

이 장에서 살펴볼 내용은 구체적으로 다음과 같다. ① 시각 신경과학의 연구결과로 학습의 신경학적 기반을 설명하는 실태에 문제를 제기할 것이다. ② 교육 연구와 실제에 적합한 인지모델의 중요성을 설명할 것이다. ③ 교육 관련 인지모델을 정교화할 때 인지신경과학이 어떤 도움이 될지 논의할 것이다.

학습과 시각 신경과학

1970년대 후반 이후 신경과학자들은 원숭이와 인간의 경우 유년기에 시냅스 형성이 시냅스 제거를 앞지른다는 것을 알게 되었다(Lund et al., 1977; Huttenlocher et al., 1979; Rakic et al., 1985). 행동과학자들과 동물행동학자들은 동물과 인간의 발달에 결정적 시기가 있음도 관찰하였다(Bailey et al., 2001). 연구자마다 '결정적 시기'에 대한 정의가 다소 다르지만, 핵심 개념은 유기체의 발달과정에서 어떤 경험에 민감한 시기가 제한되어 있다는 것이다. 즉, 이 기간 동안 그런 경험을 못하면 정상적인 발달 궤도에서 영원히 벗어난다는 것이다. 결정적 시기의 기반이 되는 신경기제는 대부분 시각박탈이 눈우세기둥의 형성과 유지에 미치는 영향을 밝힌 연구에서 나온 것이다(Singer, 이 책). 가령, 쥐를 풍부한 환경(모의 자연환경)에서 기르면 쥐의 시각피질에 있는 시냅스 구조가 어떻게 변할지를 연구한 적도 있다(예, Greenough, 1987 참조).

그런 연구결과를 기반으로 일부 교육학자들과 신경과학자들은 많은 교육적 시사점을 도출하려 한다. 그들에 따르면 12세까지 발달적인 시냅스 생성이 일어나는데, 이 시기가 뇌발달의 결정적 시기이며, 이 결정적 시기 동안 아동이 가장 쉽고 효율적으로 배운다는 것이다.

이런 주장들끼리도 다소 차이가 있다. 어떤 주장은 더 극단적이다. 하지만 일부 신경과학자들은 그들의 연구에서 그런 시사점이 있다고 제안하거나 가설을 제시했다는 것만으로 현재 교육과 정책 집단의 신뢰를 받고 있다(Bruer, 2002).

예를 들어, Kandell과 Schwartz(1991)는 눈우세기둥의 형성과 유지에 결정적 시기가 있다는 논의를 마치면서, 결정적 시기가 뇌발달의 일반적 특징일 것이라고 제안했다. 이것이 '언어, 음악, 수학 같은 능력을 개발하려면 사춘기 전에 개발해야 하는 이유' (p. 957)로 인용되곤 했다. Peter Huttenlocher는 시냅스 밀도가 높은 시기가 학습의 최적기라는 가설을 지지하면서, "자료에서도 시냅스 가지치기 연령과 뇌가소성 감소의 상관이 높았으며 시각피질처럼 간단한 뇌 부위에서는 더욱 그랬다."라고 밝혔다(Huttenlocher, 2003). 발달 중인 십대 뇌의 회백질 변화를 제시한 Giedd 등(1999)의 영상 연구가 미국 국립정신건강연구소(National Institute of Mental Health) 정기간행물에 실리면서, 학습에 결정적 시기가 있을 것임이 다음과 같이 시사되었다. "과학자들이 아직 관찰된 변화의 의미는 모를지라도, '사용하라. 그러지 않으면 사라질 것' 이라는 원리를 따르는 조기의 가지치기 과정과 비슷할지 모른다. 즉, 사용되는 시냅스는 남아 있는 반면 사용되지 않는 시냅스는 사라진다. 어쨌든 이는 발달 중인 동물의 시각계 연구에서 제시한 것이다."(NIH 출판물) Max Cynader(2000)는 "조기 감각자극이 평생에 걸쳐 뇌회로와 기능에 미치는 영향을 이해하려면 시각피질이 최고의 모델일 거다." 라고 말하였다.

통합된 마음-뇌-교육 연구에서 제기해야 할 첫 번째 질문은 다음과 같다. 시각계는 최선의 모델일까? 시각연구 결과는 평생학습에 시사점을 줄까? 간단히 대답하자면 '그렇지 않다' 이다.

Chugani 등(1987)의 연구에 대한 Harry Chugani의 해석은 발달신경생물학에 과잉 의존하다가 교수-학습에 대한 시사점을 잘못 도출한 대표적인 예다. Chugani(1998)는 시냅스 밀도와 뇌대사가 높은 발달시기가 곧 학습이 가장 효율적이고 용이한 생물학적 기회의 창이라 생각한다.

1988년 Chugani 등의 연구에서는 PET를 이용해 영아기에서 성인 초기에 이르는 피험자들을 대상으로 휴식 중인 뇌의 포도당 대사를 측정했다. [그림 3-1]에서 실선은 발달적인 시냅스 생성과 가지치기가 진행 중인 전두엽의 포도당 대사를 연령별로 나타낸 것이다.

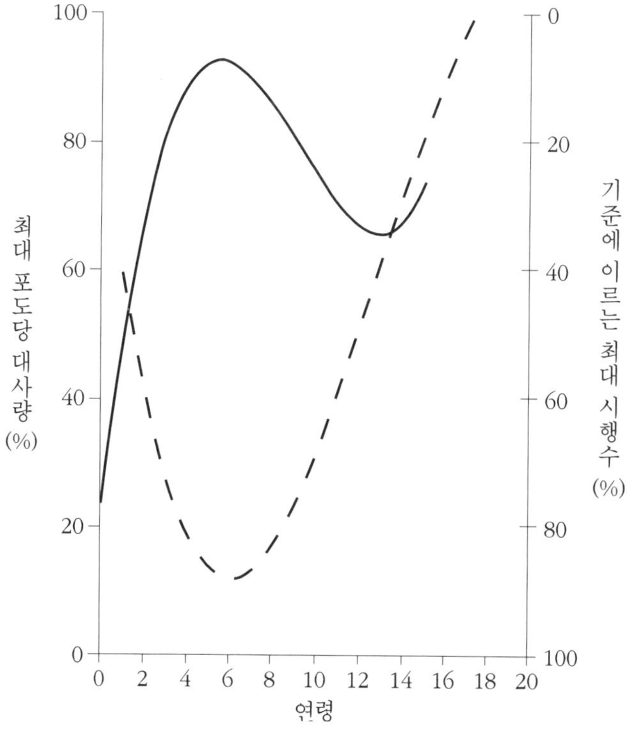

[그림 3-1] 전두엽 피질의 포도당 대사와 이질 과제 학습곡선. 실선은 Chugani(1987)에 소개된 연령별 최대 포도당 대사(%)를 나타낸 것이다. 파선은 Overman(1996b)의 '한 요소 이질 과제' 에서 학습기준에 이르는 최대 시행(%)을 나타낸다.

그림에서 2~11세 무렵에는 전두엽의 포도당 대사가 높았다. 연구자들에 따르면 포도당 대사의 증가는 곧 발달적인 시냅스 생성 동안 시냅스 밀도가 증가했음을 지지하는 것이다. 그러면 이 시기가 바로 전두엽과 관련된 과제를 학습하기에 결정적인 시기여야 한다. 따라서 이 기간 동안 아이들이 그런 과제를 배울 때는 무언가 유리해야 한다.

일반 행동과학 연구에서는 이런 견해를 지지하지 않는다. 가령, Overman 등(1996b)은 15개월에서 20세까지의 피험자를 대상으로 전두엽에 의존하는 '한 요소 이질 과제(one-part oddity task)'[5] 훈련을 시켰다. 그는 피험자들이 이틀 연이어 15개 중 13개를 정확히 맞히거나 최대 1,500회에 이를 때까지 하루에 15회, 일주일에 5일씩 2주 동안 검사를 실시했다.

각 연령대의 피험자들은 이 과제를 얼마나 빨리 효율적으로 익혔을까? [그림 3-1]의 파선이 바로 이 질문에 대한 답이다. 파선은 피험자가 과제의 학습기준에 이르는 데 필요한 연령별 훈련 시행 수다. 시행이 더 필요할수록 학습은 더 힘들고 비효율적임을 나타낸다. [그림 3-1]의 우측에 있는 Y축은 학습곡선을 나타내며 맨 위가 0이다. 학습곡선이 아래를 향하면 시행 수가 더 많아 학습은 떨어진다. 반면에 학습곡선이 위를 향하면 학습은 향상된다. 결국 이질 과제에서 학습의 용이함은 전두엽 포도당 대사와 부적 상관관계다. 즉, 뇌 대사가 올라가면 학습이 떨어졌고, 뇌대사가 떨어지면 학습이 향상되었다. 더군다나 성숙과 더불어 전두엽의 포도당 대사가 안

5) 역주: 동시에 세 개의 물건이 제시되는데 그중 하나만 다른 물건이 제시되는 과제. 이 과제에서 다른 물건에 반응하면 강화가 주어진다.

정된 후에 학습은 꾸준히 향상되었다.

사실 이런 결과가 이 연구에서만 나타난 것은 아니다. 성숙한 원숭이와 인간은 미숙한 원숭이나 인간에 비해 '지연 표본 비대응(delayed non-match to sample)'[6] 과제를 더 빨리 학습했다(Bachevalier & Mishkin, 1984; Overman, 1990). 또 성인이 유아보다 공간이동 과제를 더 빨리 배웠다(Overman et al., 1996c). 심지어 성숙한 원숭이와 성인도 미숙한 원숭이나 아이보다 변별 과제를 더 빨리 학습했다(Overman, Bachevalier, Schumann, & Ryan, 1996a). 결국 시각발달의 신경생물학적 근거에 기반을 둔 극단적인 주장은 학습의 용이함과 효율성에 대한 행동과학적 연구결과와 완전히 모순된다.

그처럼 극단적인 주장은 인지심리학 분야에서 지난 40년간 수행된 학습과 기억 관련 연구결과와도 모순된다. 인지심리학 연구에서는 교과 영역에 대한 선행 지식이 학습의 용이함과 효율성을 예언하는 강력한 요소임을 증명했다(Pressley & McCormick, 1995: 84-109 참조). 학습의 용이함과 효율성은 연령이나 뇌성숙보다 선행경험에 크게 좌우된다.

Means와 Voss(1985)는 선행 학습과 경험이 이야기 이해에 미치는 영향을 연구했다. 연구에서 활용된 이야기는 영화 〈스타워즈〉 3부작이었다. 그들의 연구에서 초보자들은 이 영화를 1~3회 정도 본 피험자들이고, 전문가들은 4회 이상 본 피험자들이었다. 피험자의 연령은 7세(2학년)에서 19세(대학생)까지였다. 그래서 이 연구의 피험자

6) 역주: 첫 시행에서 아동은 물건 하나를 제시받고 그것을 집으면 보상을 받는다. 다음에 두 물건이 나타나는데, 이때 강화를 받으려면 아동이 이전에 본 적이 없는 물건을 기억해야 한다. 따라서 이 과제를 수행하려면 이전에 본 물건을 기억하고 있어야 한다.

들은 신경생물학에서 생물학적 기회의 창으로 일컬어지는 11~12세 무렵이었다. Means와 Voss의 연구결과는 [그림 3-2]에 제시되어 있다.

연령을 막론하고 세 개의 학습 과제 각각에서 초보자보다 전문가가 더 배웠다. 더 중요한 것은 전문가와 초보자 모두 연령과 더불어 학습이 증가했다는 점이다. 4~10세에 학습의 용이함과 효과성이 절정에 이른 것도 아니었다. 오히려 11~12세 무렵에야 피험자들이

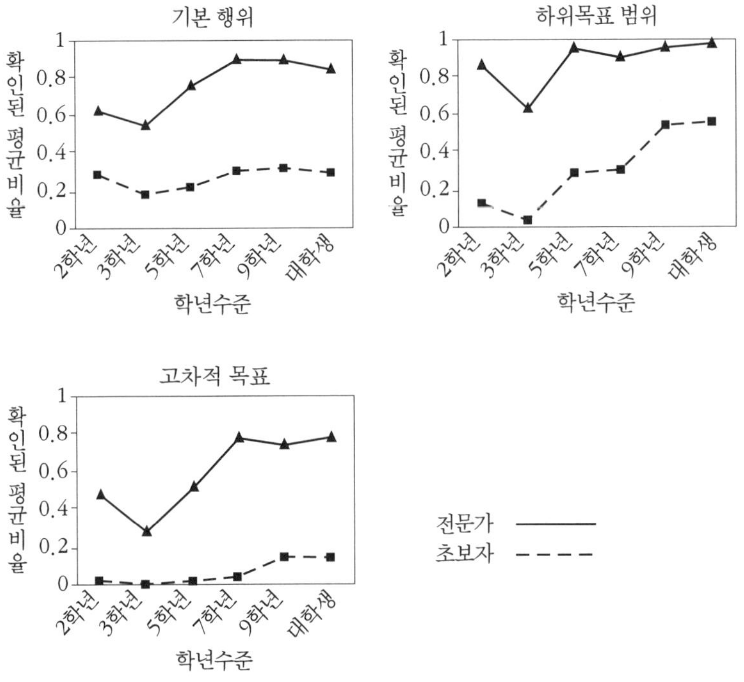

[그림 3-2] 전문가와 초보자의 지식발달(Means & Voss, 1985). Means와 Boss(1985)는 이야기 이해의 세 측정치를 이용해 연령을 막론하고 전문가가 초보자보다 더 잘 배웠고, 초보자와 전문가 모두 연령과 더불어 학습과 이해가 증가했음을 제시했다.

성숙한 학습수준에 이르는 듯했고, '생물학적 기회의 창' 이 닫힌 성인기에도 학습수준이 유지되거나 더 증가되었다.

심리학 연구에서는 어떤 연령에서든 경험이 중요함을 확인했다. 연령을 막론하고 뇌 성숙 이정표와 두 요소(학습 용이함 및 효율성)의 관계는 선행 경험이 학습에 미치는 영향과 불일치했다. 물론 언젠가는 발달신경생물학이 평생 학습에 대한 심리학적 연구결과를 설명하는 데 도움이 될 것이다(Koizumi, 이 책). 하지만 뇌과학이 아직 이런 심리학적 연구결과를 설명하지 못한다면 적어도 교육적 시사점에 대한 신경과학자들의 주장과 행동과학[7]의 연구결과라도 일치해야 할 것이다.

어떤 MBE 연구 이니셔티브에서든 결정적 시기를 설명하는 시각계가 평생학습을 설명할 최고의 모델이라는 발달신경과학의 주장을 비판적이고 학제적으로 살펴봐야 한다. 그런 문제는 신경과학자들이 지금까지의 인지심리학과 교육심리학의 연구결과들을 잘 몰라서 발생했을 수도 있다. 통합된 연구 프로그램을 통해 마음과 뇌를 연구하는 학자들이 교류함으로써 기존의 교수-학습 연구결과에 비추어 많은 연구나 가설을 다듬고 조정하면 모순이 점차 사라질 것이다.

7) 역주: 행동과학(behavioral science)이란 인간행동의 일반 법칙을 체계적으로 연구하는 학문.

인지모델과 교육

교육연구자들과 담임교사들은 읽기, 수학, 과학, 사회를 가르칠 때 발생하는 수업상의 문제 해결에 주 관심이 있다. 그간 인지심리학은 이런 교육문제와 기타 여러 문제에 대한 답을 제시해 왔다(Bruer, 1994). 이를 위해 인지심리학에서는 학습 영역에서 전문성의 기반이 되는 정신적 표상과 처리과정을 이해하려 했다. 그래서 심리학자들은 전문가의 수행에 대한 인지모델을 통해 영역의 전문성을 설명하는 반면, 교육학자들은 교과 영역 내에서 학습곤란 아동에게 부족한 지식과 처리과정을 확인하게 되었다. 특정 결함을 확인함으로써, 그런 부분을 보충하려는 교육과정과 교수자료에 기여하고 있다.

초기의 형식적 산수학습은 인지모델이 어떻게 학습을 설명하고 개선하는지를 보여 주는 탁월한 예다. 일부 아동이 초등학교에서 초기의 형식적 산수를 잘 못하는 이유는 무엇일까?

1960년대 중반 이후 인지심리학자들은 아동이 셈하기와 크기 비교를 이해한 후 4+2와 같이 간단한 산수문제의 해결전략을 개발함을 발견했다(개관을 위해서는 Bruer, 1994: 81-126를 보라.). 가령 4+2를 계산할 때, 보통 5~6세 아이들은 4가 2보다 크다는 것을 판단한 후 답을 찾으려고 '4, 5, 6' 과 같이 4부터 두 수를 셀 것이다. 정신적 수직선(Mental Number Line: MNL, [그림 3-3] 참조)이 지식과 과정에 대한 인지모델을 제공하여 그런 계산전략을 고안하게 된다.

아동이 그런 전략을 고안하려면 셈을 할 때 센 물건과 해당 수의 이름이 일대일 관계임을 알고, 순서대로 세면서 각 수의 이름이 앞 수의 이름보다 일(1)씩 커진다는 것도 알아야 한다. 또 수직선의 왼

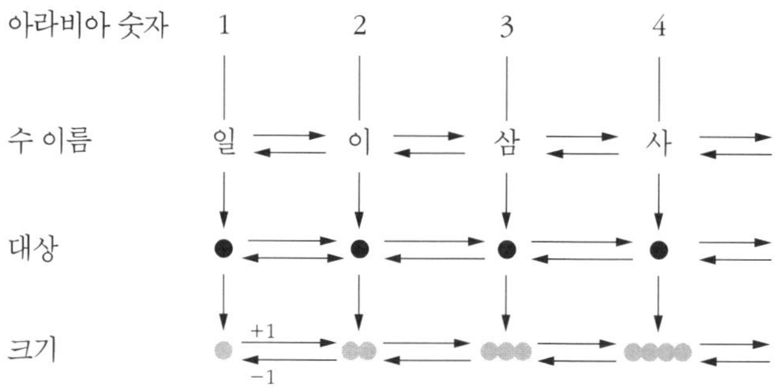

[그림 3-3] 초등 산수의 주요 개념구조를 나타내는 MNL 모델. MNL은 초기의 형식적 산수학습에 필요한 개념 이해를 보여 주는 인지모델이다. 아동은 ① 수 이름, ② 정확히 세기 위해 물건에 수 이름을 붙이는 방법, ③ 수 이름의 크기가 왼쪽에서 오른쪽으로 커진다는 사실, ④ 아라비아 숫자가 크기를 나타내는 기호임을 알아야 한다.

쪽에서 오른쪽으로 갈수록 수가 커지고 아라비아 숫자도 크기를 나타냄을 알아야 한다.

Case, Siegler와 Griffin(1994)은 이 인지모델에 기반을 둔 수지식(Number Knowledge) 검사를 개발하여 특정 연령의 아동이 획득한 산술연산과 수 이해를 측정했다. 검사규준을 만들기 위해 미국과 캐나다의 다양한 학생들을 측정했다. 놀랍게도 그들은 기초 수기능 획득이 발달 이정표뿐만 아니라 사회문화적 요인에 따라 달라짐을 발견했다. 가정의 사회경제적 지위(SES)가 낮은 아동은 중류층 출신의 아동보다 이런 능력을 더 늦게 획득했다. 가령, 초등학교에 들어가는 낮은 SES 출신의 6세 아동은 수지식 검사에서 중류층 출신의 4세 아동과 같은 수준인 것으로 나타났다. 가장 현저한 능력차는 수 비교나 간단한 정신적 산수문제(예, 4+2 같은)를 풀 때 나타났다. 가령, 유치원에 입학한 중류층 출신의 아동은 그처럼 간단한 문제를

72% 해결할 수 있었으나 낮은 SES 출신의 아동은 14%밖에 해결하지 못했다.

주요 인지모델에 바탕을 둔 라이트스타트 교육과정에서는 셈하기, 비교하기, MNL의 개념구조 등을 명시적으로 가르쳐서 이런 학습문제를 해결했다. 라이트스타트 수업을 1년간 실시한 후의 수지식 검사에서는 초기의 형식적 산수에 실패한 아동을 중류층 아동과 구분하기 어려울 정도였다. 이는 교육학자들이 응용 학습과학의 기반으로 인지심리학을 제일 많이 지목하는 이유이기도 하다. 이 외에도 전 과목, 전 학년에 걸쳐 많은 예를 들 수 있다(Bruer, 1994).

인지신경과학과 인지모델

과거의 인지모델은 인지심리학자와 발달심리학자의 행동과학 연구에 기반을 두었다. 지난 10년간 통합된 마음-뇌 연구가 진행되면서 인지모델에 영향을 줄 뇌 기반 증거들이 제시되었다. Dehaene (1992; 이 책 14장)는 행동과학적 증거와 이들을 어떻게 통합하여 우리의 수 인지 이해를 촉진할지를 탁월하게 제시하고 있다. Dehaene는 전문가-초보자 중심의 인지심리학 연구와 발달연구 외에, 수에 대한 동물연구, 표상과 처리의 편재화에 통찰을 주는 신경손상 연구, 기초 인지과정의 신경요인을 탐색하는 영상연구를 제시하고 있다. 통합된 MBE 연구의 목표는 이런 증거들을 종합한 후 좀 더 나은 수업을 위한 정교한 인지모델을 도출하려는 것이다.

수 인지에 대한 Dehaene의 인지신경과학 연구는 그런 연구가 어떤 도움이 될지를 말해 주는 탁월한 예다. MNL 모델([그림 3-3] 참조)은 다음과 같은 암묵적 가정을 하고 있다. 즉, 하나의 추상적 크기표상이 있고, 수 이름(예: 팔)과 아라비아 숫자(8) 모두 그 크기를 표상한다고 가정한다. 인지심리학자들은 그처럼 공통의 추상적인 크기표상이 존재하는지에 대해 논쟁하고 있다. 수 이름과 아라비아 숫자의 내적 크기표상이 서로 다른 것은 아닐까?

Dehaene 등은 이 질문에 답하기 위한 ERP와 fMRI 연구(Pinel et al., 2001)에서 수 비교 과제를 이용했다(Dehaene, 1996; Pinel et al., 2001). 피험자들에게 수 이름(팔)이나 아라비아 숫자(8)를 제시한 후 그 수가 5보다 큰지 혹은 작은지를 판단하게 했다. 그들은 수 비교 과제에서 특정 뇌 부위가 활성화되었고 이 부위들이 수 이름과 아라비아 숫자에서 서로 동일했음을 발견했다. MNL 모델에서 가정한 대로, 뇌영상 자료에서는 수 이름과 아라비아 숫자의 추상적 크기표상이 동일함을 지지한다. 행동과학적 증거와 별도로, 영상연구에서는 수 인지를 설명하는 인지모델에 어떤 표상과 처리과정이 포함되어야 할지에 대해 종합적 증거를 제시하고 있다. 이처럼 종합적인 증거에서는 수 인지에 대한 Dehaene의 삼중부호 모델(triple-code model; [그림 3-4] 참조)을 지지하고 있다.

삼중부호 모델에서는 우리가 수를 세 가지 독특한 방식, 즉 어형(수 이름), 시각적 수형(아라비아 숫자), 언어 이전 아날로그 크기로 표상한다고 본다. 이 모델에서는 그 세 부호끼리 서로 전환될 수 있고 특정 수 연산이 하나 이상의 수표상과 관련된다고 주장한다. 여러 자릿수의 연산이나 기우성(parity) 판단을 할 경우에는 아라비아 숫자 표상(시각적 수형표상)을 한다. 덧셈/뺄셈을 하거나 이를 회상 때에는 수 이름 표상(어형표상)을 하며, 비교하기와 어림셈의 경우에는 아날로그 크기표상을 한다.

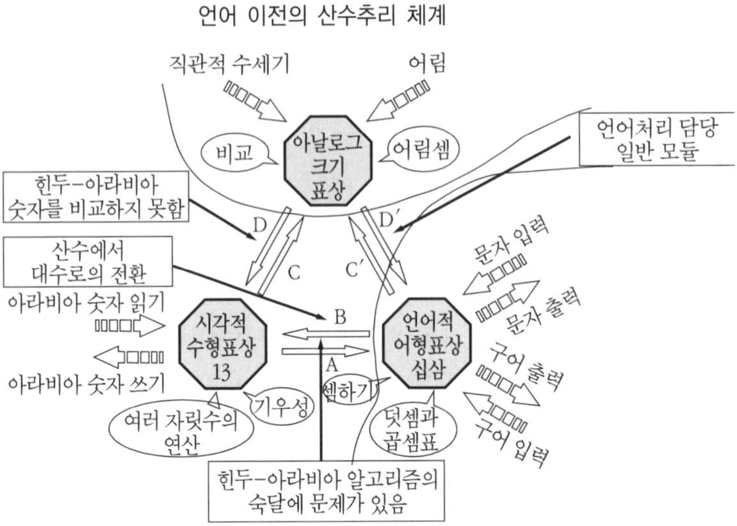

[그림 3-4] 삼중부호 모델과 학습문제. 수 인지에 대한 Dehaene(1992)의 삼중부호 모델에서는 특정의 수학학습 문제를 수 표상 통합의 문제로 봐야 하는 이유를 보여 준다.

이 인지모델은 수기능을 획득할 때 자칫 '개별' 학습문제나 '일반적' 실패로 보이는 것을 설명하기에 유용한 통합구조다. 이 모델 덕분에 수 영역 학습에 대한 이전의 인지연구가 세 가지 수표상과 어떤 관계가 있는지를 알 수 있게 되었다. Case와 Griffin의 연구에서는 아동이 수 이름과 크기를 관련지을 때 문제가 생길 수 있음을 지적했다. Resnick(1982)의 연구에서는 아동이 아라비아 숫자를 계산하는 알고리즘과 수 이름을 이용한 셈하기 절차를 관련지을 때 종종 어려워함을 발견했다. Nathan 등(2000)은 언어적 수표상에 대한 아동의 사전 이해가 기호표상 습득을 촉진한다는 반직관적인 수업결과를 제시했다. 학생이 언어로 표상된 문제를 사전에 이해할 경우기호표상으로의 전환이 촉진될 수 있다. 산수문제를 풀다 대수문제를 풀어야 할 경우 그런 전환이 필요하다. 수 인지 특유의 인지모델 덕분에 아동의 수업 전 수표상을 수업목표의 표상과 관련짓지 못해 수업문제가 발생한 것이라고 생각하게 되었다.

인지신경과학은 숙련된 읽기를 설명하는 정교한 인지모델에도 유익할 수 있다. 기본적으로 읽기기능은 단어의 문자표상을 구어표상으로 전환하는 능력이다. 인지심리학자들은 이 기능을 설명하기 위해 전혀 다른 두 가지 인지모델을 제안했다([그림 3-5 참조]).

먼저 이중경로 모델(double route model)에서는 문자단어가 두 가지 방식으로 인지된다고 제안한다. 익숙한 단어일 경우에는 독자가 낱자 열을 시각부호로 전환하고, 그다음 시각부호가 독자의 심적

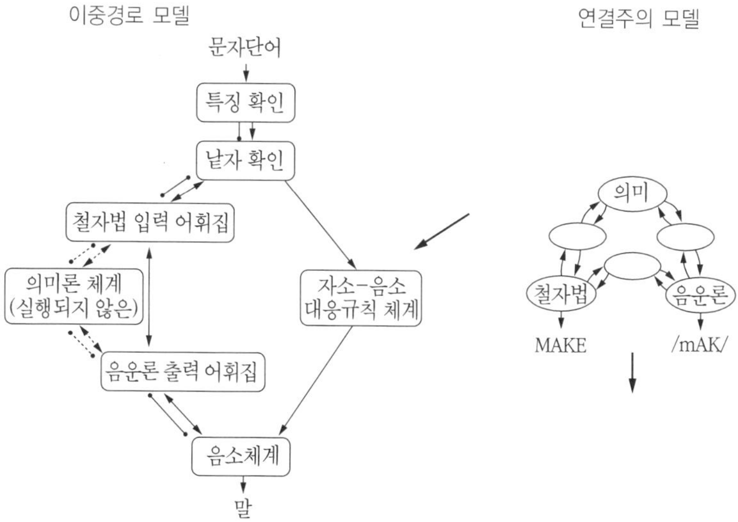

[그림 3-5] 숙련된 읽기의 기반이 되는 두 가지 음운처리 인지모델. 화살표들은 Fiez 등(1999)의 모델에서 좌측 내측전두엽 활성화와 관련된 요인을 나타낸다.

어휘집으로 간다. 반면에 낯선 글자일 경우에는 독자가 낱자 열을 발음해 보고 그 부호를 심적 어휘집에 있는 친숙한 단어와 관련지어 본다. 연결주의 모델(connectionist model)에서는 심적 어휘집이 없다. 오히려 독자가 낱자 열을 볼 때 연결 네트워크의 단위들이 활성화되고, 그런 활성화가 음운정보나 의미정보를 표상하는 다른 단위로 확대되어 결국 독자가 단어를 확인하게 된다.

읽기기능을 연구하고 두 인지모델을 검증하려면 어휘성(단어 대 비단어), 빈도(흔한–드문), 철자–음 일치도(예, lint 대 pint)가 다른 문자단어를 인지할 때 피험자들의 반응시간을 비교한다. 피험자들은 비단어에 비해 단어를, 드문 단어에 비해 흔한 단어를 더 빨리 인지한다. 그리고 단어를 낭독해 보라고 하면 비일치 단어에 비해 일치 단어를 더 빨리 읽는다. 빈도와 일치도 사이에는 상호작용이 일어난다. 피험자들은 빈도가 높은 비일치 단어(예, have)와 빈도가 높은 일치 단어(예, gave)보다 빈도가 낮은 비일치 단어(예, pint)를 훨씬 더 느리게 읽는다. 이중경로 모델과 연결주의 모델은 이처럼 엄격한 행동과학적 결과와 일치한다(Goswami, Petitto, & Wolf, 이 책).

인지신경과학자들은 인지과정의 신경요인을 찾고 있다. Fiez 등(1999)은 영상연구를 통해 좌측 내측전두엽의 한 부위를 확인했는데, 이 부위의 활성화와 행동과학적 자료는 유사했다. 즉, 연구에서는 단어 빈도와 일치도가 상호작용했으며, 피험자가 빈도가 낮은 비일치 단어를 읽을 때에는 좌측 내측전두엽이 크게 활성화되었다.

이런 결과는 한 인지모델만을 지지한다는 특별한 증거일까? 그렇지 않다. 좌측 내측전두엽 활성화뿐만 아니라, 두 인지모델은 모두 행동과학적 자료와 일치했다. 이중경로 모델에 따르면 좌측 내측전두엽은 우리가 발음 가능한 비단어를 '발음하려고' 글자와 음에 대한 지식을 활용하는 처리 경로에 개입하는 부위다. 연결주의 모델에 따르면 좌측 내측전두엽의 활성화는 철자법을 음운론 형태로 바꾸는 은닉층(hidden layer)에 대한 설명과 일치한다([그림 3-4]에서의 화살표 참조).

그런데 기타 영상자료와 신경심리학적 자료를 종합하여 논의하면 흥미가 더해진다. 이들 자료에서는 철자법을 음운 형태로 전환할 필요가 없는(하지만 항목들이 언어적 작업기억에 있는) 음운 과제에서 좌측 내측전두엽이 활성화되었음을 보여 준다. 기타 뇌 기반 자료에서는 피험자들이 음운처리를 요구하지 않는 고빈도 과제를 읽을 경우 좌측 내측전두엽이 활성화되지 않은 것으로 나타났다. 그러므로 좌측 내측전두엽은 이중경로 모델과 연결주의 모델에서 생각하는 읽기 고유의 기능보다 좀 더 일반적인 기능을 담당한다. 하지만 음운처리보다 더 특수한 기능을 담당하기도 한다. 그래서 Fiez 등(1999)은 어떤 모델로도 행동과학, 신경심리학, 영상 연구의 자료를 다 설명할 수 없다고 결론짓는다. 따라서 인지신경과학에서는 우리가 기존의 인지모델을 정교화해야 한다고 제안한다.

어떻게 하면 그렇게 할 수 있을까? Franck Ramus(2001)는 모델 수정을 위한 최선의 전략으로 인지심리학자들과 인지신경과학자들이 음운론(기존의 성숙한 행동과학)을 진지하게 고려해야 한다고 주장한다. 음운론에서는 어휘와 하위어휘 수준의 표상과 처리과정(우리가 어떻게 소리 패턴을 활용해 의미를 전하는지를 설명할 때 필요한)에 위계가 있다고 가정한다. 인지심리학자들과 신경과학자들은 음운론이 그들의 단어재인 모델을 어떻게 정교화할지에 대한 핵심을 파헤치지 못하고 있다.

Ramus의 제안을 따르자면, 전반적인 신경교육 연구전략은 행동과학, 신경심리학, 인지신경과학 연구의 반복적 상호작용을 통해 우리의 인지모델을 정교화하는 것이 최선일 것 같다(Fischer; Van Geert & Steenbeek, 이 책). 그런 프로그램이라면 교육적 시사점이 있을 것이다. 가령, 우리는 음운결함으로 난독증이 발생한다고 생각한다. 하지만 구체적으로 어떤 음운결함이 그 원인일까?

결론

나는 통합된 MBE 연구를 위한 몇 가지 지침을 제시하고자 했다. 이 주제에 대한 첫 논문에서 나는 가교라는 은유를 도입한 바 있다. 그 은유는 여기에도 해당된다. 추후 발달신경심리학과 학습과학 사이에 더 나은 가교가 필요하다. 이를 위해서는 시각계가 학습과 신경 가소성을 설명할 최적의 모델인지에 대한 논의가 필수적이다. 우리는 인지심리학과 교육 사이에 이미 존재하면서도 사장되어 있는 다리를 인식해야 한다. 마지막으로 우리는 인지신경과학이 마음-뇌 과학의 가교 형성과 인지모델 정교화에 어떤 도움이 될지 알아야 한다. 이를 위해서는 행동과학자, 인지과학자, 신경생물학자의 반복적 상호작용이 필수적이다. 우리는 우리가 기반도 다지지 않은 채 다리를 놓고 있음을 명심해야 한다.

참고문헌

Bachevalier, J. & Mishkin, M. (1984). An early and a late developing system for learning and retention in infant monkeys. *Behavioral Neuroscience, 98*(5), 770-778.

Bailey, D. B., Bruer, J. T., Symons, F. J., & Lichtman, J. W. (2001). *Critical Thinking about Critical Periods.* Baltimore: Paul H. Brookes Publishing Co.

Bruer, J. T. (1994). *Schools for Thought: A Science of Learning in the Classroom.* MA: MIT Press.

_______ (1997). Education and the Brain: A Bridge Too Far. *Educational Researcher, 26*(8), 1-13.

_______ (1999). *The Myth of the First Three Years: A New Understanding of Early Brain Development and Life Long Learning.* New York: The Free Press.

_______ (2002). Avoiding the pediatrician's error: how neuroscientists can help educators (and themselves). *Nature Neuroscience,* Nov. 5, Suppl., 1031-1033.

Chugani, H. (1998). A critical period of brain development: studies of cerebral glucose utilization with PET. *Preventive Medicine, 27,* 184-188.

Chugani, H. T., Phelps, M. E., & Mazziota, J. C. (1987). Positron emission tomography study of human brain function development. *Annals of Neurology, 22,* 487-497.

Cynader, M. (2000). Perspectives: Neuroscience. Strengthening visual connections. *Science, 287*(5460), 1943-1944.

Dehaene, S. (1992). Varieties of numerical abilities. *Cognitive, 44*(1-2), 1-42.

_______ (1996). The organization of brain activations in number comparison: event related potentials and the additive-factors methods. *Journal of Cognitive Neuroscience, 8*, 47-68.

Fiez, J. A., Balota, D. A., Raichle, M. E., & Petersen, S. E. (1999). Effects of lexicality, frequency, spelling-to-consistency on the functional anatomy of reading. *Neuron, 25*, 205-218.

Giedd, J. N., Blumenthal, J., Jeffries, N. O., Castellanos, F. X., Liu, H., Zijdenbos, A., Paus, T., Evans, A. C., & Rapoport, J. L. (1999). Brain development during childhood and adolescence: a longitudinal MRI study. *Nature Neuroscience, 2*(10), 861-863.

Greenough, W., Black, J., & Wallace, C. (1987). Experience and brain development. *Child Development, 58*(3), 539-559.

Griffin, S. A., Case, R., & Siegler, R. S. (1994). Rightstart: Providing the central conceptual prerequisites for first formal learning of arithmetic to students at risk for school failure, In K. McGilly (ed.), *Classroom Lessons* (pp. 25-50). MA: MIT Press.

Huttenlocher, P. R. (1979). Synaptic density in human frontal cortex-developmental changes of ageing. *Brain Research, 163*, 195-209.

________ (2003). Basic neuroscience research has important implications for child development. *Nature Neuroscience, 6*(6), 541.

Kandell, E. & Schwartz, J. (1991). *Principles of Neural Science*. New York: Elsevier.

Lund, J. S., Boothe, R. G., & Lund, R. D. (1977). Development of neurons in the visual cortex (area 17) of the monkey (Macaca nemestrina): A Golgi study from fetal day 127 to postnatal maturity. *Journal of Comparative Neurology, 176*, 149-188.

Means, M. & Voss, J. (1985). Star Wars: A developmental study of expert and novice knowledge structure. *Journal of Memory and Language, 24*, 746-757.

Nathan, M. J. & Koedinger, K. R. (2000). Teachers' and researchers' beliefs about the development of algebraic reasoning. *Journal of Research on Mathematics Education, 31*(2), 168-190.

NIH Publication No. 01-4929 NIMH Press release Child and adolescent mental health information at www.nimh.nih.gov/publicat/childmenu.cfm.

Overman, W. H. (1990). Performance on traditional matching to sample, nonmatching to sample, and object discrimination tasks by 12-to 32-month-old children. A developmental progression. *Annals of the New York Academy of Science, 608*, 365-385.

Overman, W. H., Bachevalier, J., Schuhmann, E., & Ryan, P. (1996a). Cognitive gender differences in very young children parallel biologically based cognitive differences in monkeys. *Behavioral Neuroscience, 110*(4), 673-684.

Overman, W. H., Bachevalier, J., Miller, M., & Moore, K. (1996b). Children's performance on "animal tests" of oddity: Implications for cognitive processes required for tests of oddity and delayed nonmatch to sample. *Journal of Experimental Child Psychology, 62*(2), 223-242.

Overman, W. H., Pate, B. J., Moore, K., & Peuster, A. (1996c). Ontogeny of place learning in children measured in the radial arm maze, Morris search task, and open field task. *Behavioral Neuroscience, 110*(6), 1205-1228.

Pinel, P., Dehaene, S., Riviere, D., & LeBihan, D. (2001). Modulations of parietal activation by semantic distance in a number comparison task. *Neuroimage, 14*(5), 1013-1026.

Pressley, M. & McCormick, C. B. (1995). *Advanced Educational Psychology for Educators, Researchers, and Policymakers.* New York: Harper Collins College Publishers.

Rakic, P., Bourgeois, J. P., Eckenhoff, M. F., Zecevic, N., & Goldman-

Rakic, P. S. (1986). Concurrent overproduction of synapses in diverse regions of the primate cerebral cortex. *Science, 232*(4747), 232-235.

Ramus, F. (2001). Outstanding questions about phonological processing in dyslexia. *Dyslexia, 7*(4), 197-216.

Resnick, L. B. (1982). Syntax and semantics in learning to subtract. In T. P. Carpenter, J. M. Moser, & T. A. Romberg (eds.), *Addition and Subtraction: A Cognitive Perspective*. NJ: Erlbaum.

제4장 마음, 뇌, 의식

Jürgen Mittelstrass

개 관

철학자들의 한 가지 관심사는 철학적 사고를 과학 연구 및 이론과 관련짓는 것이다. 철학과 심리학은 역사적 뿌리가 같고, 의식과 같이 중요한 몇몇 개념은 두 분야에서 다양한 관점으로 접근되었다. 생물학, 특히 신경과학은 완전히 의식에 대해 다른 관점에서 자체의 발견 통로를 마련하고 있다. Mittelstrass는 심리학의 많은 환원론적 설명, 특히 행동주의가 실패했다고 주장한다. 인지신경과학도 비슷한 한계가 있을까? 어쨌든 현대 철학자들 대부분이 마음-뇌 문제에 대해 이원론을 지지하는 반면, 과학자들은 보통 일원론을 선호한다. 물론 이들 대안의 한계와 성격은 다르지만, 뇌영상이 널리 활용되면서 심리 상태가 뇌의 대사로 설명되는 신경생리 상태에 불과하다는 가정에 이르곤 한다. 한 가지 극단적 입장은 2장에서 Vidal이 뇌성이라 부른 것인데, 그 가정에서는 인간을 뇌만으로 정의한다. 유익한 대안은 이원론적 관점을 유지하는 동시에 과학자의 이론적 개념을 존중하는 실용주의적 이원론일 것이다.

–편집자–

오늘날 마음과 몸, 뇌와 의식의 관계는 과학과 철학의 관심사다. 이들 주제는 근대 사상 초반에도 그런 적이 있었다. 즉, 마음과 몸의 관계에 대한 문제인 Descartes 이원론(Descartes의 용어로 사유실체와 연장실체)의 '미해결 문제'에서 그런 주제를 찾을 수 있다. 그런데 어떤 의미에서는 이 문제가 새로운 사상과 마찬가지로 혼란과 고통을 수반했다. 오늘날 우리는 그 초창기를 회상하여 이 문제를 철학의 새 경향으로 이해하려 한다. 하지만 우리는 과학과 철학의 미래를 결정할 정도로 이 문제를 아주 다르게(초기 근대 사상과) 바라볼 미래를 기대하기도 한다. 이는 마음–몸 관련 문제의 대부분에 해당된다. 여기에 현대 뇌과학이 나아갈 상당 부분의 과학적 미래가 있고, 철학사상의 미래에 필수적인 요소도 있는 듯하다.

이 장에서 나는 이런 공통의 미래에 대해 좀 더 자세히 설명할 것이다. 여기에서는 나와 Martin Carrier의 연구를 기반으로 '실용주의적 이원론'이라 명명한 사조(思潮)에 대해 살펴볼 것이다(Carrier & Mittelstrass, 1991; 또한 Mittelstrass, 1998도 참조). 이 말은 극히 이원론적인 철학연구와 극히 일원론적인 자연과학 연구(과학 지향적인 심리학을 포함해)를 구성주의적으로 중재하려는 시도를 일컫는다. 이런 시도는 네 부분으로 나누어지는데, 마음–몸 문제의 흐름을 간단히 회고하면서 시작하려 한다. 이는 흔히 우리가 영혼–신체 문제라 일컫는 것으로 그리스 사상에서 시작된다.

마음-몸 문제의 흐름

Plato는 물활론적 전통(생명의 숨결인 영혼이 죽어서 육체를 남긴다는)을 따라 물질적인 것에 영혼을 부여한 후 영혼의 비물질성, 사전존재 및 불멸을 강조하면서 영혼을 세 부분으로 나누었다. 그것은 이성(사고)영혼, 열정(용기)영혼, 욕망영혼이다. 이런 삼분(三分)은 시민계급을 삼분(통치자, 수호자, 생산자)함으로써 가능해지는데, 그런 계급 구분은 세 영혼과의 일치 덕분에 생물학적 타당성을 얻는 것 같다. 나아가 Plato는 자기운동 원리를 따르는 영혼과 그 원리를 통해 '영혼을 부여받는' 물질로 구분한다. 이 부분이 Aristotle과 다르다. Aristotle은 식물영혼(즉, 물질의 동화 및 재생 능력), 동물영혼(식물영혼에 있는 것 외에 감각·지각 능력, 욕망능력 및 운동능력을 포함), 이성영혼(이론적·실제적 이성을 담당하고 다시 수동이성과 능동이성으로 나눠짐)으로 나눈다. Aristotle에 따르면 영혼은 '유기체의 제일 현 실태' 이고 유기체를 움직이며 그와 더불어 소멸한다.

중세철학은 Plato 철학과 Aristotle 철학에 근간을 두고 있다. Augustine 철학에서는 영혼의 엄밀한 구분을 강조한 반면, Thomas Aquinas 철학에서는 영혼의 통일을 강조한다. 또 기독교에서는 영혼불멸이 결정적 역할을 한다. 한편으로는 초개인적이고 불멸하는 영혼(필멸하는 개별 영혼과 구분되는)이라는 개념을 도입한다. 그런가 하면 다른 한편으로는 영혼이 개별 영혼과 동일하고, 개별 영혼은 물질적인 신체의 현 실태라서 신체와 더불어 사라진다고 주장한다. 근대 사상 초기에는 소위 합리주의 심리학을 철학의 일부로 만든 영혼개념이 등장했다.

근대에 마음–몸 문제는 17세기 Descartes의 이원론에서 시작되었으며, 영혼–신체의 결합에 대한 Aristotle의 개념과 중세의 개념이 물질과 사고라는 양자(兩者)의 세계에서 해결된다. 즉, "크기, 모양, 운동…… 같은 어떤 형이하학적 특징이 있고, 그런 특징 고유의 실체를 일컫기 위해 '몸' 이라는 용어를 사용한다……. 또 이해, 의지, 상상, 감각지각 등과 같이 사고행위라 부르는 다른 특징이 있다. 그런 특징 모두 사고, 지각, 의식 같은 일반 개념에 속하고, 우리는 그런 특징 고유의 실체를 '사고하는 존재' 또는 '마음' 이라 부른다 (Descartes, 1964–1974, VII: 176). '의식' 보다는 '마음' 이라는 개념이 이후 모든 마음–몸 이론의 기반이 되었다. 여기에서 나는 내 전공인 철학을 따르는 동시에, 의학이나 생물학 같은 다른 분야를 건드리지 않기 위해 이 개념에 집중할 것이다. 철학자들이 마음–몸 문제를 말할 때에는 일반적으로 Plato가 말하는 영혼의 이성 부분, 즉 의식을 의미한다.

앞에서 언급한 대로, 마음–몸 문제는 철학에서 '미해결 문제' 로 일컬어질 때가 있다. 그 문제가 두 실체로 구성된 Descartes 형이상학에서 나왔기 때문이다. 이런 이원론적 형이상학 덕분에 마음–몸, 즉 물질–의식이 서로 어떻게 상호작용하는지가 엄청난 수수께끼(철학자들의 흥미를 끌 수밖에 없는)가 된다. 이 문제에 대한 최초의 철학적 '해결(현대의 상당한 비판에 미루어 볼 때 Descartes가 이미 제시한)' 은 그 본질상 이원론적이다. 철학자들은 별개의 자율 영역인 마음–몸, 즉 물질–의식의 이원성(엄격한 체계적 관점에서 역사적 상황에 따라 영혼–신체, 마음–몸, 물질–생명 문제로 구분해야 할)에 대한 가정을 지지한다. 사실 Descartes 자신은 아주 우유부단했다. 한편으로 그는 두 실체가 송과선을 통해 유기적으로 교류한다는 상호작용론(interactionist theory)을 옹호했다(Descartes, 1964-1974, XI: 180). 하지만 그는 그 가정의 모순을 고려해 일상 경험과 관련지어 자신을 옹호했다(마음-몸 문제를 해결하려는 Descartes의 노력과 그 후 Descartes 학파 내부에서뿐만 아니라 Leibniz와 Kant도 이런 식으로 노력함; Carrier & Mittelstrass, 1991: 16-27 참조).

Descartes 철학에서 이런 우유부단함은 두 가지 대안적 '해결'로 나타난다. 하나는 두 실체의 물리적 상호작용을 가정하는 소위 유출이론(influx theories)이고, 다른 하나는 기회원인론(occasionalism)이다. 기회원인론에서는 '수시로' 신의 개입에 호소하거나 혹은 신에 의한 두 실체의 지속적인 교류를 통해 물리적·비물리적 영역이 물리적으로 연결된다고 본다. 후자의 해결책은 Leibniz가 마음-몸에 대해 제시한 예정조화설(pre-established harmony)의 가정과 관련되고, 그 두 실체가 신성한 한 가지 실체의 속성들이라는 Spinoza의 해석과 일치한다. 동시에 그 시도는 물심평행론(psychophysical parallelism)의 기반이 되며, 후에 Gustav Fechner, Max Wundt 및 Ernst Mach는 물심평행론을 통해 객관적·물리적 자극과 주관적·심리적 감각 간의 경험적 일치문제를 해결한다.

동시에 그런 '해결책'이 일원론의 근원이 된 것은 당연하다. 일원론에는 George Berkeley가 제안한 비물질주의 같은 관념론적 환원주의와 고대와 현대의 물리적·유물론적 환원주의가 있다. 물리적·유물론적 환원주의의 예로는 모든 정신 현상의 기반이 인간의 행동이라 보는 행동주의와 정신 상태를 생리 상태와 동일시하는 심신동일론(identity theory)을 들 수 있다. 이런 관점에서는 정신상태가 '외부에서' 통제된다고 보는(신경학적 실체의 기반과 분리되었다고 보는) 모든 시도는 철학적 소박성으로 회귀하는 것처럼 보인다. 이에 대해서는 부수현상설(epiphenomenalism)도 마찬가지인데, 적어도 부수 현상설에서는 심리적 상태/과정을 물리·생리적 상태/과정(그 자체로서는 심리적 중재가 없이 폐쇄체계를 이루는)의 '부산물'로 본다.

이들 일원론의 대안은 심리·정신 과정을 복잡한 자료변형으로 보고, 마음-몸, 물질-의식을 독특한 정보구조라 생각하는 최근의 정보이론으로 보완되고 있다. 마찬가지로 이 접근도 그 구조가 완전히 일원론적이고 물리적·유물론적이며, 뇌를 컴퓨터로 간주한다. 하지만 앞에서 언급한 일원론의 설명에서처럼 여기에서도 물리적 상태/과정과 심리적 상태/과정을 경험적으로 관련지음으로써 본래 순수한 철학적 관심사가 어떻게 신경생리학이나 신경심리학 연구와 관련되는지를 분명히 보여 준다. 더구나 마음-몸 문제, 즉 철학의 직관을 과학으로 분석할 때에는 철학의 미래가 과학의 미래와 밀접할 것 같다. 하지만 현대의 이원론에서 밝힌 것처럼 이 문제가 논란의 소지가 없는 것은 아니다.

자아와 뇌

모든 환원적 프로그램, 예컨대 과학 프로그램도 목욕물과 함께 아이까지 버릴 위험을 안고 있다. 이런 경우에는 이원론의 반박을 없애려다 비사변적이고 반성적인 마음-몸 문제와 의식이라는 개념까지 포기할 수 있다. 이런 결과를 미연에 방지하려는 현대의 시도는 환원주의를 비판하는 Popper와 Eccles(1977)의 상호작용적 이원론인데, 그 주요 요소는 반환원주의 명제와 실재론 명제다(Carrier & Mittelstrass, 1991: 114-125).

반환원주의 명제, 즉 물리학, 화학, 생태학/사회학 같은 여러 영역의 실재가 서로 환원될 수 없다는 주장은 과학사의 유추(역사적으로 성공적인 환원은 결코 없었는데, 이유인즉 환원으로 보인 것이 본래 보정[補正][8])이기 때문임)에 의한 논거와 진화론의 '창의성 논거(하위수준의 과정으로 나올 수 없는 현상이 고차적 수준의 조직화에서 나온다는)'에 호소해 지지받은 것으로 추측된다. 하지만 주의 깊게 살펴보면 이런 설명으로는 그 입장이 지지될 수 없다. 이와 동일한 사항이 세 세계('1세계' 인 물리적 신체, '2세계' 인 정신상태, '3세계' 인 객관적 사고[논리학자이자 수학자인 Gottlob Frege의 글에서 이미 등장했던])가 있고 그 세계들이 각기 스스로 실재한다는 주장을 지지하는 실재론 명제에도 해당된다. 이들 세계를 '실재' 로 특징지을 때에는 그것들이 동일한 의미에서 서로 인과적 영향을 줄 수 있다는 주장이 포함된다. 이는 사고의 세계(정신세계에 속하는)인 2세계와 이론의 세계(객관적 사고에 속하는)인 3세계의 관계에서도 유지되어야 하는데, 이유인즉 이 개념에 따르면 이론이 사고로 '환원' 될 수 없기 때문이다.

이런 철학적 문제 상황으로 인해 Popper와 Eccles는 일원론적 관점에 반대해 물리적 상태/과정과 심리적 상태/과정의 이원론적 독립성을 옹호하였으며, 일원론의 표상과 반대되는 자아(또는 의식)의 자율성과 동일성('자아와 뇌' 라는 말에 예리하게 표현된 입장)을 지지하였다. 더욱이 이런 관점에 따르면 자아가 뇌에 속하는 것이 아니라 뇌가 자아에 속한다. 자아는 '뇌' 라는 컴퓨터의 프로그래머(조종당하는 자가 아닌 조종자)다. 자의식적인 나, 즉 자의식적인 마음이

8) 역주: 원래 달랐던 것이 환원에 의해 같아진 것이 아니라 달라 보였던 것을 보정하여 같아진 것이다.

2세계에 머문다고 보는 Eccles는 이런 생각을 신경생물학 언어로 설명한다. 그의 가설에 따르면 자아는 뉴런의 처리를 통제하고 해석한다. 자아는 관심 영역에 있는 뇌사태를 적극 조사하여 하나의 의식적 경험으로 통합한다. 또한 자아는 많은 뉴런들의 집단적 상호작용('피질 모듈')을 끊임없이 스캔하는데, 그로 인해 1세계('연결 뇌')와 상호작용하기가 쉽다. Eccles의 주요 명제인 통일된 의식 경험은 신경기계가 아닌 자의식적인 마음의 조정을 받는다.

그러나 우리가 그 세부과정을 얼마나 정확히 이해할지(자의식적인 나, 즉 자의식적인 마음과 그 뇌 사이에 일어날 것이라 여겨지는 상호작용이 실제로 어떻게 일어날지)의 문제는 Descartes에서와 마찬가지로 미해결 문제일 뿐이다. 결국 이 이원론은 신경생물학 언어로 표현되었음에도 고대의 입장에서 진전된 것이 별로 없다. 물론 이 이원론이 환원론적 설명보다 더 공감적일 수는 있다. 하지만 그것이 신경생물학 자체 영역의 설명들, 즉 신경생물학적 상태/과정에 대한 설명보다 나을지는 두고 볼 일이다.

동일성과 실용주의적 이원론

Popper와 Eccles의 설명에서는 이원론의 정반대에 신경생리적 상태/과정과 정신적 상태/과정을 동일시하는 일원론이 있다고 본다. 하지만 이 일원론도 만족스럽지 못한데 그것이 물리법칙의 지지를 받지 못하기 때문이다. 일원론의 환원적 과제는 그것이 심리적 상태/과정과 신경생리적 상태/과정은 일대일 상관이라 제시했기 때문에 결코 완벽하지 않다. 하지만 최종 분석에서 일원론적 이론들은 심리적 상태/과정과 물리적 상태/과정이 동일하다는 심신동일론과 마찬가지로 상관에만 의지하는 경향이 있다. 혹자는 A의 물리적 상태/과정을 관찰할 수 있을 때에만 A의 심리적 상태/과정이 일어난다고 주장한다. 그래서 어떤 감각은 뇌의 특정 부위의 대사활동(MRI로 관찰되는) 변화와 상관이 있다. 하지만 그들의 동일성을 지지하는 그 이상의 논거는 없다. 그 상황은 우리가 정확한 측정도구를 활용할 때 경험한 것과 상당히 비슷하다. 이 경우에도 측정장비의 상태와 그 외부 상태 사이에 상관이 있다. 그래서 MRI에 나타난 신호가 양자(陽子)의 존재를 말해 주지만 그 신호가 곧 양자와 동일한 것은 아니다. 마찬가지로 구름상자의 경로가 분자의 운동을 알려 주지만 그 경로가 입자와 동일한 것은 아니다. 그런 경우에 지식이 부족하면 각 쌍의 한 요소를 다른 요소와 (잘못) 동일시하게 될 것이다. 게다가 두 이론의 용어론 간에 번역 가능성 기준의 동일성을 확보하기가 어려운데, 이는 대응법칙 사이의 번역이 확실하기 때문이다. 그래서 심리적 상태/과정이 신경생리적 상태/과정으로 되었다는 제안은 여전히 가능성이 없다.

이제 심신동일론의 지지자가 이 모든 것에 동의하게 되었다 할지라도, 그는 환원 프로그램 같은 프로젝트(철학을 이용하지 않고 과학의 관점에서 완성될 수 있는 이점을 지닌 프로그램)에 몰입해 있다는 의미에서 여전히 일원론자다. 그런데 무엇보다도 이것이 이점이 아닐 수 있고, 다음으로는 유망한 환원 프로그램의 엄격한 준거가 무엇인지에 대해서도 여전히 확신이 없다. 다른 분야의 환원적 성공 사례를 참고한다 해도 더 이상 우리에게는 도움이 되지 않는다. Wittgenstein의 표현을 빌리자면 이는 철학에서도 마찬가지다. 즉, "철학적 병폐의 주 원인은 한 종류의 예만으로 사고를 배양하는 편식이다." (Wittgenstein, 1953) 다시 말해, 환원론이 물리학에서 성공한 예는 제시하면서 정작 심리학에서 실패한 예는 간과하는 것이다. 행동적 환원 프로그램의 말로를 계기로 이제 그런 편식은 중단되어야 한다. 이와 비슷한 신경생리적 환원 프로그램이 더 성공적일 이유는 없다.

이 시점에서 인간의 행동을 비환원론적으로 논의하려면 우리가 활용하는 인지개념을 이론적 개념으로 해석하는 것이 유익할 것이다. 이론 전반과 그 경험적 적절성에 의존하는 이론적 개념을 이론과 무관한 관찰언어로 바꿔서는 안 된다. 이것은 그 개념을 개별 사례에 적용할 준거가 부족하다는 의미는 아니다. 그래서 심리학의 경우에도 일정한 상황에서 특정 행동지표를 기반으로 각각의 이론적 개념을 활용할지 판단해야 하겠지만, 그렇다고 그 의미를 이러한 지표의 합으로만 봐서는 안 된다. 우리의 논의에 이론적 개념을 도입해서, 나는 유익한 과학적 개념이 조작적 내용 이상의 '가외 의미'를 갖는다는 사실에 관심을 유도하려 한다. 그런 개념은 개방적이라서 과학발달 과정에서 그 적용준거가 바뀔 수도 있다. 반면에 심신동일론자들이 추구하는 일원론적 환원 프로그램은 심리적 개념을 신경생리적 지표 정도로 제한하는 것 같다. 과학철학사에서 그것은 1920년대에 옹호되었던 입장이다. 생물철학은 왜 물리철학이 범한 실수를 반복해야 하는가?

물론 이는 생물학이나 신경생리학의 논의가 아닌 과학철학의 논의다. 의식이나 마음을 신경생리적 상태/과정과 동일시하는 것에 대한 존재론적 문제는 이제 독립적인 심리개념이 대체로 유익할지 혹은 그런 개념을 피해야 할지와 같은 과학이론 문제로 바뀌고 있다. Carrier와 나는 그 유익성을 지지하여 실용주의적 이원론을 주장했다. 그러던 중에 물리적 상태/과정과 심리적 상태/과정을 실제로 구분할 근거가 아니라 애당초 그런 구분을 인정해야 한다고 주장할 근거가 제시되었다. 분명히 말하자면, 독립적인 심리(인지)개념은 그 설명가(explanatory value)를 기반으로 옹호될 수 있다. 이런 개념이 존재론적 준거가 있는지 여부는 이론적 용어의 준거에 관한 과학철학의 근본 문제(적극적인 논쟁 주제)다. 그러나 그것은 신경생물학 영역 하나로 다 해결된 것이라 가정할 수 없다는 의미다.

이런 관점에서 볼 때, 이원론에서 마음이 데우스 엑스 마키나[9]처럼 모호한 역할을 한다는 일원론자들의 비판은 방법론적으로 미숙하다. 오히려 세계에 대한 우리의 설명이 항상 구성물이라는 환원주의자들과 일원론자들의 주장이 더 모호하다(Pöppel, 1985: 66f). 그런 비판이 의식의 과정에 대한 우리의 생물학적 지식에도 해당되기 때문이다. 다시 말해, 우리가 보통 세계에 대해 알고 있는 모든 것이 부분적으로나마 뇌의 구성물이라면 생물학에서 뇌에 대해 알고 있는 것도 그런 구성 없이는 불가능하다.

신경생물학 연구자들 자신이 본래 환원론적 프로그램(환원론적 법칙과 각 뇌 부위의 상호적 역동성을 기반으로 감각, 의도적인 행동, 의식 같은 뇌의 고차적 능력을 설명)을 추구할지라도, 사실 이런 관점(세계에 대한 우리의 설명이 뇌의 구성물이라는)은 일부 신경생물학 연구자들만이 공유한다. 그래서 신경생물학자인 Creutzfeld(1981: 42)는 우리 뇌의 상징적 표상능력을 설명하면서, 상징이 신경계의 산물도 아니고 신경계도 아니며 세계 자체도 아님을 강조한다. Creutzfeld

9) 역주: '기계장치로 온 신' 이라는 의미다. 고대 그리스에서 자주 사용하던 극작술로 초자연적인 힘을 이용하여 극의 긴박한 국면을 타개하고 결말로 이끌어 가는 기법이다.

는 "이원론(자신과 반대 입장인)이 의식의 본질이다."라고 예리하게 말하면서 이원론적 결론을 내린다. 분명 이 말은 신경생물학적인 설명이 아니며 오히려 철학적이다. 그러므로 실용주의적 이원론에 대한 논의는 무의미하거나 부질없는 것이 아니다. 다소 한계는 있지만, 이런 입장은 다음의 말에서도 나타난다. "실재에 대한 뇌의 상징적 표상은 세계를 참조할 뿐만 아니라 다소 독자적으로 자신의 세계를 구성하며, 동시에 우리 뇌는 끊임없이 자신의 세계(마음의 세계)를 참조한다."(Creutzfeld, 1981: 42) 즉, 어떤 환원론으로도 이와 같은 의식의 본질을 제대로 설명하지 못한다. 일원론자들은 모두 한쪽 측면인 뇌기제만 이해할 뿐 다른 측면인 상징의 세계는 이해하지 못하는데, 사실 상징의 세계가 자연계의 실재다(Creutzfeld, 1981: 43).

'마음의 세계' 나 '의식의 통일' 같은 표현은 고대철학의 정신을 담고 있으며, 비교적 객관적인 현대의 과학철학은 아니다. 그럼에도 불구하고 그런 표현은 여기에서 내가 옹호하는 이원론과 잘 조화되어, 과학을 비롯한 철학의 구성주의적 특징을 강조하는 동시에 뇌기제와 의식을 동일시하는 환원주의 명제를 거부한다. 이 모든 것에서 정말 중요한 것은 다시 순수한 마음이 생물학보다 우위가 되었다는 것이 아니라 생물학 실제가 방법론적으로 명료하게 이론적인 연구 프로그램에 등장한 것이다. 상징의 세계에 대해 주장된 '실재' 나 '의식의 통일' 이 이에 속하는지는 부수적인 문제일 뿐이다.

의식과 자아이해

지금까지의 논의에서는 그런 과학이론의 논쟁이 명료해지면 의식이나 마음–몸 문제처럼 중요한 철학적 과제가 해결될 것이라는 인상을 준 것이 당연하다. 그러다 보니 Popper, Eccles 및 Creutzfeld의 주장이 그 범위를 과도하게 넘어섰다는 인상을 준 것 같다. Popper와 Eccles의 상호작용적 이원론에서 이런 입장이 지지되는 것도 당연하다. 하지만 철학이라는 것이 과학철학 영역으로만 국한된다는 의미는 아니다. 철학적 관점에서 의식은 단순한 과학개념이 아니며, 역사적으로 그 용어가 그런 의미로 이용된 경우는 거의 없다. 사실 철학이 과학에서 설명하려는 '의식'의 의미 분석에 국한된 것만은 아니다. Creutzfeld(1981: 33)에 따르면, "우리의 경험과 반응은 신경계(어떤 물리자극을 포착하여 일련의 활동전위로 부호화하며 이런 정보를 적절한 일련의 동작체계로 변형하는)에 기반을 두며, 이 정도로 환원주의를 설명하기에 충분하다는 걸 부인하는 사람은 없을 것이다." 그렇다고 철학의 관점에서 의식이 먼저라는 것은 아니다.

철학자들은 과학으로 더 잘 해결될 문제(다시 말해, 철학적 문제가 아닌 과학적으로 정의된 문제)까지 해결하려고 하지 않아야 한다. 철학자들의 과제는 모든 영역에 걸친 우리의 자아이해와 상황이해(과학이해를 비롯한)를 명료화하는 것이다. 그들은 과학철학을 할 경우 상황이해를 택한다. 여기에서 철학 고유의 사항은 연구가 아닌 사고를 통해 이 과제를 해결한다는 점이다. 물론 이것은 연구가 사고와 무관하다는 의미가 아니며, 철학적 반성이 과학연구(이론과 경험적 방법에 의한)와 동일한 방식의 연구가 아니라는 의미다. '의식' '자의식' '자아' 뿐만 아니라, '자아이해'는 스스로 생각에 잠겨 해결해 가는 아주 철학적인 주제다. 이런 철학적 사유는 일상 업무나 누적된 과학적 지식을 통해 합리적 사회에서 누리는 문화적 사치가 아니다. 그리고 그것을 과학만으로 얻을 수도 없다. 꼭 집어 말하자면,

뇌과학적 지식이 증가된다고 해서 자신과 자신의 상황에 대한 이해를 묻는 Socrates의 질문이 해결되는 것도 아니고 더 용이해지는 것도 아니다. 다만 이 말은 신경생리학적 관점에서 우리 자신을 이해하면 우리가 모든 것을 이해할 것이라(과학적으로) 생각한다는 의미다. 이런 의미에서 여기서 옹호한 이원론은 이론적으로나 실제적으로 이원론이다.

물론 지금까지의 논의를 모든 철학자들에게 마음이나 의식에 대해 대화만 하라는 것으로 생각해서도 안 되고, 신경생리학과 과학심리학이 출현하지 않은 것처럼 생각해서도 안 된다. 과학 지식 덕분에 우리는 철학적 견해를 과학연구 입장에서 고려하여 철학적 소박함을 피할 수 있다. 언어철학 안의 마음-몸 문제에 관한 결과도 상기해 볼 필요가 있는데, 그 예로 정신개념을 담은 표현과 심리세계의 실재에 관한 표현이 철학적으로 혼란스럽나는 Wittgenstein의 비판을 들 수 있다.

유감스럽게도 마음-몸 문제가 의사(擬似)문제(Wittgenstein의 예에서)라는 설명이 결정적인 것은 아니다. 만약 결정적인 것이 아니라면, 우리는 중립적인 견해나 엄격한 과학 중에서 선택해야만 할 것이다. 하지만 후자의 경우 주체 자신이 잘 인식하지 못하는 세상을 설명한다. "뇌는 감각기관을 통해 세상에 접한다. 모든 감각기관이 제한된 범위의 에너지에만 반응하다 보니 단일체가 다수의 감각형태로 분리된다. 즉, 눈은 제한된 파장 범위인 '가시' 광선으로, 귀는 좁은 범위의 기계진동으로, 촉감은 장파 열복사와 저주파 기계진동으로, 그리고 미각과 후각은 좁은 범위의 농도로 제한된다. 그래서 우리에게 드러나는 세계는 좁은 범위의 물리화학적 현상일 뿐이다. 이것이 바로 우리에게 드러난 세상이다."(Creutzfeld, 1981: 34)

그것이 정말 우리 세상의 참모습일까? 실용주의적 이원론과 실재의 구성에 대한 앞의 논의에서는 그렇지 않음을 보여 준다. 게다가 우리는 우리가 자아이해 속에서 자아이해를 하며 살아간다는 점에서 우리가 살고 있는 세계뿐만 아니라 자신을 구성해 가는 존재다. 자신의 과학적 지식을 구성하는 것과 자아이해를 구성하는 것은 완전 별개다. 자아이해 구성은 바로 우리가 의식이라 말하는 것에 속한다. 이 시점에서 우리는 다음과 같이 말한 Popper에게 동의하게 된다. "우리는 어떻게 우리 자신을 알아가는가? 자기 관찰을 통해서라기보다 '내가' 되고 자신에 대한 이론을 개발해서다."(Popper & Eccles, 1977: 45) '내가' 뇌에 속하는 것이 아니라 뇌가 '나'에 속한다는 표현도 과학이론이 아닌 실제적인 현실세계에서 확인된다. 가령, 책상으로 가서 '생각해 보자'고 혼잣말하는(예를 들어, 마음-몸 문제나 의식문제에 대한 강의 준비를 마무리해야 해서) 누군가를 상상해 보기만 해도 된다. 과학 지식이 어떤 식으로든 이런 문제 상황을 해결해 줄까? 확실치는 않다. 사실 우리는 우리가 자기 집에서 스스로 주인이라 말하는 것의 의미를 꽤 잘 아는데, 거기에 바로 우리 뇌가 속한다. 여기서는 이원론과 일원론에서 시도한 '과학적' 설명이 불필요하다.

이로 인해 철학과 과학이 소원해져서는 안 되며, 특히 양자가 모두 답을 가진 질문(각기 다른 질문에 답하고 있는 경우를 제외하고)에 관심이 있을 경우에는 더욱 그렇다. 여기에서 여러 번 인용된 Creutzfeld는 '신경생리학자의 답은 곧 철학자가 문제 제기를 하는 출발점'이라면서 논의를 마친다(Creutzfeld, 1981: 43). 적어도 이 경우에는 그의 말이 확실한데, 많은 철학자들이 자신이 알지도 모르는 과학을 아는 척하기 때문이다. 하지만 철학자의 질문에 대한 답이

과학을 통해 밝혀져야 한다는 것도 맞다. 그렇지 않으면 철학자들이 자주 받는 비난, 즉 사고를 통해 실재를 파악하는 것이 아니라 사변으로 실재를 회피하려 한다는 비난이 계속될 것이다.

참고문헌

Carrier, M. & Mittelstrass, J. (1991). *Mind, Brain, Behavior: The Mind-Body Problem and the Philosophy of Psychology*. Berlin and New York: de Gruyter.

Creutzfeld, O. (1981). Bewusstsein und Selbstbewusstsein als neurophysiologisches Problem der Philosophie, in: *Reproduktion des Menschen: Beiträge zu einer interdisziplinären Anthropologie*, Frankfurt and Berlin and Vienna (*Schriften der Carl-Friedrich-von-Siemens-Stiftung* 5), pp. 29-54.

Descartes, R. (1964−1974). *Oeuvers*, I-XII, ed. C. Adam and P. Tannery. Paris: Vrin, 1897-1910, new edn., I-XI, 1964-1974.

Frege, G. (1966). Der Gedanke: Eine logische Untersuchung (1918/1919), in G. Frege, *Logische Untersuchungen*, ed. G. Patzig (pp. 30-53). Göttingen: Vandenhoeck & Ruprecht.

Mittelstrass, J. (1998). Das philosophische Kreuz mit dem Bewusstsein, in M. Stamm (ed.), *Philosophie in synthetischer Absicht-Synthesis in Mind* (pp. 21-35). Stuttgart: Klett-Cotta.

Pöppel, E. (1985). *Grenzen des Bewusstseins: Über Wirklichkeit und Welterfahrung*. Stuttgart: Deutsche Verlagsanstalt.

Popper, K. R. & Eccles, J. C. (1977). *The Self and Its Brain: An Argument for Interactionism*. Heidelberg: Springer Verlag.

Wittgenstein, L. (1953). *Philosophical Investigations*. New York: Macmillan.

제5장 복잡한 역동적 발달체계로서 마음, 뇌, 교육 이해하기: 측정, 모델링, 연구

Paul Van Geert & Henderien Steenbeek

개관

역동적이고 체계적인 과정에 참여하는 동안 행동과 뇌 변화를 분석하는 틀이 인간 발달과 교육에 유익할 수 있다. 역동적 체계 연구자들은 교수-학습의 변화과정(개인의 성장 패턴부터 수학모델에 다층다척도인 인과적 상호작용을 포함할 정도)에 초점을 둔 특수모델을 정립했다. 이 모델은 연구와 평가의 초점을 개인의 행동과 시간 변화에 두고, 수행과 뇌 패턴의 점진적 변화를 주기적인 급격한 변화와 결합하여 설명한다. 역동적 체계모델은 비선형적 변화와 자기 조직 같이 교수-학습의 중요한 특성을 설명하고 예측한다. 그것은 유전 대 환경이나 개인 대 맥락/문화와 같이 겉보기에 정반대인 과정을 중첩이라는 이름으로 동일 이론이나 모델과 결합하기에 용이하다. 측정은 교사들이 교실에서 매일 하는 평가(개인 행동의 반복 측정치)와 관련되어야 한다. 더욱이 이 모델에서는 수행 변화, 행동의 모호성, 상황 구체성과 같이 일반적인 교육 현상을 분석할 방법을 제시한다. 역동적 접근은 아동발달과 교육에서 일어나는 복잡한 개인의 변화를 이해하는 유용한 방법이 될 것이다.

–편집자–

인간발달은 복잡한 체계를 이룬다. Rocha(1999)에 따르면 복잡한 체계란 '많은 요인들(행위자, 과정 등)의 상호작용을 그 특징으로 한다……. 요인들의 전체 활동은 비선형적이고(각 요소들의 활동을 합해서 나올 수 없는)…… 보통 자기 조직적이다.' 이 정의에서 복잡성은 많은 요소라는 양적 측면뿐만 아니라 비선형성이나 자기 조직 같은 질적 측면과도 관련된다. 우리의 학문적 시도는 이런 복잡성을 이해하려는 것으로, 부득이 복잡성을 이해하기 쉽게 간단한 것으로 환원해야 함을 의미한다. 복잡성을 고려하지 않고는 복잡한 체계를 이해할 수 없다. 이는 곧 아무리 단순화하더라도 복잡한 체계의 핵심인 질적 특징이 보존되어야 함을 의미한다. 이런 질적 특징은 우리가 체계를 이해하는 데 중요하다.

발달과 성장 같이 복잡한 현상을 단순화하는 표준의 방법은 그 현상을 선형화하는 것이다. 한 가지 표준의 연구방법에서는 단기간에 일방적이고 선형적인 인과성을 파악한다. 가령, 중재한 후에 그 직접적 효과를 관심변인의 변화로 연구한다. 횡단연구 방법에서는 피험자들을 대상으로 독립변인을 측정한다. 이 경우 피험자들이 '5세아' '주의산만아' 같은 집단을 대표한다고 본다. 이 설계에서는 독립변인과 공변하지 않는 모든 변화를 잡음변인으로 고려해야 한다.

이런 선형화를 발달 현상에 적용할 경우 그 복잡성을 단순화할 수 있고 복잡한 체계에 존재하는 많은 관계에 대해 상당한 통찰을 얻을 수 있다.

하지만 이런 형태로 단순화하더라도 복잡하고 역동적인 발달체계의 핵심 특징은 유지해야 한다. 그것이 어렵다면 어떻게 이 핵심 특징을 유지하는 방향으로 그 현상을 단순화할까? 이 질문에 답하기 위해 먼저 복잡한 역동적 체계의 핵심 특징을 간단히 설명할 것이다. 그다음에는 복잡성의 핵심 특징이 발달의 전반적인 심리변인 측정에 어떤 영향을 줄지와 그런 특징이 이론이나 모델 정립과 경험적인 가설 검증에 어떤 영향을 줄지에 대해 논의할 것이다. 이렇게 절을 나눈 것은 편의에 의한 것일 뿐, 실제로 그 둘은 복잡하게 얽혀 있다. 우리의 중요한 질문에 대한 답은 일반적으로 표준의 발달연구 방법이 복잡성의 핵심 특징을 유지하지 못한다는 것이다. 그러나 우리는 익숙한 발달연구 방법을 역동적이고 복잡한 발달 특징과 조화시킬 수 있는지와 어떻게 조화시킬지를 제시하려 한다.

복잡한 체계의 핵심 특징

비선형성과 자기 조직

비선형성은 변인의 영향이 인과변인들의 함수의 합으로 설명될 수 없음을 의미한다. 자기 조직이란 복잡한 체계에서 하위 에너지를 소비한 결과, 자연발생적으로 거시질서(구조, 정보 등)가 증가하는 것을 의미한다. 자기 조직 자체가 근본적인 원인들의 비선형적 영향(예, 근본적인 인과적 요소들이 분명히 변하지 않았음에도 자기 조직이 갑자기 나타나는 경우)이라는 점에서 비선형성과 밀접한 관련이 있다.

자기 조직은 전달(transmission)과 정반대다. 가령, 우리가 교수를 지식 전달로 본다면 그것은 한 곳(교사)에서 제시된 구조(지식)가 다른 곳(학생)으로 전달됨을 의미한다. 전달에서는 항상 정보가 자연적으로 손실되기 마련이다(열역학의 제2법칙인 엔트로피 증가). 전달체계에서는 질서나 정보가 자연발생적으로 손실되어 전달된 정보를 반복해야 한다. 그런 반복을 통해 전달로 인한 정보손실을 보충할 수 있다. 반복이 불가능하면(Chomsky의 언어획득 모델에서처럼) 구조나 정보 같은 질서를 생득적 모듈 형태로 미리 체계에 추가해야 한다.

한편 자기 조직이란 이미 질서정연하고 구조화된 어떤 체계(예, 한 교사와 학생들로 구성된 체계)에서 구조나 정보 같은 질서가 자연발생적으로 증가함을 의미한다. 그래서 자기 조직 체계에서는 정보 전달(교수과정에서와 같은)마저도 전달된 정보 자체보다 더 복잡하고 완벽한 구조를 이루게 될 것이다(예를 들어, 일부 학생의 경우 학습 효과가 교수내용을 능가할 것이다.). 지금까지 대부분의 발달 현상에서는 자기 조직이 나타났다(예, Roubertoux & Carlier, 2002; Gottlieb, Wahlsten, & Lickliter, 1998; Ford & Lerner, 1992 참조).

여기에서는 자기 조직의 경험지표와 관련된 문제가 중요하다. 첫 번째 지표는 '입력'에서 나타난 질서나 구조 이상으로 출력의 질서나 구조가 증가한 경우다. 질서와 구조의 증가가 발달 증거지만, 그런 질서가 '입력' 수준 이상임을 제시하기는 쉽지 않다. 사실 Chomsky의 언어발달이론에서 '자극 부족' 논쟁은 언어 획득이 자기 조직 과정이라는 견해를 강력하게 지지함을 주목해야 한다. 유감스럽게도 Chomsky 이론에서는 자기 조직이 적합한 대안이 아니라서 '자극 부족' 논쟁을 이용해 언어구조가 선천적임을 제시해 왔다. 결국 그 밖의 자기 조직 지표로는 발달의 비연속성 출현, 단계, 일시적 퇴행, 역 U형 성장곡선 등이 있다.

중 첩

복잡성의 두 번째 특징인 중첩은 어떤 현상이 겉에서 보기에 양립할 수 없는 두 가지 특성을 지녔음을 의미한다. 중첩이라는 개념은 양자물리학에서 정식으로 이용되었으며, 입자의 위치나 에너지에 대한 특정의 불확실성과 관련된다. 복잡한 MBE 체계의 맥락에서도 정식은 아니지만 중첩이 존재한다. 다음과 같은 질문을 제기할 때 중첩문제가 발생한다. '뇌가 마음을 설명할까?' '발달을 유전자나 환경으로 설명할 수 있을까, 아니면 둘 다 부분적으로나마 발달에 기여할까?' '학습은 전달일까, 아니면 자기 조직일까?' '지식은 실체일까, 아니면 과정일까?' '사람을 범주(예, 정신과 진단 매뉴얼 DSM-IV에서처럼)로 구분해야 하는가, 아니면 차원으로 구분해야 하는가?'

한 가지 쟁점만 들어 보면, 대표본의 독립된 피험자들을 대상으로 유전자와 행동의 관계를 연구할 때처럼 그런 질문들을 선형화해서 질문에 답할 수 있다. 하지만 이런 해결책은 모순을 유발하기 쉽다. 가령, 세대 간(예, 1900년대와 1950년대의 동일 연령집단) 평균지능의 차이를 비교할 때는 그 차이가 대부분 역사적인 환경변인의 차이(예, 플린 효과[Flynn effect]로 알려진 세대 간 IQ 증가)로 설명될 수 있다. 하지만 누구나 기회에 쉽게 접근할 수 있는 환경에서 생활한 동일 세대 두 사람의 지능차를 비교할 때는 그 차가 대부분 유전자로 설명된다. 그래서 1950년에 태어난 특정인의 경우 대부분 지능이 환경으로 설명될 수도 있고 유전으로 설명될 수도 있다. 유전자와 환경이 장기간에 걸친 복잡한 일련의 과정에 얽혀 있고 발달에서 두 가지가 서로 독립적이지 않음을 깨닫는 순간, 모순적으로 보이던 위의 결론이 이해가 된다.

중첩의 경험지표는 다소 간접적이다. 가령, 유전-환경 논쟁 같은 쟁점을 오랫동안 논의하면서 입장을 이리저리 바꿔 보면 제시된 해결책에서처럼 단순화해서는 포착할 수 없는 중첩이 드러날 것이다. 또 행동 관찰자들이 관찰자 훈련을 얼마나 잘 받았는지와는 상관없이 범주화에서 계속 불일치한다면 범주화 자체가 모호(관찰자들이 일치할 수 없는 범주화 특성)하기 때문일 것 같다(Van Geert & van Dijk, 2003 참조).

특히 발달 맥락에서 중첩의 직접적인 경험지표는 개인 내 변산의 급격한 증가다. 인간의 행동과 수행은 본래 변하기 쉽고 유동적이지만 이런 변화가 최대값에 이를 때가 있다. 그 최대값은 대개 어떤 발달상태, 수준, 단계에서 다른 발달상태, 수준, 단계로의 이행을 나타내고, 두 가지 상태, 수준, 단계가 일시적으로 중첩되어 나타날 수도 있다. 중첩이란 어떤 순간에는 아동이 어떤 단계나 수준에서 기능하고 다른 순간에는 다른 단계나 수준에서 기능하는 것을 의미한다. [그림 5-1]은 아동의 언어발달 자료의 예다(Bassano & Van Geert, 2007). 그림에서는 제안된 세 가지 생성기능(1어문을 생성하는 일어문 생성자, 2~3어문을 생성하는 결합 생성자, 4어문 이상을 생성하는 구문 생성자)과 1~3어로 구성된 문장으로 발화를 분류했다. 발화 유형의 빈도를 나타낸 발달 패턴은 중복곡선 형태로 나타났다. 변산 패턴 분석에서는 두 개의 최대값이 나타났는데, 이는 아마도 일어문 생성자에서 결합 생성자로, 결합 생성자에서 구문 생성자로의 연결 지점에 해당되는 것 같다.

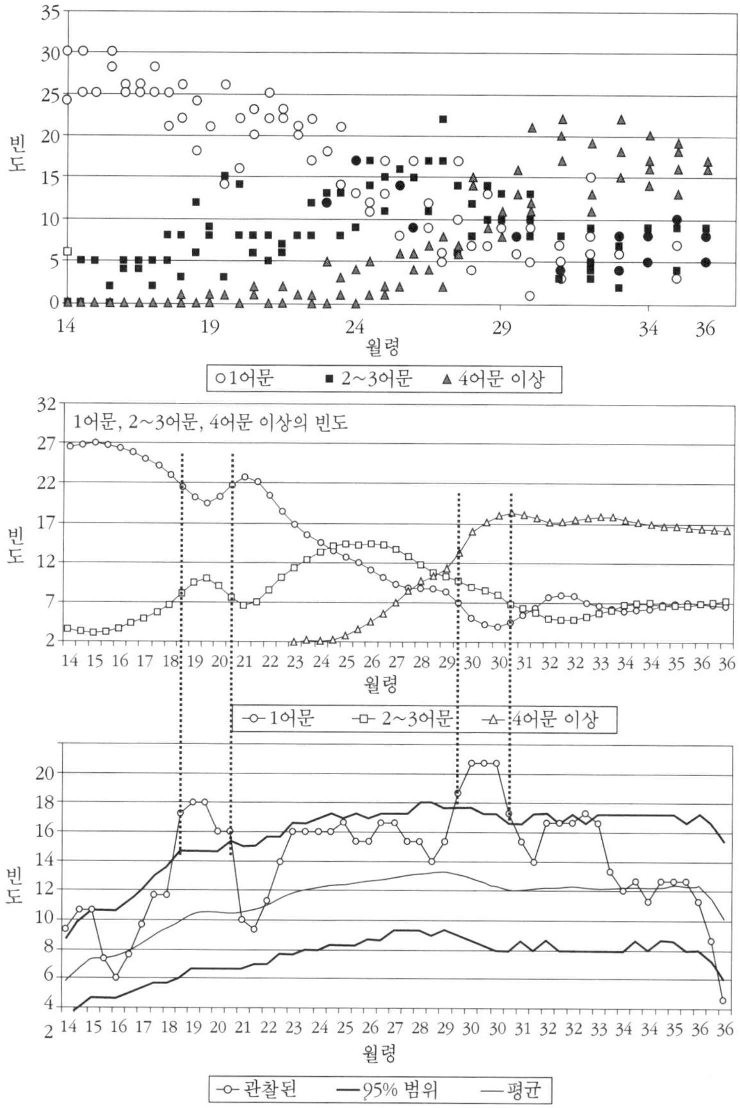

[그림 5-1] 불어를 말하는 14~36개월 된 소녀의 1어문, 2~3어문, 4어문 이상의 발화 빈도 변화. 발화 유형은 기본 생성자인 일어문, 결합, 구문 생성자를 일컫는다.

[그림 5-1] (계속)

맨 위: 각각 30개의 발화가 나타난 하위회기를 기초로 한 원자료. 전체 관찰 회기는 60개 발화(22개월 이전)나 120개 발화(22개월 이후)로 이루어지며, 회기 내 변화를 연구하기 위해 30개 발화를 기준으로 하위회기로 나눴다.

중 간 : 세 유형의 발화에 대한 중앙치를 추정하고 주요 경향에서 부분 회귀나 기타 편차를 찾는 Loess의 평활기법에 기초해 그린 완만한 빈도곡선.

아 래: 여기서 회기 내 변산은 잇따른 5회의 비교기간에 걸친 회기 내 변산 중 최대값 3개의 평균. 19개월 무렵 변산이 최대값에 이르고, 1어문 발화가 일시적으로 감소하는 동시에 2~3어문은 일시적으로 최대값에 이른다. 두 번째 최대값은 30개월 무렵 나타나는데, 이는 4어문 이상의 발화가 공고화되는 순간이다. 30개월 이후에 나타나는 1어문과 2~3어문 발화는 새로운 구문 생성자에 의해 생성될 가능성이 높다. 관찰된 변산의 최대값을 다항모델로 추정한 변산 범위와 비교한다. 즉, 세 발화 유형의 완만한 빈도를 다항확률 함수로 볼 수 있기에 통계적으로 예측된 변산을 95% 범위에서 계산할 수 있다. 변산의 최대값이 통계적으로 예측된 최대값과 의미 있는 차이를 보인다($p < 0.01$).

실체와 과정

복잡한 역동적 체계의 세 번째 특징은 바로 실체(substance)와 과정(process)의 종합에 기반을 둔다는 것이다. '실체'는 물리적 대상과 구조가 구체적이고 물리적이며 영구적으로 존재하는 것을 일컫는다. 과정이란 실체의 인과적 변화가 시간적으로 연속됨을 일컫는다. 인지구조의 경우에는 과정 설명보다 실체 설명이 이해가 더 잘 되는데, 이는 덧없는 과정 설명보다 실체 설명을 선호하기 때문이다. 행동의 원인을 실체 형태로 담고 있는 물리적 실체가 바로 뇌라는 입장은 오늘날 상당한 학문적 관심을 끌고 있다. 이는 어떤 형태의 인지활동(예, 읽기, 수조작)을 담당하는 뇌의 특정 부위를 찾아 실체를 보여 줄 수 있기 때문이다. 하지만 그런 편재화 연구가 아무리 흥미로울지라도 읽기과정이나 수를 다루는 사고과정을 설명할 수 없음에 주목해야 한다. 더욱이 편재화 부위라는 말은 부분적으로만 '사실'인데, 그것은 많은 피험자와 사례를 대상으로 평균을 낸 결과이고, 또 그런 부위들이 덜 활성화된 다른 부위의 도움 없이 홀로 해당 과제를 수행한 것이 아니며 비교적 더 활성화된 부위일 뿐이기 때문이다(예, Mazoyer & Tzouriou-Mazoyer, 2002; Beaulieu, 2000; Uttal, 2001 참조).

Thelen과 Smith(1994)의 역동적 체계이론에서는 지식을 실체로 보는 것에 강력히 반대한다. 그들은 지식과 개념의 표현인 행동을 유발하는 고정된 '장치'가 뇌에 있다는 것에 강력히 반대한다. 그들의 관점에서는 지식, 개념, 기능 등이 과정이다. 그들에 따르면 그것들은 출현과정을 벗어나 존재할 수 없고 유연하게 결합된(soft-assembled) 시공간적 실체다. 하지만 지식과 기능은 실체인 동시에 과정이며, 일시적이고 유연하게 결합된 동시에 마음의 인과적·조건적 실체라는 것이 바로 인지가 지닌 복잡성의 특징이다. 이 사실이 앞에서 설명한 중첩의 특성과 밀접하게 관련됨을 주목해야 한다. 이런 관련성은 복잡성의 특성들이 사실상 모두 관련된다는 좀 더 일반적인 관점을 나타낸다.

그러면 어떤 경험지표가 실체와 과정의 중첩에 적합한가? 중요한 지표는 개인 내 변산 자체다(중첩에 대한 논의에서 우리가 주요 경험지표로 개인 내 변산의 최대값에 관심을 둔 것을 주목하라.). 지식이나 기능 같은 심리 현상이 뇌에 미리 고정된 것이면서 상황이나 환경 같은 과정의 산물이라면, 어떤 사람의 경우는 그런 현상이 특히 더 유동적일 것이다. 변산 정도에 따라 어떤 현상을 실체(변산이 작을 때)로 설명하는 것이 신뢰로울 수도 있고 과정(변산이 클 때)으로 설명하는 것이 신뢰로울 수도 있다.

인과성의 다층다척도 특성

복잡한 역동적 체계의 네 번째 특징은 체계가 개인, 집단, 사회, 문화, 종 같은 다층과 미시발생학적, 개체발생학적, 역사적, 진화적 기간 같은 다척도로 구성되어 있다는 점이다. 발달연구와 관련된 많은 문제들은 특정 층이나 척도를 분리해 다룰 수 있지만, 기타 많은 문제들은 층과 척도의 '상호작용'을 잘 설명해야 한다. 가령, 약 80년 전에 정립된 Vygotsky 프로그램은 사회의 역사적 발달과 개인의 개체발생 간의 상호관계 연구에 토대를 두고 있다(Vygotsky, 1978). 이런 조직층들 간의 관계와 그에 상응하는 시간척도들 간의 관계는 본래 상호적이다.

상호적 인과성 원리는 역동적 성장모델로 확실히 설명할 수 있다(Van Geert, 1991, 1994, 1998; Fischer & Bidell, 2006; Fischer, 이 책). 역동적 성장모델에서는 발달을 지지적, 경쟁적, 조건적 관계를 지닌 상호적 요소들의 망이라 본다. 관계는 상호적이지만 반드시 동일할 필요는 없다. 가령, 이전의 언어전략은 이후의 복잡한 언어전략과 지지적인 관계가 있을 것 같다. 그러나 후자는 전자와 경쟁적 관계일 수도 있다(Bassano & Van Geert, 2007 참조). 그처럼 상호작용하는 망을 모델링하여 단계, 일시적 퇴행, 역 U형 성장 등의 출현을 이해할 수 있다.

발달 인과성의 다층 특성은 복잡한 체계의 특성이 대개 여러 요인에 분산되어 있다는 사실에서도 드러난다. '개념' '지식' 같은 것은 분명 개인의 특성이다. 우리가 개념이나 지식을 고려할 때는 내적 특성으로만 볼 수 없다. 그러나 그런 특성이 기여해야 할 과제(세계를 돌아다니거나 수학문제를 푸는 것과 같은)는 내적으로 표상된 지식 기반보다 훨씬 더 복잡하다. 그래서 우리의 지식과 개념은 외부 세계의 특성에 주로 의존하며, 그런 의미에서 우리의 지식은 다양하고 상황적인 특성이 있다(Clark, 1997). 그것은 물리적 맥락뿐만 아니라 사회적 맥락에 있다. 인지와 행동 개선을 위해 만들어진 외부의 도구(예, 문자)는 그것이 지지하는 내부의 과정에 영향을 준다는 점에서 그저 외부의 부가물만은 아니다. 장기적으로는 외부의 도구 활용을 촉진할 내부의 기능을 선택함으로써 외부의 도구가 내부의 과정 자체를 형성해 간다. 가령, 쓰기 역사에서 문자기호는 본래 외부의 기억 보조물에 불과했지만 계속 발전하여 완전히 새로운 종류의 인지기능, 즉 진화된 말하기라 할 수 있는 읽기와 쓰기로 발전하였다. 즉, 그런 기능을 다룰 수 있는 뇌 부위에서 그것을 '수용'한 것이다(Dehaene, 이 책; Wolf, 이 책). 하지만 이런 기능을 수용한 뇌의 특성에 의해 읽기와 쓰기 자체의 진화가 이루어졌을 가능성이 높다.

발달에서 다층다척도 특성의 경험지표는 무엇인가? 직접 지표는 과정의 단기적 변화를 지배하는 기제와 장기적 변화를 지배하는 기제 간의 차이다. 다른 지표는 전집에 속한 개인 간 차이를 분석해서 발견한 구조(예, 성격이나 지능의 요인구조)와 개인 내 차이를 분석하여 발견한 구조(예, 단일 피험자의 반복 측정치에 대한 역동적 요인분석 결과) 간의 차이다(Molenaar, 2004 참조). 문제는 각 궤도에 대한 연구만 존재하여 그런 차이에 대한 증거가 드물다는 점이다(Musher-Eizenman et al., 2002).

지금까지 우리는 복잡한 역동적 체계의 네 가지 특징, '즉 비선형성과 자기 조직' '중첩' '실체와 과정' '인과성의 다층다척도 특성'을 검토하였다. 과정이나 현상에 이런 특징이 존재함을 나타내는 경험지표도 제시하였다. 이제는 그 특징들을 발달연구의 중요한 측면인 발달측정에 적용할 것이다.

발달측정의 복잡성 측면

모호성 대 불확실성

우리가 관심을 갖는 대부분의 현상(아동의 인지수준, 읽기능력, 사회인지 등)은 그 자체가 복잡한 변인으로 복잡한 체계의 특성 대부분을 지니고 있다. 우리는 이미 앞에서 관심 있는 복잡성 경험지표들을 언급한 바 있는데 주로 중첩의 특징(예, 모호성 대 명료성 같은 모순)과 관련된다. 이런 특징은 발달측정 문제와 직접 관련된다.

가령, 아동이 상호작용하는 동안 정서표현을 점수화하려면 대개 그런 정서의 모호성에 직면할 것이고, 그럴 경우 정서표현에 대한 가정을 단순화(정서표현을 부정적 표현에서 긍정적 표현까지의 한 차원의 변화로 환원하는 것처럼)하여 문제를 해결할 것이다(예, Steenbeek & Van Geert, 2002 참조). 다른 예로는 전치사와 동사 같은 유아 언어의 구문 범주에 대한 해석을 들 수 있다. 일반적으로 그들에게는 아직 전치사인 단어와 전치사가 아닌 단어 사이에 명확한 경계가 없다(van Dijk & Van Geert, 2005; Van Geert & van Dijk, 2002, 2003). 이 경우에 어떤 단어가 동사와 전치사 사이의 어떤 것이라는 사실은 곧 모호성의 예다. 즉, 상호 배타성(단어가 전치사이거나 전치사가 아닌)과 관련된 듯한 범주 구분이 점진성(전치사가 아닌 것에서 전치사로의 점진적 변화)과도 관련된다. 이런 점진적 변화를 수량화할 수 있기에 모호성을 수학적으로 계산할 수 있다(Van Geert & van Dijk,

2003). 범주 간의 점진적 변화가 모호성(어떤 단어가 동사와 전치사 사이의 것이라면)을 일으켜 그 단어가 동사이자 전치사인 동시에 그 어느 것도 아니다. 그래서 그 단어는 구문을 범주화하기가 모호하다.

대개는 변인의 모호성을 정보 부족의 결과로 해석한다. 그런 관점에서는 어떤 현상을 의심할 여지없이 이것 아니면 저것이라 판단해 버리지만, 관찰자에게는 여전히 둘 중 어느 것인지를 판단할 정보가 부족하다. 달리 말하면, 모호성은 불확실성에 불과하다. 가령, 관찰자들 간의 불일치를 야기하는 모호성은 정말로 관찰자의 정보 부족이나 전문성 부족 때문이라서 추가적인 정보수집이나 관찰자 훈련을 통해 문제를 해결할 수 있는 경우가 많다. 그러나 모호성 자체가 바로 우리가 연구하고 있는 현상의 특성이라면 모호성으로 인한 경우와 정보 부족으로 인한 경우를 구분해야 한다. 모호성으로 인한 상황이라면 수량화하여(신뢰구간을 명기하여 불확실성을 수량화하는 방식으로) 객관화해야 한다. 가령, 동일한 준거와 평정기능을 공유하는 박식하고 훈련받은 관찰자 간에 불일치가 나타났다면 그것을 측정오차(불일치가 높을수록 오차가 더 큰)의 지표로 이용하기보다 그들이 평정해야 할 범주에 내재된 수량화 가능한 모호성 정보로 활용할 수 있다(언어발달 영역에의 활용을 위해서는 Van Geert & van Dijk, 2003을 보라.).

실제로는 아무리 모호하다 할지라도 임상평가에서는 대개 불확실성(아동이 ADHD가 '있는지' '없는지' 에 대한 불확실성처럼)이 문제다. 행동지표를 '진짜' ADHD인 아동의 활성화된 뇌 부위 같은 객관적 지표와 관련지을 수 있다면 불확실성을 해결할 수 있을까? 복잡한 역동적 체계의 세 번째 특징인 실체와 과정의 중첩에 대한 논의에서 뇌의 특정 부위 같은 실체 특성을 확인한다고 해도 ADHD가 무엇인지, 어떻게 발달하는지, 사람마다 어떤 차이가 있는지, 평생 어떻게 달라지는지와 같은 문제가 해결되지 않는다고 주장한 바 있다. 뇌에 대한 지식은 복잡한 퍼즐에 한 조각을 추가하여 퍼즐 해결에 기여할 것이다. 그렇다고 해서 퍼즐이 다 해결되는 것은 아니다.

심리변인의 역동적 측면

복잡한 역동적 체계의 네 번째 특징인 다층다척도에 대한 논의에서, 우리는 어떤 측정변인(예, 인지추리 과제에서 아동의 발달수준)이든 개인의 능력과 상황 어포던스[10] 사이에 일어나는 역동적 상호작용의 산물임을 발견했다(Thelen & Smith, 1994; Fischer et al., 1993; Van Geert, 2002; Clark, 1999; Fischer, 이 책 참조). 상황 측면과 개인 측면을 통계적으로 분리할 수는 있지만, 그렇게 하려면 개인과 상황이 독립적이라는 가정이 필요하다. 수행을 역동적으로 해석할 경우에는 이런 가정이 지지될 수 없다. 단시간 척도에서 상황 어포던스와 개인의 능력은 둘 사이의 실시간 상호작용의 산물이므로 본래 상호 의존적이다. 장시간 척도에서는 개인이 자기가 기능하는 맥락을 적극적으로 선택하고 조정하는 경향이 있는가 하면, 맥락 역시 개인의 특징과 능력 형성에 기여한다. 한 개인의 내적 특징과 그의 맥락 범위(가령, 아동과 성인에게 다른)가 독특할 경우, 관심변인에서 그의 점수는 독특한 역동성을 보일 것이다. 바로 이처럼 독특한 역동성이

10) 역주: 어포던스(affordance)는 인간을 둘러싸고 있는 환경이 제공해 주고 자극해 주는 모든 것을 의미한다. 이 용어는 Gibson이 처음 사용하였다.

심리측정 대상이 되어야 한다. 그런 역동성의 특성을 파악하려면 측정이 다음과 같은 요건에 부응해야 한다.

첫째, 한 개인의 독특한 변산(즉, 그의 점수가 달라질 독특한 범위)이 관찰될 수 있을 정도로 자주 반복 측정해야 한다. 이 범위는 개인의 독특한 상황변화의 산물일 뿐만 아니라 내부 상태에 내재된 변산의 산물이다(예, De Weerth, Van Geert, & Hoitink, 1999; De Weerth & Van Geert, 2002a, 2002b; Li et al., 2001; 2004; Granic et al., 2003; Eizenman et al., 2004; Schmitz & Skinner, 1993; Kernis et al., 1993; Butler et al., 1994; Rabbit et al., 2001; Alibali, 1999; Bassano & Van Geert, 2007 참조). 발달의 비연속성(예, 보존 같은 새로운 인지원리의 갑작스러운 출현)에 대한 연구에서는 다가올 비연속성의 예측요소로 변산 증가의 의미에 큰 관심을 두었다(van der Maas & Molenaar, 1992; van der Maas, 1993; Hosenfeld, van der Maas, & van der Boom, 1997; Jansen & van der Maas, 2002; Wimmers, 1996).

둘째, 측정된 변인은 개인과 그의 독특한 상황에 걸쳐 분산되어 있다(복잡한 체계의 다층다척도 관련 절에서 논의한 특성). 분산된 특성은 대개 개인의 독특한 기능방식과 일치한다. 그래서 측정이란 독특한 여러 상황에서의 반복 검증을 통해 독특한 조작방식을 찾는 것을 의미한다. 그 예로는 Fischer가 더 유능한 타인의 지원이나 협력(특히 발달적·교육적 맥락에서 독특한 인지조작 맥락인)에 대해 검증한 최적(optimal)수준과 기능(functional)수준을 들 수 있다(Fischer et al., 1993; Fischer, 이 책). 다른 예로는 1어문 발화와 2~3어문 발화 사이(Bassano & Van Geert, 2007)나 Piaget의 비보존과 보존 사이(van der Maas & Molenaar, 1992) 같은 비연속적 단계가 독특한 조작방식으로 나타나는 시점(Goldin-Meadow et al., 1993 참조) 등 비연속적인 변화 전후의 상태와 관련된다. 이렇게 두 가지 독특한 방식으로 작용하는 인간의 뇌에 중첩의 예가 나타난다. 즉, 뇌는 발달수준 A와 발달수준 B의 특징을 모두 보인다. 이런 중첩이 논리적 모순에 해당되는 것은 아니다. 뇌가 복잡한 체계 속에서 기능하고 그 자체가 복잡한 체계이기 때문에 그런 현상은 가능하다.

발달이론 정립과 가설 검증의 복잡성 측면: 사례연구

발달과정을 연구하는 방식에 적합한 복잡성의 산물로는 뭐가 있을까? 우리가 어떻게 '비선형성과 자기 조직' '중첩' '인과성의 다층다척도 특성' 같은 측면을 포착할 수 있을까? 우리는 이런 과정을 실시간으로 연구하지 않아도 과정의 흐름을 이해할 수 있을까? 복잡성과 역동적 체계접근을 채택하려면 완전히 새로운 발달방법론이 필요할 것 같다. 이는 현재의 방법론이 발달의 역동성과 복잡성 측면을 이해하기에 부적절함을 의미하는가? 이 절에서는 자료를 약간 달리 볼 준비만 되어 있으면 표준의 발달심리학 방법론과 설계로도 복잡하고 역동적인 특성 중 상당 부분을 이해할 수 있음을 주장할 것이다. 그런 방법을 설명하기 위해 연구 프로젝트 하나를 제시한다.

사회 측정적 지위와 상호작용 특성의 관계

6~7세 무렵이 되면 이미 동료에 대해 특정 선호도가 나타난다. 사회측정 기법을 이용하면 동일 학급의 아동을 인기아, 보통아, 거

부아 등 여러 사회 측정적 지위로 나눌 수 있다. 초창기 연구에서는 인기아가 다른 지위에 있는 아동에 비해 동료와의 사회적 상호작용에서 긍정적 정서표현과 동료 지향 정도가 더 높은 것으로 나타났다(Black & Logan, 1995; Rubin et al., 1998). 위트레흐트 대학교의 종단연구 프로젝트에서는 인기아와 거부아를 보통아와 함께 두고 그들이 여러 장난감으로 10분간 가상놀이를 하는 동안 비디오로 녹화했다. 그 결과에서는 지위와 긍정적 정서표현 간에 정적 관계가 있다는 초창기 연구결과를 지지하지 않았다(de Koeijer, 2001). 하지만 문제는 표본이나 전집을 대상으로 한 변인들 간의 관계 발견(그리고 결국 그런 연구결과의 반복 불가)이 인과적 과정(아동의 사회 측정적 지위가 실제적인 긍정적 정서표현 및 다른 아동과의 상호작용과 관련된다는)에 대해서 아무것도 말해 주지 못한다는 점이다.

정서표현과 상호작용에 대한 역동적 모델

모델의 일반 특성

이 연구는 사회적 상호작용에서의 정서표현과 지향성에 대한 역동적 모델에서 출발하였다(지향성은 타인 지향적인 모든 활동으로, 다른 사람이 그에 반응하면 일치성이라 부른다; Steenbeek & Van Geert, 2005; Steenbeek & Van Geert, 2007a, 2007b). 사회적 상호작용 모델은 일반적이고 아주 단순화된 인간행동 모델로, Frijda(1986)와 Campos 등(1994)이 도입한 기능적 정서이론의 강력한 지지를 받고 있다. 우리는 행동이 두 가지 요인을 기반으로 한다고 추측했다. 한 요인은 개인이 하고 싶어 하는 '관심'이다. 다른 한 요인인 '상호성'은 사회적 교류에 내재된 적응적 특성을 일컫는데, 이는 사람들이 서로의 행동을 반영하는 경향이 있을 것임을 의미한다. 두 아동이 참여하는 놀이 상황에 관심을 적용할 경우 두 가지 기본 관심으로 나누어진다. 하나는 참여(다른 사람을 상호작용에 참여시키려는 의도를 지닌 모든 타인 지향적 행동을 비롯해 함께 노는 행동의 종류)에 대한 관심이고, 다른 하나는 자율성(다른 사람과 상호작용하지 않고 혼자 노는 행동의 종류)에 대한 관심이다. 정서는 관심이 충족된 정도에 대한 평가다. 가령, 아동이 놀이짝에게 전달한 긍정적 정서표현이 아동 자신과 놀이짝 모두에게 전달되어 현재 상황이 아동의 참여에 대한 관심을 만족시키는 경우다([그림 5-2]는 그 모델을 도식화한 것임).

다른 형태의 사회적 상호작용과 마찬가지로, 놀이 회기는 반복행위 구조다. 즉, 한 행위에 대해 다른 사람이 어떤 방식으로든 반응하고, 다른 사람의 이런 반응에 이어 상대방의 행동이 나타나는 식이다([그림 5-2]의 아래 그림 참조). 그 모델에서는 이런 반복 측면이 분명히 나타난다. 무엇보다도 상호작용하는 개인이 서로의 상호작용 맥락을 구성함을 의미한다. 더욱이 일부는 아동 자신이, 그리고 일부는 놀이짝이 구성한 맥락이다. 이런 의미에서 맥락은 '독립변인(개인과 무관하게 달라질 수 있는)'이라 할 수 있는 부가된 정적 구조가 아니다. 특정 맥락에서의 행위와 반응 규칙을 관심 측면과 상호성 측면으로 구분한다.

사회 측정적 지위를 다음과 같이 그 모델에 통합한다. 첫째, 우리는 놀이짝의 사회 측정적 지위가 더 높으면 아동의 참여하려는 관심이 더 높을 것이라 가정한다. 둘째, 문헌연구에서는 인기아가 비인기아에 비해 사회적으로 더 유능할 것이라 제안하고 있다. 즉, 그들은 동료의 행동에 더 많은 영향을 주고, 자기의 행동이 효과적인 상황(효과성을 관심 충족의 함수로 정의함)과 그렇지 않은 상황을 잘 구분할 수 있을 것이라 제안한다.

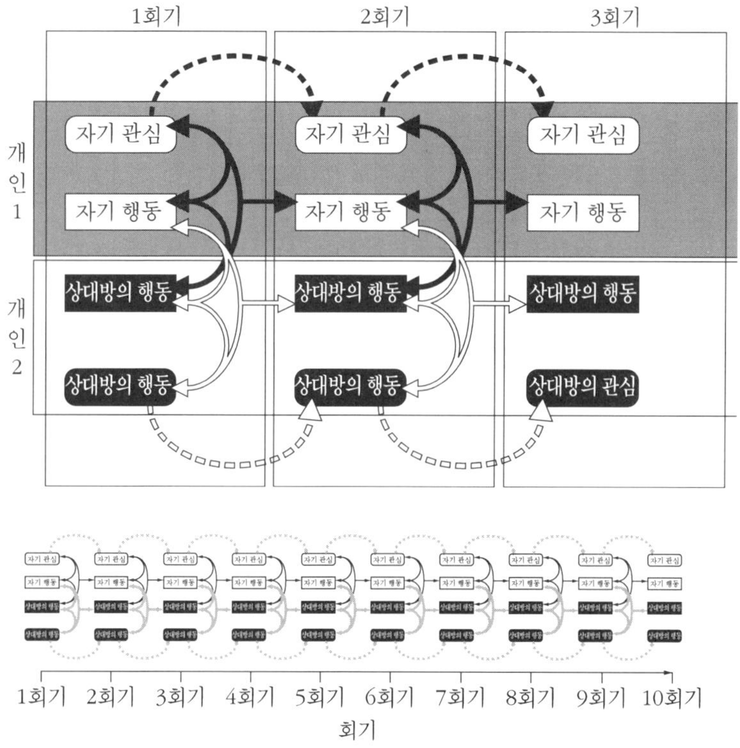

[그림 5-2] 사회적 상호작용 상황에서 단기간의 행동변화를 설명하는 기본 모델. 두 사람(예, 두 아동)이 무언가 함께 하거나(함께 놀거나) 혼자 하는(혼자 노는) 것에 관심이 있다. 수학적으로 표현하면, 관심은 '함께 노는 것' 대 '혼자 노는 것' 의 선호비율이다. 상대방의 행동과 자기 관심 간의 차이를 평가해 자기의 다음 단계 행동이 나타난다. 그 모델은 두 사람에게 동일하다. 이렇게 단순화된 모델에서는 단기간에 관심이 바뀌지 않는다(실선 화살표는 시간이 흐르는 동안 관심이 동일하다는 사실을 나타냄). 위 그림은 3회기만을 나타낸 반면, 아래 그림은 그 과정의 반복적 특징을 더 잘 보여 준다.

이처럼 기본적인 개념모델을 두 종류의 역동적 모델로 변형하였다. 첫째는 소위 대리인 모델(agent model)로 상호작용 과정을 좀 더 상세하게 모델화한다(Steenbeek & Van Geert, 2005, 2007a, 2007b 참조). 둘째는 위에서 언급한 상호작용 원리를 아주 단순화한 수학공식(즉, 한 쌍의 결합 미분 방정식 형태)으로 나타낸다. 보통아와 놀고 있는 인기아와 거부아의 정서표현과 지향성을 예측하기 위해 이 모델을 이용했다. 상호작용 과정의 실제 추이가 아니라 전 상호작용 과정 동안 나타난 포괄적인 측정치(예, 표현의 양과 강도에 대한 평균)에만 관심을 두고 예측했다. 이런 예측과 경험적 검증을 논의하기 전에 역동적 모델로 출발한 현 절차가 이 장에서 논의한 복잡성 접근과 얼마나 일치하는지를 다룰 것이다.

간단한 역동적 상호작용 모델의 복잡성 측면

여기에서는 개별 사례들을 대상으로 변인들 간의 선형적 관계를 설명하는 모델 대신, 역동적 모델을 이용해 실시간에 따른 과정의 결과로 상호작용 특성을 설명한다. 상호작용 회기의 포괄적인 평균 특성을 예측하기 위해 역동적 모델을 이용하며, 개발 사례들을 이용한 표준의 횡단설계로 이를 검증할 수 있다. 그 모델은 가장 간단한 자기 조직 사례도 설명할 수 있다. 즉, 각 세트의 매개변인 값이 고정값이 된다. 그래서 서로에 대한 아동의 긍정적 정서와 지향성 정도를 긍정적 정서에 대한 아동의 내적/정적 경향의 산물로 보지 않는다. 이를 역동적 상호작용 과정의 산물로 모델화하여 피험자와 맥락 측면을 통합한다. 이런 의미에서 정서와 지향성 수준은 분산과정(즉, 상호작용 참여자들에게 나타난)의 결과다.

복잡한 체계의 특징인 중첩은 맥락과 개인(아동)의 개념을 정의하는 방식이 아주 특별하다. 상호작용의 반복적 특성에 비추어 볼 때, 맥락(놀이짝의 행동과 특성)은 아동 개인이 한 행동의 결과인 동시에 원인이다. 마찬가지로 아동 개인의 특성은 상당 정도가 맥락(예, 아동의 관심)에 따라 달라진다. 그래서 개인과 맥락이 언제라도 분리될 수 있지만, 개인이 맥락을 만들고 맥락이 개인을 만든다. 이런 중첩 형태는 모호하거나 은유적인 것이 아니고, 모델에 명시된 방정식으로 모두 표현 가능하다.

실체와 과정 측면은 모델에서 '고정된' 내부 특성(예, 아동의 사회적 효과성)으로 여겨지는 부분과 그 모델이 설명하는 과정에서 나온 부분 사이에서 명시적인 선택 형태를 취한다. 설령 실체 또는 고정된 측면을 선택했다고 해서 고정된 측면의 특성에 대해 '고정되었다'고 일반화할 수 있는 것은 아니다. 이런 측면(예, 사회적 효과성)을 설명하려는 모델에서는 고정된 측면이 과정 형태를 취할 것 같다.

그러나 현재의 모델은 여전히 복잡한 역동적 체계의 마지막 측면인 과정의 다층다척도 특성이 부족하다. 그 모델은 10분간의 놀이 회기에 해당되는 단기간의 사회적 상호작용 역동성을 설명한다. 이를 장기간의 사회적 상호작용 역동성 모델로 보완해야 하는데, 그때 비로소 발달과정에서 상호작용한 결과로 모델의 각 매개변인이 변하는 방식과 이유가 분명해진다(그 예는 Steenbeek & Van Geert, 2007b를 보라.).

표준의 표본설계로 역동적 체계의 가설 검증하기

피험자, 절차 및 예측

최고 8.8세에서 최소 5.8세로 평균 6.5세인 1학년들 학생들이 이 연구에 참여했다. 83명(47명의 소년과 36명의 소녀) 중 평정검사를 통한 사회 측정적 지위를 기반으로 24쌍을 선정했다(Maassen, Akkermans, & van der Linden, 1996). 그 쌍을 약 1.5개월 간격으로 3회씩 비디오 녹화를 했다. 상호작용은 10분간의 놀이 회기로 구성되었다. 비디오에 녹화된 각 아동의 표현과 반응성 변화는 1/10초마다 부호화되었다(사건표집법).

인기아와 거부아의 일반 특성에 해당하는 매개변인 공간에 대해서는 가설 설정한 관심과 효과성으로 가능한 모든 결과를 계산해서 모델을 예측했다. 모델에서 한 예측은 다음과 같다. 놀이쌍에서 인기아는 거부아에 비해 놀이짝에 대한 지향성이 낮을 것이고 긍정적 정서표현도 낮을 것이다. 인기아는 긍정적 정서가 더 효과적으로 분산될 것이다. 그래서 인기아는 거부아보다 부정적 정서도 더 나타날 것이다. 놀이쌍(인기아-보통아, 거부아-보통아) 간의 차이와는 무관하게, 아동과 놀이짝 사이의 유사성이 우연에 의한 경우보다 더 높을 것이라 예측했다. 그 모델에서는 인기아의 놀이짝이 참여하는 정도와 거부아의 놀이짝이 참여하는 정도에 차이가 없을 것이라 예측했다. 그리고 거부아의 놀이짝이 인기아의 놀이짝보다 부정적 표현이 더 많을 것이다. 마지막으로 그 모델에서는 인기아-보통아 쌍이 거부아-보통아 쌍에 비해 참여 공유가 더 적을 것이라 예측했다. 부정적 표현의 공유 정도에서는 인기아 쌍과 거부아 쌍 사이에 차이가 없을 것이라고 보았다. 역동적인 실시간 상호작용 모델에 기반을 둔 이 예측이 이전 연구(긍정적 정서 및 지향성과 인기 사이에 긍정적 관계가 있음을 발견한)에 기반을 둔 예측과 크게 다름을 주목해야 한다.

인기아와 거부아 수가 적고 노동 집약적인 채점절차를 활용하다 보니, 결국 거부아-보통아, 보통아-보통아, 인기아-보통아 쌍으로 구성된 소표본(각각 13쌍, 14쌍, 14쌍)이 되었다. 이런 이유와 전집 수준에서 예측된 변인의 분포를 모른다는 것 때문에 각 조작변인에 대해 비모수적 임의순열 검증(non-parametric random permutation test)을 적용했다(Manly, 1997; Good, 1999; Toddman & Dugard, 2001 참조). 이 통계절차의 주요 이점은 영가설을 분명히 정하고 통계적 시뮬레이션 형태로 바꾸면 어떤 예측이든 검증할 수 있다는 것이다.

마지막으로 한 집단(예, 거부아 집단)의 특징은 꼭 그 집단 모두에게 나타나는 것도 아니고, 심지어 대부분의 집단 구성원에게 나타나는 것도 아니다. 그래서 집단 간 차이가 꼭 평균에서 나타나는 것이 아니며, 극단에서 나타나거나 평균의 차이가 실제로는 극단의 차이에 기인할 것 같다. 이런 이유로 우리는 집단 평균의 차이를 검증할 뿐만 아니라 극단의 특성도 자세히 검토하였다(실제로 집단의 상하위 각 20%).

결과와 논의

요컨대, 우리의 자료에서는 우리가 예측한 것을 대부분 검증했다.

특히 거부아는 놀이짝의 반응에 반영되지도 않는 긍정적 표현을 많이 한다는 점에서 긍정적 표현에 과잉몰입하는 경향이 있었다. 이런 과잉몰입은 사회적 지위가 더 높은 아동과 노는 맥락에서 참여하려는 관심이 높을 것이라는 가설을 설정한 결과일 것 같다. 그들의 많은 노력이 공유되지 않는다는 점에서 결국 과잉몰입은 효과성 부족의 지표다.

예측한 대로, 거부아에 비해 인기아의 긍정적 표현 빈도가 더 낮음에도 놀이짝의 긍정적 표현을 더 유발했다. 이런 관계는 상호 주관적 틀을 정립하는 데 있어 인기아가 거부아보다 더 효과적임을 시사한다. 더구나 인기아는 더 적은 노력으로도 놀이짝의 노력을 더 유발한다는 점에서 그들의 상호작용도 효과적이다. 이런 노력은 놀이짝이 주도한 많은 언어적·비언어적 행위에서도 나타났다. 거부아(거부아-보통아)와 놀든 인기아(인기아-보통아)와 놀든, 보통아인 놀이짝들 간에는 통계적으로 의미 있는 차이가 없었다(그리고 그럴 것이라 예측하였다.). 한 가지 예외는 거부아의 놀이짝이 부정적 정서를 나타낼 경우 그 정서가 더 강했다는 것이다.

또 지위집단 간의 차이를 검토한 후, 각 쌍에 속한 아동과 놀이짝 간의 차이를 각각 살펴보았다. 두 유형의 쌍에서 적응과정이 나타나 아동과 놀이짝이 독특한 일치수준에 이르렀다. 거부아 쌍에 속한 놀이짝의 지향성과 긍정적 표현이 아주 증가했다는 사실로 미루어 보아 다른 쌍에서도 이런 일치가 나타날 것이다.

시각적 분석결과에서는 대부분의 변인이 지위집단 분포의 아래쪽에서는 비슷한 반면 분포의 극단을 비롯한 위쪽에서는 차이가 있음을 시사했다.

일부 변인의 경우에는 평균을 분석할 때 나타나지 않은 차이가 극단에서 발견되었다.

복잡성 측면

우리의 자료는 행동을 개인의 고정 특성으로 다루지 말고 맥락(부분적으로 개인이 한 행동의 산물)에서 적응행동을 한 결과로 봐야 함을 시사해 준다. 사회 측정적 지위와 한 특성의 관계가 지위집단에서 선형적으로 분산되지 않았다는 점에서 그 자료는 비선형적이다. 그런 차이가 나타난 것은 꼭 집단 대부분이 아니라 '전형적인' 패턴(이를 기반으로 집단이나 지위를 확인함)을 대표하는 독특한 하위집단 때문이다. 더욱이 거부아 쌍과 인기아 쌍에서 나타난 독특한 패턴에서는 모순적 특성이 중첩되어 나타났다. 즉, 거부아인데도 놀이짝과 공유하는 상호작용과 긍정적 정서의 강도는 높았다. 그래서 한 집단에서 인기 있거나 거부되는 것과 같은 복잡성은 아동의 상호작용이 일어나는 다양한 측면과 관련되며, 또 행위가 기능적이라는(관심을 충족시키기에 적절하다는) 사실과도 관련된다.

마지막으로 우리는 우리의 연구결과가 우리 예측을 아주 강력하게 지지한다는 사실 덕분에 예측의 기반이 된 역동적 체계를 더 신뢰하게 되었다.

결론: 발달 실재를 단순화하더라도 그 복잡성은 유지하라

이 장에서 우리는 인간발달에 바로 적용되는 복잡한 역동적 체계의 네 가지 주요 특징에 대해 논의했다. 이런 특징을 고려하지 않으면 인간발달을 제대로 이해할 수 없다. 유감스럽게도 연구목표를 환원하고 단순화하려는 현재의 많은 방법론에서는 그런 특성이 무시되는데, 그러면 인간발달의 근본 측면이 다소 왜곡될 수 있다. 심리측정에 대한 논의에서는 모호성, 변산 및 상황 구체성 같은 특징을 단순히 측정오차로 무시하지 않고 측정과정의 핵심으로 보았다. 이 연구에서는 한 연구 사례(사회 측정적 지위와 정서표현 및 지향성의 관계)를 통해 약간 수정한 표준의 연구설계로도 유아의 행동이 지닌 복잡성과 역동성에 흥미로운 통찰을 줄 수 있음을 제시하려 했다.

참고문헌

Alibali, M. (1999). How children change their minds: Strategy change can be gradual or abrupt. *Developmental Psychology, 35*(1), 127-145.

Bassano, D. & Van Geert, P. (2007). Modeling continuity and discontinuity in utterance length: A quantitative approach to changes, transitions and intraindividual variability in early grammatical development. *Developmental Science, 10*(5), 588-612.

Beaulieu, A. (2000). *The space inside the skull: Digital representations, brain mapping and cognitive neuroscience in the decade of the brain.* Groningen: Doctoral Dissertation.

Black, B. & Logan, A. (1995). Links between communication of mother-child, father-child, and child-child peer interactions and children's social status. *Child Development, 66*, 255-271.

Butler, A., Hokanson, J., & Flynn, H. A. (2004). A comparison of self-esteem lability and low trait self-esteem as vulnerability factors for depression. *Journal of Personality and Social Psychology, 66*, 166-177.

Campos, J. J., Mumme, D. L., Kermoian, R., & Campos, R. G. (1994). A functionalist perspective on the nature of emotion. *Monographs of the Society for the Study of Child Development, 59*(2-3), 284-303.

Clark, A. (1997). *Being There: Putting Brain, Body and World Together Again.* MA: MIT Press.

De Koeijer, I. (2001). *Peer Acceptance, Parent-child Fantasy Play Interactions, and Subjective Experience of the Self-in-relation: A Study of 4-to 5-year-old Children.* Veenendaal: Universal Press.

De Weerth, C. & Van Geert, -P. (2002). Changing patterns of infant behavior and mother-infant interaction: Intra- and interindividual variability. *Infant Behavior and Developmen, 24*(4), 347-371.

De Weerth, C. & Van Geert, P. L. C. (2002). A longitudinal study of basal cortisol in infants: Intra-individual variability, circadian rhythm and developmental trends. *Infant Behavior and Development, 25*, 340-374.

De Weerth, C., Van Geert, P., & Hoijtink, H. (1999). Intraindividual variability in infant behavior. *Developmental Psychology, 35*(4), 1102-1112.

Eizenman, D. R., Nesselroade, J. R., Featherman, D. L., & Rowe, J. W. (2004). Intra-individual variability in perceived control in an older sample: The MacArthur Successful Aging Studies. *Psychology and Aging, 12*, 489-502.

Fischer, K. W. & Bidell, T. R. (2006). Dynamic development of action, thought and emotion. In R. M. Lerner & W. Damon (eds.), *Handbook of child Psychology. Vol. 1: Theoretical Models of*

Human Development (6 edn., pp. 313-399). New York: Wiley.

Fischer, K. W., Bullock, D. H., Rotenberg, E. J., & Raya, P. (1993). The dynamics of competence: How context contributes directly to skill. In R. H. Wozniak & K. W. Fischer (eds.), *Development in Context: Acting and Thinking in Specific Environments* (pp. 93-117). NJ: Erlbaum.

Ford, D. & Lerner, R. (1992). *Developmental Systems Theory: An Integrative Approach.* London: Sage.

Frijda, N. H. (1986). *The Emotions: Studies in Emotion and Social Interaction.* Cambridge: Cambridge University Press.

Goldin-Meadow, S., Alibali, M. W., & Breckinridge, C. R. (1993). Transitions in concept acquisition: Using the hand to read the mind. *Psychological Review, 100*(2), 279-297.

Good, P. I. (1999). *Resampling Methods: A Practical Guide to Data Analysis.* Boston: Birkhauser.

Gottlieb, G., Wahlsten, D., & Lickliter, R. (1998). The significance of biology for human development: A developmental psychological systems view. In W. Damon & R. Lerner (eds.), *Handbook of Child Psychology* (pp. 233-273). New York: Wiley.

Granic, I., Hollenstein, T., Dishion, T. J., & Patterson, G. R. (2003). Longitudinal analysis of flexibility and reorganization in early adolescence: A dynamic systems study of family interactions. *Developmental Psychology, 39*(3), 606-617.

Hosenfeld, B., Van der Maas, H. L. J., & van der Boom, D. C. (1997). Indicators of discontinuous change in the development of analogical reasoning. *Journal of Experimental Child Psychology, 64*, 367-395.

Jansen, B. R. J. & van der Maas, H. L. J. (2002). The development of children's rule use on the balance scale task. *Journal of Experi-*

mental Child Psychology, 81, 383-416.

Kernis, M. H., Cornell, D., Sun, C. R., Berry, A., & Harlow, T. (1993). There's more to self-esteem than whether it is high or low: The importance of stability of self-esteem. *Journal of Personality and Social Psychology, 65*, 1190-1204.

Li, S. C., Lindernberger, U., Hommel, B., Aschersleben, G., Prinz, W., & Baltes, P. (2004). Lifespan transformations in the coupling among intellectual abilities and constituent cognitive processes. *Psychological Science, 15*(3), 155-163.

Li, S. C., Aggen, S. H., Nesselroade, J. R., & Baltes, P. B. (2001). Short-term fluctuations in elderly people's sensori-motor functioning predict text and spatial memory performance: The MacArthur successful aging studies. *Journal of Gerontology, 47*, 100-116.

Manly, B. F. (1997). *Randomization, Bootstrap and Monte Carlo Methods in Biology* (2nd edition). Boca Raton: Chapman and Hall.

Maassen, G. H., Akkermans, W, & van der Linden, J. L. (1996). Two-dimensional sociometric status determination with rating scales. *Small Group Research, 27*(1), 56-78.

Mazoyer, B. & Tzouriou-Mazoyer, N. (2002). Variabilité anatomique et fonctionelle des aires du langage. In J. Lautrey, B. Mazoyer, & P. Van Geert (eds.), *Invariants et variabilités dans les sciences cognitives* (pp. 55-68). Paris: Editions de la Maison des Sciences de l'Homme.

Molenaar, P. C. M. (2004). A manifesto on psychology as idiographic science: Bringing the person back into scientific psychology-This time forever. *Measurement, 2*(4), 201-219.

Musher-Eizenman, D. R., Nesselroade, J. R., & Schmitz, B. (2002). Perceived control and academic performance: A comparison of high-and low-performing children on within-person changepatterns. *International Journal of Behavioral Development, 26*, 540-547.

Rabbitt, P., Osman, P., & Moore, B. (2001). There are stable individual differences in performance variability, both from moment to moment and from day to day. *The Quarterly Journal of Experimental Psychology, 54A*, 981-1003.

Rocha, L. M. (1997). *Evidence Sets and Contextual Genetic Algorithms: Exploring Uncertainty, Context, and Embodiment in cognitive and Biological Systems*. New York: Binghampton University Doctoral dissertation.

Roubertoux, P. L. & Carlier, M. (2002). Invariants et variants gênetiques: Les apports de la gênomique dans l'étude des processus cognitifs. In J. Lautrey, B. Mazoyer, & P. Van Geert (eds.), *Invariants et variabilités dans les sciences cognitives* (pp. 25-40). Paris: Editions de la Maison des Sciences de l'Homme.

Rubin, K. H., Bukowski, W. M., & Parker, J. G. (1998). Peer interactions, relationships, and groups. In W. Damon (Series ed.) & N. Eisenberg (Vol. ed.), *Handbook of Child Psychology: Vol. 3. Social, emotional, and Personality Development* (5th edn., pp. 619-700). New York: Wiley.

Schmitz, B. & Skinner, E. (1993). Perceived control, effort and academic performance: Interindividual, intraindividual en multivariate time-series analyses. *Journal of Personality and Social Psychology, 64*, 1010-1028.

Steenbeek, H. & Van Geert, P. (2002). Variations on dynamic variations. *Human-Development*. May-Jun, Vol. *45*(3), 167-173.

_______ (2005). A dynamic systems model of dyadic interaction during play of two children. *European Journal of Developmental Psychology, 2*(2), 105-145.

_______ (2007a). A dynamic systems approach to dyadic interaction in children's emotional expression, action, dyadic play, and sociometric status. *Developmental Review, 27*(1), 1-40.

_______ (2007b). The empirical validation of a dynamic systems model of interaction: Do children of different sociometric status differ in their dyadic play interactions? *Developmental Science* (in press).

Thelen, E. & Smith, L. B. (1994). *A Dynamic System Approach to the Development of Cognitive and Action.* MA: MIT Press.

Todman, J. B. & Dugard, P. (2001). *Single-case and Small-n Experimental Designs: A Practical Guide to Randomization Tests.* Mahwah, NJ: Erlbaum.

Uttal, W. M. (2004). *The New Phrenology: The Limits of Localizing Cognitive Processes in the Brain.* MA: Cambridge University Press.

Van der Maas, H. (1993). *Catastrophe analysis of stagewise cognitive development, model method and applications.* Dissertation, University of Amsterdam.

van der Maas, H. & Molenaar, P. (1992). A catastrophe-theoretical approach to cognitive development. *Psychological Review, 99,* 395-417.

van Dijk, M. & Van Geert, P. (2005). Disentangling behavior in early child development: Interpretability of early child language and its effect on utterance length measures. *Infant Behavior and Development, 28,* 99-117.

Van Geert, P. & van Dijk, M. (2002). Focus on variability: New tools to study intra-individual variability in developmental data. *Infant Behavior and Development, 25,* 1-35.

_______ (2003). Ambiguity in child language. The problem of interobserver reliability in ambiguous observation data. *First Language, 23*(3), 259-284.

Van Geert, P. (1991). A dynamic systems model of cognitive and language growth. *Psychological Review, 98*, 3-53.

_______ (1994). *Dynamic Systems of Development.* New York and London: Harvester Wheatsheaf.

_______ (1998). A dynamic systems model of basic developmental mechanisms: Piaget, Vygotsky and beyond. *Psychological Review, 105, 5*(4), 634-677.

_______ (2002). Developmental dynamics, intentional action and fuzzy sets. In N. Granott & J. Parziale (eds.), *Microdevelopmental Clues: Transition Processes in Development and Learning* (pp. 319-343). Cambridge: Cambridge University Press.

Vygotsky, L. S. (1978). *Mind in Society.* London: Harvard University Press.

Wimmers, R. H. (1996). *Grasping Developmental Change: Theory, Methodology and Data.* Doctoral Dissertation: Free University of Amsterdam.

PART 02

뇌발달, 인지, 교육

제6장 교육학에서 본 후성설과 뇌 가소성

제7장 시간교육

제8장 인지발달과 뇌발달의 역동적 사이클

제9장 뇌기제와 고차적 기능 학습

제10장 뇌 개발하기

제6장 교육학에서 본 후성설과 뇌 가소성

Wolf Singer

개 관

일부 확고한 신경생물학 연구결과에서는 인간의 지식이 뉴런으로 표상된다고 설명하고 있다. 뇌의 기능적 구조는 유전자뿐만 아니라 후성적 기제(특정 과제를 담당하는 뉴런 연결의 안정을 기반으로)에 의존한다. '함께 발화되는 뉴런은 함께 연결된다.' 는 기본 규칙은 태내뿐만 아니라 출생 후에도 계속된다. Dehaene와 Petitto의 장에서 제시된 바와 같이, 아기의 뇌마저도 이미 엄청나게 많은 정보를 이해할 수 있다. 교육은 백지상태에서 시작되는 것이 아니라 내외 환경에 대한 선험 지식으로부터 발달한다. 조기발달 동안 몇몇 발달의 창문이 있는데, 시각피질에 대해서는 이미 충분히 입증된 상태이며, 시각박탈로 인해 피질회로의 공고화가 영구적으로 바뀔 수 있다. 사춘기 이후에는 불변하는 뉴런 구조로 인해 어떤 학습이든 제약을 받지만, Bruer가 설명한 바와 같이 뇌체계의 연결이 기능적으로 수정되어 학습은 계속 이루어진다. 학습을 하는 동안 새로운 뉴런 회로가 발달하는 방식을 알면 교육 프로그램의 구성에 유익할 것이다.

－편집자－

교육전략의 최적화에 대해 논의하려면 지난 몇십 년간 신경생물학 연구에서 누적된 뇌발달과 학습기제 관련 지식을 고려해야 한다. 지면상의 제약으로 이 장에서 관련 측면을 포괄적으로 논의하기는 어렵다. 따라서 여기에서는 지식 획득과 표상의 일반적 측면을 강조할 것이다. 이런 맥락에서 다음과 같은 질문들이 특히 중요하다. 첫째, 지식은 뇌에 어떻게 표상되는가? 둘째, 출생 시 뇌는 세계에 대한 지식(점차 발전시켜 갈)을 이미 가지고 있는가, 아니면 뇌는 무엇이든 쓸 수 있는 백지인가? 셋째, 경험과 교육은 뇌발달에 영향을 주는가, 그리고 어떻게 영향을 주는가? 넷째, 뇌발달 및 지식 획득을 매개하는 과정에서 발달 중인 뇌는 어느 정도 영향력이 있는가? 다섯째, 발달 중인 뇌의 학습과정은 성숙한 유기체의 학습과정과 다른가, 만일 그렇다면 어떻게 다른가?

뉴런의 지식표상

고정된 연산(물론 적절한 소프트웨어로 그 시퀀스를 자유로이 프로그램할 수는 있지만)을 수행하는 불변의 하드웨어로 구성된 컴퓨터와 달리, 뇌는 하드웨어와 소프트웨어가 양분되어 있지 않다. 뇌의 작용은 전적으로 각 뉴런의 통합적 속성과 상호 연결방식에 의해 좌우된다. 뇌가 어떻게 지각하고 판단하며 행동하는지를 결정하는 것은 바로 기능적 구조, 즉 연결의 청사진과 각 연결의 비중이다. 그래서 뇌가 정보를 처리하는 규칙뿐만 아니라 뇌가 지닌 모든 지식은 기능적 구조 안에 존재한다. 이로써 뇌의 연결 패턴이 정보를 유지하고, 기능적 구조가 꾸준히 변하면서 학습(컴퓨터 프로그램이나 그 속에 저장된 지식을 수정하는 것과 같은)이 이루어진다. 각 뉴런의 통합적 속성, 해부학적 연결 패턴 및 흥분/억제 연결의 효능이 바뀌면서 그런 변화가 이루어진다. 그래서 지식의 근원을 탐색한다는 것은 곧 뇌의 기능적 구조를 설계하고 수정하는 과정을 탐색하는 것이다.

이는 세 가지 주요 과정, 즉 진화, 개체발생 및 학습으로 나누어 볼 수 있다. 이들 과정의 추이와 근본 기제는 현저히 다르지만, 뇌의 기능적 구조를 설계한다는 점에서는 동일하다. 그래서 이 세 가지를 지식 획득의 기저를 이루는 인지과정으로 볼 수 있다.

인지과정으로서 진화

뇌구조는 유기체의 다른 모든 요소들과 마찬가지로 시행착오와 선택원리를 따라 진화되었다. 유기체의 뇌구조 덕분에 생존 적합성을 증가시키는 기능을 활용하게 되고, 이런 구조를 설계할 유전자가 보존된다. 이 선택과정을 통해 유용한 연산작용에 대한 정보가 뇌구조를 차지하고 유전자에 저장된다. 유기체가 발달하면서 복잡한 발달과정을 통해 이 정보가 유전자에서 특정 뇌구조로 전달되고, 뇌구조에서는 그 지식을 잘 적응된 행동으로 전환한다.

진화가 보수적이다 보니, 일단 그 효능이 입증된 신경계의 기능적 구조는 기본 특징이 유지되어 왔다. 그래서 뉴런의 통합적 속성과 주요 정보처리 원리는 무척추동물의 단순신경계에서 처음 출현한 이래 거의 변하지 않은 상태다. 이것은 시간적으로 인접한 신호를 연합하는 학습기제인 연산전략이 진화과정 내내 변하지 않았음을 의미한다. 우리는 여전히 감각신호를 평가하고 적응반응을 준비하는 데 유용한 것으로 입증된 원시 유기체의 연산 알고리즘 지식을 활용하고 있다. 진화를 통해 나타난 신경계의 한 가지 주요 변화는 복잡성이 현저히 증가했다는 점이다. 이런 복잡성은 신경세포 수의 엄청난 증가와 연결의 극적 증가 덕분이다. 인간의 뇌는 약 10^{11}개의 뉴런과 10^{14}개의 연결로 구성되어 있다. 피질 $1mm^3$에 약 6만 개의 뉴런이 존재한다. 이 뉴런들은 각기 1만~2만 개 정도의 다른 뉴런들과 연결되어 그것들로부터 정보를 받는다. 연결에 의한 상호작용 대부분은 근처에 있는 뉴런끼리 일어나지만, 뇌의 여러 부위에 분산되어 있는 뉴런을 연결하는 장거리 연결도 많다. 이런 연결 대부분은 아주 선택적이고 그 궤도는 유전적으로 정해져 있다.

그래서 엄청난 양의 정보가 진화된 뇌의 기능적 구조에 저장되는데, 이런 정보의 근원 중 하나가 바로 진화적 선택이다. 현재로서는 뇌구조의 유전적 특징 대부분이 출생 무렵 발현된다는 사실이 중요하다. 이는 곧 아기가 뇌구조에 유용한 정보처리 전략 지식을 상당 정도 지닌 상태로 태어남을 의미한다. 감각기관의 기능적 전문화는 유기체가 더 나은 평가를 위해 주변에서 어떤 신호를 포착할지 결정하는 반면, 신경계의 기능적 구조는 이런 신호들을 어떻게 처리, 결합, 저장하여 행동 패턴으로 전환할지를 결정한다. 선천적 지식은 감각신호의 지각과 해석, 규칙성 평가, 규칙 도출, 신호 연합, 인과관계 확인, 정서적 의미부여 및 추리 방식을 규정한다. 아기는 자신이 살아갈 세계에 대한 방대한 지식 기반을 가진 상태로 태어나고, 그 지식이 뇌의 유전적인 기능적 구조에 이미 존재한다(Koizumi, Dehaene,

& Singer, 이 책). 그래서 그들의 뇌는 마음대로 가르칠 수 있는 백지 상태가 아니다.

당연히 우리는 이런 지식 획득을 의식적으로 기억하지 못한다. 그것은 본래 선험적이며, 학습에 의한 이후의 많은 지식 획득을 비롯해 우리 뇌의 기본 작용을 결정한다. 우리가 세계를 지각하고 어떤 현상을 범주화하는(같거나 다르다고) 방법을 규정하는 것은 바로 암묵적 지식이다. 우리는 이런 지식에 의문을 가질 수 없고, 의식적 사색이 타고난 뇌구조에 의한 연산결과보다 우위일 수 없다. 우리는 18Hz 안팎의 진동 주파수가 물리적 크기만 다르다는 것을 알고 있지만, 우리의 감각계는 이런 연속체를 임의로 진동과 음향으로 나눈다. 신경계 구조에 고정된 선험 추론에 따라 그처럼 인위적으로 범주화된 예는 무수히 많다. 이런 선천적 선입견은 미묘하기까지 해서 좀처럼 확인하기가 쉽지 않다. 그것은 우리가 살아가는 세계의 특성에 대한 의문의 여지없는 신념이다. 오늘날 영장류와 아기 대상 연구에서는 이런 선천적 지식 기반을 밝히려 하고 있다. 이런 선험 지식이 이후에 진행되는 모든 학습과정의 틀이 된다는 점에서, 조기에 교육적 노력을 촉진하려는 어떤 시도에서든 그것을 고려해야 한다.

경험에 의한 발달

유전적 요소가 뇌구조의 상당 부분을 결정함에도 불구하고, 아기는 극히 미숙한 뇌로 태어나 사춘기 말까지 구조적으로 계속 발달해 간다. 출생 무렵에는 모든 뉴런이 제자리에 정착하고 장거리를 연결하는 기본 연결들이 형성된다. 그러나 피질의 뉴런은 대부분 아직 제대로 연결되지 않은 상태다. 출생 후 1년 정도가 지난 후에야 뇌의 기능적 구조가 아주 복잡해진다. 이런 발달과정에서 연결이 계속 바뀌어 간다. 신경세포가 다른 신경세포로부터 정보를 받는 수상돌기와 그 활동을 다른 신경세포에 전달하는 축색돌기를 만들어 내어 연결이 이루어진다. 일단 형성된 연결들은 기능적 검증을 받아 여생 동안 공고화되거나 제거된다. 뉴런의 활동이 이런 타당화 과정에 영향을 준다. 시간적으로 상관된 활동을 할 가능성이 높은 연결은 공고화되는 경향이 있는 반면, 그럴 가능성이 낮은 뉴런들 간의 연결은 사라지는 경향이 있다. 즉, '함께 발화되는 뉴런은 서로 연결된다.' 물론 출생 후 뉴런 네트워크의 활동은 대부분 그 당시 이용 가능한 감각신호의 영향을 상당히 받는다. 이는 곧 기능적 구조의 목표에 이르는 발달과정에 감각경험이 개입함을 암시한다. 이런 과정을 통해 경험이 뉴런의 연결을 만들 수 있다(경험발달에 관한 문헌의 개관은 Singer, 1990, 1995를 보라.).

교육전략을 고려하는 맥락에서 이 과정을 아주 중시하는 것은 나중에 되돌릴 수 없기 때문이다. 앞서 언급한 대로, 기능적 준거에 따른 회로 형성과 선택 과정은 사춘기 말까지 계속된다. 하지만 그 과정은 제한된 시기에만 가능하며 구조마다 그 시기가 다르다. 1차 감각 영역같이 하위수준의 감각신호를 처리하는 피질 영역의 경우에는 경험에 의한 회로 성숙이 출생 직후 시작되어 생후 2년 안에 끝나게 된다. 언어처리 영역의 경우는 발달의 창문이 더 늦게 열려서 그 상태가 더 오래 계속된다. 그리고 한참 지나 서술기억 관리, 자아표상 및 사회 적응에 기여하는 센터의 발달창문이 열린다.

일단 각 발달창문이 닫히면, 뉴런은 새로운 연결 형성을 멈추고 기존의 연결은 더 이상 사라지지 않는다. 이는 바로 뇌발달에서 경험에 민감한 발달의 창문을 '결정적 시기' (Bruer, 이 책)라 하는 이유다. 이런 결정적 시기에만 기능적 준거에 따라 뇌구조가 수정되고 최적화된다. 일단 각각의 결정적 시기가 끝나면, 신피질의 해당 회로는 더 이상 수정될 수 없다. 사라진 연결은 회복되지 않고, 부적절한 연결도 사라지지 않는다. 그 무렵 구성된 구조를 더 수정하는 유일한 방법은 기존 연결의 효능을 바꾸는 것이다. 이런 기능적 수정이 바로 성인학습의 기반이며, 사춘기 후에는 불변하는 해부구조로 인해 제약을 받는다.

출생 후 발달과정에서 경험의 중요성은 감각박탈의 극적 영향에 의해 강조된다. 주산기(周産期)에 눈에 염증이 생긴 아기들은 각막이 흐려졌다. 그래서 그들은 윤곽을 보지 못한다. 그들은 윤곽 경계에서 오는 고대비 신호를 받지 못하여 뿌연 밝기 차이 정도만 지각할 수 있다. 피질의 뉴런은 변경 대비에 반응하도록 정해져 있기에 그처럼 전반적인 밝기 차이에는 제대로 반응하지 못하고, 결국 눈에서 피질 뉴런으로 가는 전달경로와 연결된 뉴런들 간의 활동은 상관이 낮다. 이로 인해 이미 형성된 연결이 방해를 받고, 우연히 남은 연결은 기능적 타당성과 적절성을 잃게 된다. 그리고 윤곽시력이 부족하여 시각피질 회로가 제대로 발달하지 못하고, 기능적 준거에 맞게 회로 선택을 못하며 미숙하고 비기능적인 수준에서 발달과정이 중단된다. 일단 결정적 시기(고양이의 경우 출생 후 약 3개월, 인간의 경우는 약 1년 지속된다.)가 끝나면, 이런 연결의 결함은 더 이상 회복되지 못한다. 그래서 그 후에는 눈의 광학 경로를 회복하는 외과적 중재가 아무 소용이 없는데, 이는 뇌가 눈에서 전달되는 신호를 처리할 수 없기 때문이다. 동물실험에서는 초기에 박탈경험을 할 경우 망막은 정상이지만, 시각피질의 뉴런 네트워크가 유입되는 활동 패턴을 제대로 처리하지 못하는 것으로 나타났다. 그처럼 늦게야 시각을 회복한 아기들은 기능상 여전히 맹인이고, 기껏해야 기본적인 휘도(輝度)만을 지각하게 된다.

박탈이 언어 획득이나 사회통합 같은 고차적 인지기능에 미치는 영향을 체계적으로 연구한 바는 없지만, 그런 고차적 기능의 습득에도 결정적 시기가 있고 박탈이 해로울 것이라 결론짓는 것은 당연해 보인다.

고차적 인지기능 습득에서 발달의 창문이 중요함에도 불구하고, 그 출발점이나 지속기간에 대해서는 알려진 바가 별로 없다. 그 시기를 알 경우 효과적인 교육과정 관리에 아주 중요하므로, 앞으로 교육학 분야에서 발달심리 연구는 더욱 중요해질 것이다.

후성적 회로 선택의 적응적 가치

박탈이 뇌구조 발달에 미치는 극적 영향은 조물주가 왜 발달 중인 뇌를 위험한 감각경험에 노출시키는 발달기제를 부여했을까 하는 의문을 제기한다. 하지만 발달과정이 후성적 영향을 받기 때문에 유전적 지시만으로 불가능한 기능 수행이 가능해지고 박탈의 위험요인을 과잉 보상하게 된다. 시각기능 발달에 대한 연구는 이런 견해를 지지해 준다.

인간을 비롯해 눈이 앞에 있는 동물은 두 망막에 생성된 상들을 단일 지각으로 통합할 수 있다. 이로 인해 적어도 두 가지 커다란 이점이 있다. 첫째, 두 개의 독립된 감각 채널을 비교하여 신호-잡음 비율이 상당히 개선된다. 둘째, 양쪽 망막에 있는 두 상들의 차이를 비교하여 정확한 깊이정보를 추출하는 입체지각이 가능하다. 확실히 유기체의 적응력을 높여 주는 이런 기능을 수행하려면 두 눈과 피질 뉴런의 연결이 엄밀해야 한다. 시공간적으로 동일 지점(동물이 두 눈으로 바라볼 경우)에서 온 신호를 부호화하는 신경절세포가 바로 피질의 동일 뉴런으로 수렴되어야만 한다. 전문용어로 말하자면, 대응하는 망막 지점에서 오는 구심신경이 동일 피질 뉴런에 도달해야만 한다. 몇몇 주장에서는 그처럼 엄밀한 연결 패턴이 유전적 지시만으로는 어렵다고 제안한다. 실제로 성숙한 시각계에서 어떤 망막 지점이 대응할지는 양안 거리, 눈동자 크기, 눈동자 위치 등 여러 요소의 영향을 받는다. 이런 변인들 자체가 자궁에서의 영양공급을 비롯한 후성적 요소의 영향을 받는다. 그래서 유전적으로 정해진 발달과정만으로는 그런 변인을 엄밀하게 예측할 수 없다. 하지만 어떤 연결이 실제로 대응하는 망막 지점에서 오는지, 그리고 이것이 상관활동에 의지하는지를 귀납적으로 확인할 수 있는 명쾌한 전략이 있다. 정의에 따르면 대응하는 망막 지점에서 온 구심신경들은 시공간상의 동일 윤곽에 의해 바로 활성화된다. 따라서 유기체가 두 눈으로 패턴을 응시할 때 구심신경들은 상관이 높은 활성화 패턴을 전달한다. 이에 여러 구심신경들 중 상관이 최상인 활동을 전달하는 구심신경을 선택할 수 있는 기제 덕분에 대응하는 망막에서 온 입력정보가 선택적으로 고정된다. 바로 이런 기제 덕분에 발달 동안 눈에서 피질세포로 가는 구심신경을 선택하게 된다. 그래서 특히 이런 경우에는 회로발달 형성요소에 경험을 포함해야 한다.

이런 주장은 경험에 의존하여 피질회로를 선택하는 기타 발달과정에도 해당된다. 상관활동을 하는 뉴런들 간의 연결이 선택적으로 고정됨으로써 외부 세계에서 자주 일어나는 상관활동이 연결구조로 전환될 수 있다. 그리하여 그 체계가 환경 내의 통계적 유관을 익혀 그 처리구조에 이런 지식을 저장할 수 있다. 그다음에는 그 지식을 이용하여 진화하는 유기체의 환경 특성에 대한 가설을 정할 수 있다. 유기체는 뇌의 기능적 구조가 후성적으로 형성되기에 그들이 태어난 환경에 맞게 뉴런 구조를 적응시키며, 이로 인해 환경에서 접하는 특수한 도전에 대처할 때 연산자원을 크게 절약할 수 있다(Dehaene, 이 책).

그런 경험에 의해 인지과정이 조정되는 현저한 예로는 언어 획득을 들 수 있다. 모국어에 노출되면 모국어의 해독화와 생성에 필요한 처리구조에 불가역적 변화가 일어난다. 그래서 아동은 모국어의 운율과 고유한 음소에 적합한 특정의 도식을 개발한다. 이로 인해 그들은 연사가 구사하는 연속음을 빠르고 자동적으로 분절화한다. 뒤늦게 획득한 제1 외국어나 제2 외국어에서는 그것이 쉽지 않다. 그런 경우에는 분절화가 더 이상 자동적이지 않고 주의 통제를 요구하는데, 이는 뒤늦게 획득한 외국어의 경우에 다국어 구사자의 대화를 이해하는 데 노력이 요구되는 이유이기도 하다. 처리구조가 불가역적으로 형성되는 현저한 예로는 아시아어 구사자들이 'R'과 'L'을 구분하지 못하는 것을 들 수 있다. 그들은 실제로 이 두 음의 차이를 인식하지 못하는데, 아시아어에서는 두 음을 단일 음소로 범주화하기 때문이다(Goswami, 이 책). 증거에 따르면 일단 모국어 획득에 적합한 발달의 창문이 닫힌 후에는 학습을 통해 이런 음소 경계를 재설정하기가 아주 어려운(불가능하지는 않지만) 것으로 나타났다.

그래서 뇌의 기능적 구조를 경험에 의해 후성적으로 수정하려는 대안은 유전적 지시에만 의존하는 발달과정에 비해 두 가지 주요 이

점이 있다. 첫째, 환경신호를 포함할 경우 유전적 지시만으로는 어려운 연결의 기능적 타당화와 정교한 조정이 가능해진다. 그로 인해 유전만으로는 개발될 수 없었던 기능 획득이 가능해진다. 둘째, 발달과정에 환경의 영향을 포함할 경우 처리구조가 환경의 실제적 요구에 맞게 조정된다. 이런 대안은 확실히 뇌구조의 후성적 변화와 관련된 위험요소를 과잉 보상한다.

경험에 의한 발달을 통제하는 내부 제어체계

예측한 대로, 발달 중인 뇌에는 그 구조가 후성적으로 잘못되는 것을 보호하는 기제가 있다. 그럼에도 불구하고 박탈에 대해서는 분명 스스로 방어할 수 없는데, 이는 정보 부족을 보상할 수가 없기 때문이다. 그러나 조물주가 강력한 기제를 부여하여 뇌는 구조 형성에 부적절한 환경요인을 배제한다. 발달 중인 회로가 활동에 의해 바뀌려면 뉴런의 활동에 의한 공고화나 방해, 즉 복잡한 단계의 분자 상호작용이 일어나야 한다. 나아가 이렇게 아주 복잡한 일련의 분자과정은 출처가 다양한 신호들의 통제를 받는데, 이로 인해 뉴런의 활동이 영구적인 해부학적 변화로 전환될 수도 있고 그렇지 않을 수도 있다. 이런 제어신호는 다른 처리 부위에서 온 피드백 투사와 전반적인 뇌상태를 조절하는 조절계(주의, 자극의 보상가, 행동의 적절성 같은 요소에 의해 그 활동이 조절되는)에서 비롯된다. 이런 통제체계 덕분에 환경신호만으로도 발달 중인 뇌의 기대와 욕구에 부응하는 회로수정이 가능하다.

대응하는 망막의 구심신경이 경험에 의해 선택된다는 것은 여기에서도 좋은 예가 된다. 아기가 양 눈을 움직이지 않고 목표물을 응시하는 과제를 수행할 때 비로소 이런 선택이 성공적으로 이루어진다. 그런 경우에만 대응하는 망막 지점에서 온 활동이 실제로 상관이 있다. 그래서 회로 선택은 분명 아기가 눈을 적절히 조정하는 기간에만 국한된다. 이를 확실히 하기 위해 조물주는 몇 가지 유사한 통제기제를 부여했다. 유전적 지시의 기반 위에 경험에 의해 정교하게 조정되는 결정적 시기가 시작되기 전에, 이미 양안(兩眼)의 구심신경은 대략 대응된다. 결과적으로 두 눈이 제대로 배열되지 않을 때보다 두 눈의 상이 대략이라도 대응할 때 네트워크 활동이 잘 공명한다. 강하게 공명하는 활동이 회로를 더 수정하므로, 눈이 최적의 위치에 근접해 있을 때 회로가 더 수정될 것이다. 더욱이 눈이 휴식 중인지 혹은 움직이는지를 알리는 정보는 바로 외안근(外眼筋)의 신장수용기(stretch receptor)에서 온다. 또 이 신호는 경험에 의한 구심성 연결의 선택을 제어할 때 일익을 담당한다. 마지막으로 몇몇 조절계의 활동이 요구되며, 그 활동은 각성과 주의의 함수로서 조절된다. 이런 조절계의 활동 덕분에 유기체의 주의를 끌고 행동적 의미가 있는 신호들만 회로에 영구적 변화를 가져온다(Posner et al., 이 책). 그래서 후성적인 뇌구조 형성에 적합한 환경신호를 선택할 때는 유전적으로 정해진 뇌구조에 존재하는 선험 지식을 이용한다. 발달 중인 뇌는 그 회로의 최적화에 적합한 신호의 특성을 안다. 그렇기에 발달 중인 뇌는 자체의 발달을 지원하는 데 필요한 신호를 적극 탐색한다. 다양한 발달창문이 열리는 시기에 따라, 필요로 하는 신호의 특성도 달라진다. 따라서 회로변화를 위해 실제 발달과정의 욕구에 부응하는 입력정보만을 고려한다. 그리하여 발달 중인 뇌가 경험에 의한 모든 발달과정에서 주도권을 갖게 된다. 뇌는 특정 발달단계에서 특정 문제를 제기하고, 특정 입력 패턴에 선택적으로 주의를 기울이며, 미리 형성된 기대에 부응해 회로 최적화에 적합한 신호만을 수용한다(해당 문헌에 관한 개관은 Singer, 1990을 보라.).

이런 개념은 교육과정 설계에 광범위한 영향을 준다. 박탈은 분명 모든 발달단계에서 심각한 영향을 줄 것이다. 하지만 너무 오랫동안 너무 많은 자극을 제공할 필요도 없다. 발달 중인 뇌는 실제로 필요한 신호만을 활용할 것이고, 너무 많고 너무 다양한 자극을 제공할 경우에는 너무 산만해져서 뇌가 필요한 자극에 집중하기 어려울 것이다. 아마도 더 효과적인 전략은 아동의 자발적 행동을 주의 깊게 관찰하고, 각 발달단계에 적합한 욕구와 흥미를 찾아내며, 가능한 한 포괄적이면서도 분명한 답을 제시해야 한다. 아동의 정서적 태도를 보면 그들 자신이 추구하고 그들의 성공적인 발달에 필요한 것을 쉽게 파악할 수 있다. 그들은 그들이 필요로 하는 자극을 자발적으로 탐색할 뿐더러, 필요한 자극을 이용할 수 있으면 긍정적으로 반응할 것이다. 각 발달창문의 시기가 개인마다 상당히 다르기 때문에, 뇌발달을 촉진하려면 아동 개개인에게 언제 어떤 정보가 필요한지를 알아야 한다. 이를 위해서는 어떤 활동이 아동의 주의를 끌고 흥미를 돋우는지 주의 깊게 관찰해야 한다.

경험에 의한 뇌발달에서 휴식과 수면의 중요성

수면이 기억 공고화에 미치는 이점이 알려진 지는 이미 오래되었다. 이런 일반의 견해는 지난 몇십 년간 엄격하게 통제된 실험연구의 강력한 지지를 받아 왔다. 수면은 당일 누적된 기억흔적을 재조직하고 공고화하는 아주 구조화되고 적극적인 과정인 듯하다. 신경생리학 연구에서는 학습 동안 일어난 활동 패턴이 특정 수면단계에서 반복된다고 제시하는데, 이런 반복 덕분에 기억흔적의 공고화가 촉진되는 듯하다(Louie & Wilson, 2001; Hoffman & McNaughton, 2002). 흥미롭게도 서술기억(의식적으로 저장된 기억)의 공고화뿐만 아니라 절차기억(연습을 통한 기억)을 통한 능력 획득에도 수면이 필수적이다. 잘 연구된 한 예로 지각학습을 들 수 있다. 피험자가 윤곽의 방향 같은 시각 특징을 변별 학습할 경우, 시간이 흐를수록 특정 과제에 적합한 수행이 증가한다. 이러한 도구적 능력의 증진은 시각피질 뉴런의 반응 특성 변경에 의지하는데, 이 또한 수면을 통해 공고화되어야 한다. 피험자가 훈련기간 후 수면박탈을 겪을 경우에는 피험자의 수행이 개선되지 않는다(Ahissar & Hochstein, 1997).

더욱 놀랍게는 뇌발달 동안 경험에 의해 뉴런의 구조가 수정될 때에도 실제로 발현되고 공고화되려면 수면이 필요하다는 증거가 증가하고 있다. 그런 증거 역시 시각계에 대한 박탈실험에서 나왔다. 초기 실험에서는 고양이를 짧은 기간 동안 시각환경에 노출시킨 후 바로 어두운 곳에서 쉬게 했을 때, 같은 기간 동안 계속 시각환경에 노출되어 있는 고양이에 비해 시각경험이 피질 뉴런의 반응 특성에 미치는 영향이 더 큰 것으로 밝혀졌다(Mioche & Singer, 1989). 다른 연구에서는 시각조건에 노출한 후 동물을 마취시켜서 자연수면을 방해했을 때 큰 변화가 일어날 만한 시각조건에 노출되었음에도 회로에 변화가 없었다(Rauschecker & Hahn, 1987). 좀 더 최근의 연구에서는 특정 수면단계(역설적 수면인 REM)를 방해하면 경험에 의한 회로 선택이 어렵다는 직접적 증거를 제시했다. 그래서 경험에 의한 발달과정 역시 전통적 학습에 의한 기억 형성과 마찬가지로 수면에 의존하는 것 같다(Cardinali, 이 책).

어린이집 일정을 짤 때는 동물실험에서 나온 이런 증거를 고려해야 한다. 유아는 휴식기간이 필요하고, 특히 강렬한 경험을 한 후에는 수면이 필요할 것이다. 그래서 유아가 자신의 욕구에 따라 휴식을 취하고 낮잠을 잘 수 있게 어린이집 일정을 짜야 한다. 내가 알기로는 아동의 수면 패턴, 학습 및 뇌 성숙의 관계에 대한 체계적 연구가 없다. 하지만 동물실험 자료에서는 휴식과 수면이 발달과정에도 중요함을 강력히 제시하고 있다.

성인학습의 기제

앞에서 언급한 대로, 보통 성인학습은 흥분/억제 연결의 효능 변화에 의존하는 것으로 여겨진다. 성인학습에 의한 뉴런의 연결 강도의 변화를 매개하는 기제는 발달 동안 활동에 의한 회로변화를 매개하는 기제와 아주 비슷하다. 이런 뉴런이 상호 관련되어 발화하면 뉴런들 간의 흥분 연결이 강화되지만, 뉴런의 활동이 시간적으로 무관할 경우에는 연결이 약해진다. 발화 패턴 간의 시간적 상관을 평가하여 이를 영구적인 연결 강도 변화로 전환하는 분자과정은 발달 중 활동에 의해 회로 선택이 촉진되는 과정과 비슷하다(개관을 위해서는 Singer, 1995를 보라.). 유일한 차이는 성인의 경우 연결이 약화된다고 해서 아예 제거되는 것도 아니고 새로운 연결이 더 이상 형성되지도 않는다는 점이다. 그러나 몇 가지 예외가 있다. 지난 몇 년간 몇몇 뇌 부위(즉, 해마와 후각구 부위)에서 평생 뉴런이 생성되고 그것들이 새로운 연결을 형성하여 기존 회로에 통합된다는 증거가 나왔다(Kempermann et al., 1997). 그래서 이런 뇌 부위에서는 발달이 평생 계속되는데, 대부분의 학습 관련 변화가 일어나는 피질이 아니라 그 부위에서만 그런 이유가 현재로서는 분명치 않다.

성인학습이 주의기제, 보상체제, 수면에 의존한다는 점에서도 경험에 의한 발달과정을 닮았다. 그래서 경험에 의한 청소년의 발달을 촉진할 때에도 성인의 학습과정을 촉진하는 모든 전략이 유익할 것 같다. 이제 신경생물학 실험에서 누적된 경험에 의한 발달과정 관련 지식을 교육 프로그램으로 전환해야 한다. 이를 위해서는 발달심리학 연구를 강화하고 아동의 뇌처리 과정을 평가하는 비침습적인 기법을 통합해야 한다. 이제 그런 방법을 이용할 수 있고, 아동에게 기능적 자기공명영상(광토포그래피 같은 장비; Koizumi & Petitto, 이 책), 뇌전도, 뇌자도 같은 장비를 활용할 수 있다. 그런 접근은 각 뇌기능 발달의 결정적 시기를 좀 더 정확히 밝히고, 경험에 의한 발달과정을 최적화할 적응전략을 설계하는 데 도움이 될 것이다.

참고문헌

Ahissar, M. & Hochstein, S. (1997). Task difficulty and the specificity of perceptual learning. *Nature, 387*, 401-406.

Hoffman, K. L. & McNaughton, B. L. (2002). coordinated reactivation of distributed memory traces in primate neocortex. *Science, 297*, 2070-2073.

Kempermann, G., Kuhn, H. G., & Gage, F. H. (1997). More hippocampal neurons in adult mice living in an enriched environment. *Nature, 386*, 493-495.

Louie, K. & Wilson, M. A. (2001). Temporally structured replay of awake hippocampal ensemble activity during rapid eye movement sleep. *Neuron, 29*, 145-156.

Mioche, L. & Singer, W. (1989). Chronic recordings from single sites of kitten striate cortex during experience-dependent modifications of receptive field-properties. *J. Neurophysiol., 62*, 185-197.

Rauschecker, J. P. & Hahn, S. (1987). Ketamine-xylazine anaesthesia blocks consolidation of ocular dominance changes in kitten visual cortex. *Nature, 326*, 183-185.

Singer, W. (1990). The formation of cooperative cell assemblies in the visual cortex. *J. Exp. Biol., 153*, 177-197.

_______ (1995). Development and plasticity of cortical processing architecutres. *Science, 270*, 758-764.

제7장 시간교육: 생물학적 시계는 학습과정에 어떤 영향을 주는가

Daniel P. Cardinali

개 관

신경과학 연구는 아동과 청소년의 학업 수행 개선에 큰 도움이 될 수 있다. 가령, 우리는 수면박탈이 기억과 많은 기능 획득을 심각하게 손상시키고 정서와 인지 수행도 방해한다는 것을 알고 있다. 많은 도시인들에게 수면박탈이 일어나 현대의 24시간 사회는 건강한 행동에 위협이 되고 있다. 특히 청소년들은 늦게 자고 일찍 등교하기 때문에 학창시절 동안 덜 자는 경향이 있다. 오늘날의 이런 문화 패턴은 신체 내부 시계와 일주기 리듬(포유동물이 수백 년간 생물학적으로 적응한 결과인)에 맞지 않다. 가령, 인간의 체온이 최저일 때는 깰 준비가 안 된 상태인데 그럼에도 일어나는 경우가 많다. 더욱이 연령과 더불어 주기적인 수면-각성 패턴이 변한다. 청소년들은 올빼미 같은 행동을 하고, 하루 중 그들의 최적시간은 보통 저녁 무렵이다. 이것이 그들이 아침에 졸리고 수업이 끝날 무렵 정신이 맑아지는 이유다. 학교가 이러한 시간교육 관련 사실에 관심을 갖는다면 낮의 리듬과 학교 일과를 잘 연계하여 학생의 학습을 개선시킬 수 있을 것이다.

－편집자－

많은 생물학적 기능은 매일, 매월, 매년 반복되는 주기를 따라 고저가 반복된다. 물론 그런 패턴이 환경변화에 대한 유기체의 수동적 반응에 불과한 것만은 아니다. 오히려 그 패턴은 유기체의 생물학적 리듬, 즉 시간을 따르고 그에 따라 기능변화를 유도하는 능력을 나타낸다.

지구가 자전하기 때문에 밤과 낮이 생긴다. 지축이 기울어져 있어서, 한 해 동안 밤과 낮의 길이는 매일 조금씩 다르다. 동물은 진화를 통해 그런 환경변화에 적응하게 되었다(Koizume, 이 책).

일주기 시계는 가장 필수적인 생물학적 기능에 속한다

일주기 시계는 약 24시간마다 반복되는 생물학적 리듬(일주기 리듬)과 계절이 바뀌면서 연중 내내 달라지는 리듬의 근원이다. 그래서 동물은 밤낮이나 계절에 따라 행동양식을 바꿀 때, 외부의 빛변화에 그저 수동적으로 반응하지 않는다. 동물은 유전자에 기록된 일주기 조정기의 신호(자전 사이클에 동기화[synchronize]되고 밤낮의 변화를 예측하며 행동상태와 생리적 기질의 적절한 변화를 유도하는)에 반응한다. 이런 식으로 일주기 조정기가 유기체 내부에서 밤낮을 만들어 내는데, 이는 외부 세계를 적절히 반영한 것이다.

지난 10년간 생물학적 시계의 분자요소를 규명하려는 진보가 엄청나게 이루어졌다. 그 시계기능의 기저를 이루는 분자기제는 모든 세포에서 보편적으로 나타나고, 유전자-단백질-유전자 피드백 고리(단백질이 자체의 전사를 하강 조절하고 다른 시계 단백질의 전사를 자극하는)를 이룬다(Hastings, Reddy, & Maywood, 2003).

일주기 리듬이 유전적으로 정해졌을지라도, 밤낮 일정 중 특히 수면 부분은 외부 요인에 의해 동기화되고 그와 일정한 위상관계를 유지한다. 가령, 밤이나 낮이 계속되거나 혹은 완벽한 사회적 격리와 같이 외부의 시간단서가 없는 경우에는 그 리듬 주기가 24시간이 아닐 것이다.

동물과 인간 대상 연구에서는 빛-어둠 사이클 같은 몇 가지 환경단서가 일주기 조정기(차이트게버)에 효과적인 동조(entraining)요인임을 제시했다. 동조요인은 실제로 내부 시계를 재설정하고 그 위상도 바꿀 수 있다. 유기체가 그런 동조요인에 언제 접하느냐에 따라, 일주기 리듬이 당겨지거나 늦어지거나 혹은 아무 변화가 없을 수 있다. 그래서 재설정 요인인 차이트게버의 영향으로 인한 리듬 변화가 하루의 시간대에 맞게 일상의 활동 패턴을 조정하게 된다(Murphy & Campbell, 1996; Cardinali, 1998; Asayama et al., 2003).

포유동물의 경우 중요한 일주기 조정기는 시상하부의 시신경교차상핵(SCN)에 있다. SCN의 주요 일주기 시계는 수면-각성, 호르몬 분비 및 기타 신체기능을 비롯한 항상성 체계를 24시간 사이클에 맞추는 다기능 타이머 역할을 한다(Rusak & Zucker, 1979; Murphy et al., 1996; Cardinali, 1998; Hastings et al., 2003).

현대인의 일주기 기제는 가변적이다

호모에렉투스는 동굴을 거처로 이용하고 150만 년 전부터 불을 이용했다. 호모사피엔스는 4만 5,000년 전쯤에 햇빛을 가릴 거처를 만들었고, 2만 8,000년 전쯤에는 밤을 밝히려고 등불을 만들었다. 지난 200년간 인간은 점점 더 효율적인 등불과 그에 사용할 저렴한 에너지를 개발했다. 동시에 인간의 활동무대는 시골에서 도시로, 야외에서 실내 등 자연광이 부족한 곳으로 바뀌었다. 결국 인간은 수십억 년 동안 지구상에서 생명체의 내인성 리듬을 정하던 본래의 빛-어둠 사이클과 점점 멀어졌다.

그러나 빛을 적절히 활용하면 인간의 일주기 시계에 많은 영향을 줄 수 있다. 일반 자원자 대상의 한 연구에서는 자정 전에 피험자들이 빛에 노출되자 일주기 사이클의 위상이 지연되었다. 자정 후에는 같은 정도의 빛에 접하자 일주기 사이클이 당겨졌다. 그리고 낮에는 빛에 노출되어도 위상변화가 없었다(Rusak et al., 1979; Murphy et al., 1996; Cardinali, 1998; Hastings et al., 2003).

송과선에서 생성되는 호르몬으로 밤을 상징하는 내인성 화학물인 멜라토닌은 빛에 대해 정반대의 위상반응 곡선을 보인다. 그래서 자정 전에는 위상을 당기고 자정 후에는 위상을 지연시켰다(Cardinali, 1998). 실제로 멜라토닌은 크로노바이오틱스(chronobiotics)로서 생물학적 시계를 재설정하는 내인성 화합물이다. 오늘날 실명(Skene, 2003)이나 알츠하이머(Cardinali, Brusco, Liberczuk, & Furio, 2002)와 같이 일주기 혼란을 보이는 많은 질환의 경우 멜라토닌 활용이 당연시되고 있다.

건강한 피험자의 경우에는 생체 리듬의 기반이 되고 이를 지원하는 무수한 주기변화 중 피크값(peak value)이 낮 동안 독특한 시퀀스로 나타났다. 그런 시퀀스와 간격은 다양한 신체과정의 정상적인 상호작용에서 나타나는 원인-결과 순서와 시간적 관계를 반영하는데, 이는 바로 유기체의 건강지표다(Cardinali, Jorda Catala, & Sanchez Barcelo, 1994). 다른 경도로 갑자기 이동하거나 교대근무를 한 후, 혹은 갑자기 주야가 바뀐 경우(사춘기들에게 관찰되는)처럼 위상을 갑자기 조정해야 할 때는 위상지도가 일시적으로 깨질 수 있다.

그런 상황에서는 일주기 위상지도를 비롯해 개인의 다양한 24시간 요소들이 달라진 시간에 맞게 그들의 위상을 재설정하지 못해서 그 요소들 간의 관계가 다소 바뀐다. 새로운 지역의 시간에 맞게 위상을 재설정하려면 적어도 며칠은 그 지역의 위상 설정자에 노출되어야 한다. 이런 현상은 시간대가 다른 먼 거리를 빨리 이동한 사람들에게 아주 익숙하다. 그로 인해 리듬이 깨져 여행이 끝날 무렵인 2~10일 동안 점차 적응해야 하는데, 이를 시차증후군(jet-lag)이라 한다(Hastings et al., 2003).

수면-각성은 인간의 가장 뚜렷한 일주기 리듬이다

수면은 삶에서 필수적인 과정이며, ① 아주 이완된 자세, ② 높은 감각역, ③ 독특한 뇌파신호([그림 7-1]로 참조)로 정의되는 행동상태다.

서로 배타적인 것은 아니지만, 다음과 같은 두 가지 주요 가설이 수면 해석에서 지배적이었다. ① 수면은 뇌대사를 회복시킨다. ② 수면은 기억 공고화와 학습과정에 기여한다.

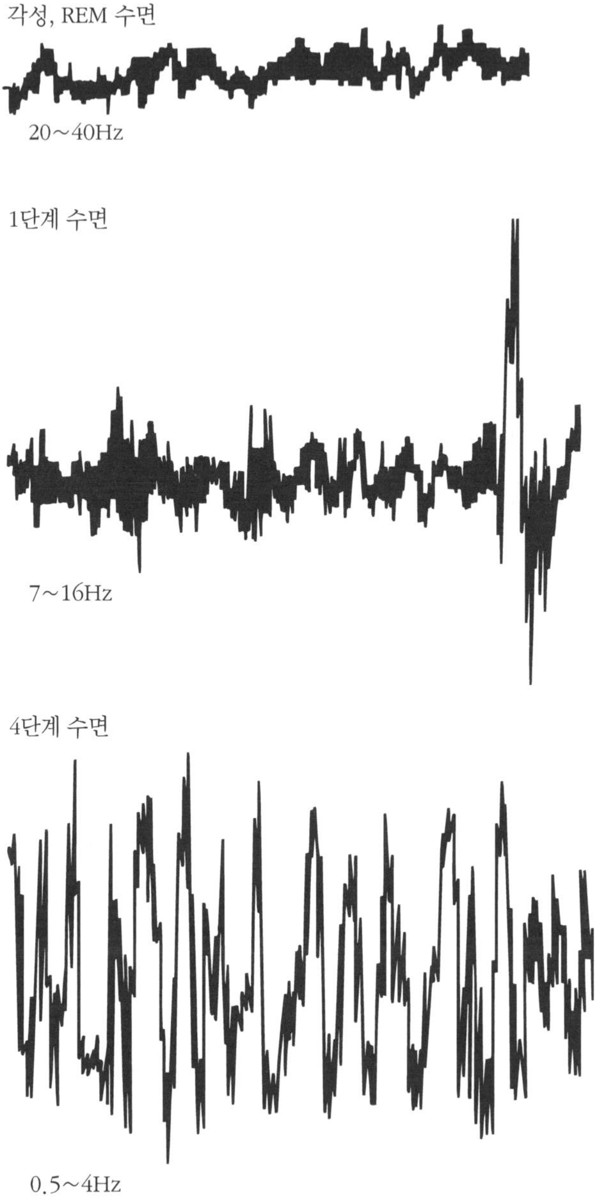

[그림 7-1] 전형적인 수면-각성 위상의 뇌파

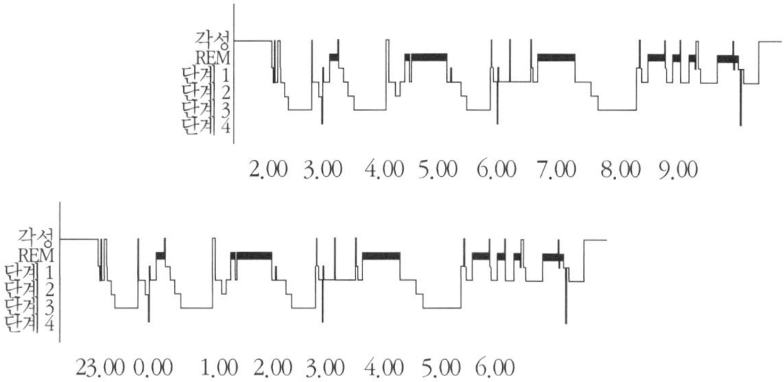

[그림 7-2] 정상 성인(아래 그림)과 달리 수면위상지연 증후군(위 그림)을 보이는 사춘기의 수면구조

수면을 이해하기 어려운 이유 하나는 그것이 한 상태가 아닌 두 하위상태로 이루어지기 때문이다. 한 상태는 빠른 눈 움직임(REM)이 특징이고, 다른 한 상태는 빠른 눈 움직임이 없는 상태로 서파수면(NREM)이라 한다([그림 7-1]과 [그림 7-2] 참조). 보통의 수면 회기에서는 두 하위상태가 교대로 나타난다. 성인의 경우([그림 7-2]와 [그림 7-3] 참조)는 NREM-REM 수면 사이클이 90~100분 주기다(Hobson & Pace-Schott, 2002; Pace-Schott & Hobson, 2002).

EEG상에서 NREM 수면의 4단계가 구분된다. 1단계는 저진폭 고주파의 얕은 수면이다. 방추가 나타나는 2단계는 서파활동이 주를 이루는 3~4단계보다 얕은 수면이다([그림 7-1] 참조). REM 수면 동안의 EEG는 NREM의 1단계에 나타난 저진폭 고주파 패턴과 비슷하다. 이때 대부분의 수의근은 긴장상태가 최소이지만, 자율신경계와 안근이 활성화되어 REM 수면은 각성상태와 비슷하다. 그런 까닭에 REM 수면을 '역설적' 수면이라고도 한다. 모든 포유동물의 수면은 NREM으로 시작되고 사이사이에 일정 간격으로 REM이 나

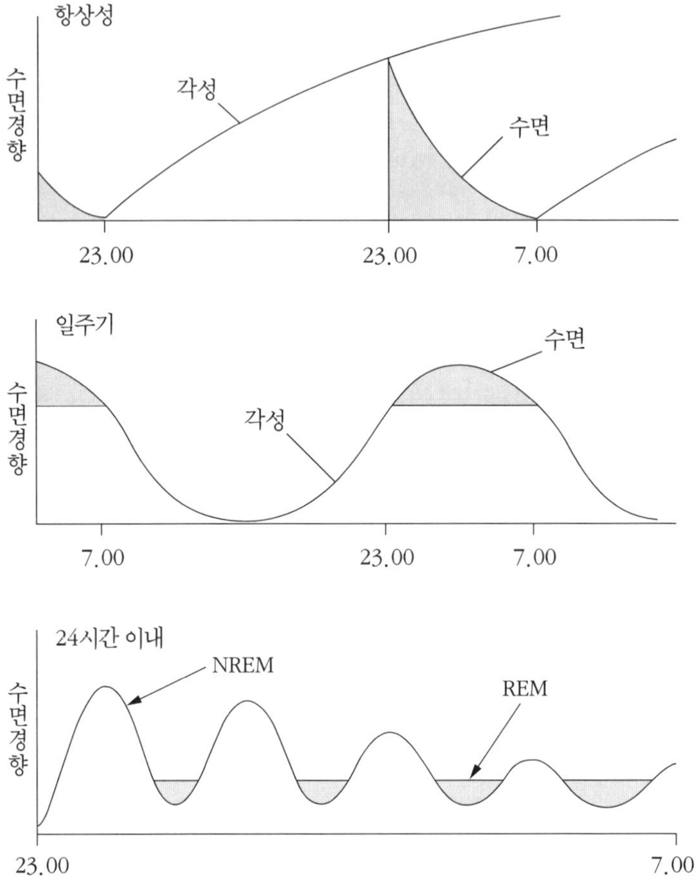

[그림 7-3] 상호작용하는 세 과정(수면의 지속기간과 강도를 유지하는 항상성 과정, 수면의 타이밍을 결정하는 일주기 리듬, NREM-REM 시퀀스에 의한 24시간 이내 리듬)에 의해 조절되는 수면의 타이밍, 지속기간 및 강도(또는 깊이)

타난다. 성숙한 성인의 경우에는 보통 밤의 수면기간 동안 그런 사이클이 4~5회 나타난다. 인간의 경우 오랜 각성활동 후의 첫 사이클에서는 고압의 서파활동(NREM 위상 증가)이 우세한 반면, 마지막 사이클에서는 저압의 속파활동(REM 위상 증가)이 우세하다([그림 7-

2]와 [그림 7-3] 참조; Hobson et al., 2002; Pace-Schott et al., 2002).

반복되는 NREM-REM 수면 사이클을 따라 신체의 모든 생리체계에 주요 변화가 나타난다. 실제로 우리는 시퀀스를 따라 '세 개의 다른 몸', 즉 각성상태의 몸, NREM의 몸, REM의 몸으로 산다고 말할 수 있다. 예를 들어, 75세인 성인의 경우라면 각성상태로 50년, NREM 상태로 19년, REM 상태로 6년을 보낸 셈이다. 이들 세 몸(또는 단계) 간의 뚜렷한 생리적 차이가 제시되었다. NREM 수면 동안에는 혈압이 낮고 심장 속도와 호흡 속도가 느리며, 전반적인 면역기능이 증가하고, 성장 호르몬 같은 동화 호르몬이 규칙적으로 분비된다. 이런 사건이 수반된다는 것은 곧 NREM 수면이 기능상 동화 및 세포보호 과정과 관련된다는 개념에 신뢰성을 부여한다. 산소 소모량이 20~30% 감소하는 것으로 나타나 뇌 자체의 활동이 감소하는데, 이는 가벼운 마취를 했을 때와 비슷한 상태다. NREM 수면 동안에는 몇 가지 신경영양 요소가 합성된다(Mazzoni et al., 1999; Peigneux, Laureys, Delbeuck, & Maguet, 2001).

대조적으로 REM 수면은 '반항상성' 단계와 관련된다. 심장, 호흡 및 체온 조절기능을 통제하는 조절기제의 효율성이 크게 떨어진다. 심장 속도와 혈압이 증가하고 호흡이 불규칙적이게 된다. 이 위상에서는 뇌와 자율신경계가 활성화되면서 남성의 음경발기와 여성의 음순충혈이 나타나고 신체근육의 활동은 크게 억제된다. REM 수면상태에서 깨면 꿈을 잘 기억하지 못하던 사람마저도 환각적인 꿈을 상세히 보고하는 것이 일반적이다. 이는 이 수면 위상의 뇌활성화가 복잡한 정신과정을 지원할 만큼 아주 강력하고 조직적임을 나타내며, 또 REM에서 뇌 대부분이 휴식을 취한다는 것과는 반대된다. 실제로 변연계를 비롯한 뇌의 몇몇 부위는 각성 시보다 더 활성화된다(Hobson et al., 2002; Pace-Schott et al., 2002).

REM 수면에서 나타나는 의미 있는 생리 현상으로는 체온조절 기능 상실을 들 수 있다. 주변 온도나 체온이 떨어지기 시작하면 수면이 방해를 받는데, REM 수면 동안에는 체온조절 장치가 작동하지 않는다. 그래서 REM 동안에는 인간이 항온동물이라는 개념이 지지될 수 없다. 짧은 기간이기는 해도, REM 동안 우리는 뱀 같은 변온동물과 비슷하다. 신체와 자율신경계가 차단되었다는 것은 곧 REM 기간이 개인의 생존에 해로울 수 있다는 의미다.

여러 수면단계의 지속성, 타이밍, 패턴을 비롯한 수면의 몇 가지 측면이 회복과정에 필수적이다. 가령, 피험자를 8~10시간 동안 마음껏 자게 한 후 15분마다 잠깐씩 깨우면, 다음날 그들은 수면 부족일 때와 비슷하게 피로와 정서변화를 보고할 것이다. 마찬가지로 수면시간을 충분히 주되 REM 수면이나 NREM 수면 중 한 단계만 골라서 박탈할 경우에는 낮에 주의결핍을 보고하기도 했다(Hobson et al., 2002; Pace-Schott et al., 2002).

다음과 같은 세 가지 상호작용 과정이 수면의 타이밍, 지속성과 강도를 조절한다([그림 7-3] 참조). ① 일정 범위 내에서 수면의 지속성과 강도를 유지하는 항상성 과정, ② 수면의 타이밍을 결정하는 일주기 리듬, ③ NREM-REM 수면이 교대로 이루어지는 24시간 이내 리듬. 항상성 과정은 이전 수면 회기 이후의 기간과 그 회기에서의 수면 강도 같은 직전 수면사(睡眠史)의 영향을 받는다. 이전 수면 회기가 끝나고 한참 지난 후에는 수면 욕구가 크게 증가한다. 일단 수면이 시작되면 그런 욕구는 크게 떨어진다. 이런 현상은 수면-각성의 주기적 특성을 강화하는 것으로, 수면을 허기나 갈증 같은 다른 생리적 욕구와 동등시한다. 항상적(homeostatic) 수면 욕구는

REM 수면보다 NREM 수면을 조절한다.

반대로 일주기 리듬의 위상과 진폭은 이전 수면사와 무관하지만 주요 조정기인 SCN에 의해 나타난다. 수면경향의 일주기 변화는 대략 체온의 리듬과 반비례한다. 즉, 체온이 최저에 가까울 때 수면경향과 지속성은 가장 높다([그림 7-3] 참조).

수면조절을 위해서는 각성시간이나 일주기 리듬과 무관하면서도 수면에 영향을 주는 적응 욕구까지 고려해야 한다. 적응요인은 환경변화(개인에게 중요한)에 맞게 수면-각성 사이클을 조정한다. 그런 요인들로는 ① 동기 같은 행동적 요소, ② 환경, 소음, 주변 온도에 대한 주의와 기타 심리적 반응, ③ 운동, ④ 영양섭취를 들 수 있다(Hobson et al., 2002; Pace-Schott et al., 2002).

일주기 체계는 교육의 과정에 강력한 영향을 준다

일주기 체계의 중요한 일반원리(학습과 관련된)는 그 체계가 수면-각성의 일정변화에 아주 서서히 적응한다는 점이다. 그래서 주말이나 방학과 등교 전날 사이에 수면-각성 일정이 급변하는 청소년들은 일주기 문제에 직면할 수 있다(Sadeh, Gruber, & Raviv, 2003; Shin, Kim, Lee, Ahn, & Joo, 2003; Carskadon, Acebo, & Jenni, 2004). 교육과 관련된 일주기 타이밍 체계의 다른 원리는 수면-각성 일정이 당겨질 때보다는 느려질 때 더 쉽게 적응한다는 점이다. 이는 곧 주말에 더 늦게 자고 늦게 일어나기가 당연히 더 쉽고, 동쪽으로 2~3시간대를 이동할 때보다 서쪽으로 이동하기가 더 쉬운 이유이기도 하다(Cardinali et al., 1994; Hastings et al., 2003).

청소년의 수면 패턴과 이런 원리의 관련성은 간단하다. 많은 청소년들은 늦게 자고 일찍 일어나야 하는 등교일과 늦게 자고 늦게 일어나는 주말이나 방학에 그들의 수면 타이밍이 크게 다르다. 가령, 주말에 새벽 3시쯤 잠이 들어 정오까지 자는 아르헨티나 청소년들의 경우, 새벽 3시까지 깨어 있는 방학 동안에는 2~3일만 지나면 바로 일주기 체계의 위상이 지연될 것이다. 그러나 개학 후 일찍 등교해야 해서 시간을 앞당길 경우에는 체온과 호르몬 리듬이 완전히 바뀔 정도로 수면-각성 일정이 안정되려면 시간이 더 걸릴 것이다.

그러므로 주중에 늦잠을 자거나 가끔 결석하는 많은 청소년들은 시차증후군 같은 피로감을 느낀다. 그리고 밤에는 잠들기가, 아침에는 일어나기가 어렵다. 이런 문제가 가장 심각한 경우는 수면위상지연 증후군인데 늦게 자고 등교일에 제때 일어나기가 어려워 청소년과 그 가족들이 몇 개월 동안 진쟁을 치르기도 한다([그림 7-2] 참조). 실제로 그들은 체온이 최하로 떨어져 몸이 깰 준비가 안 된 상태에서 일어나려 하는 셈이다. 여기에서 고려해야 할 중요한 원리는 서서히 계속해서 일관적으로 수면-각성 타이밍을 바꾸다 보면 좀 더 적절한 패턴에 맞게 일주기 체계가 재조정된다는 점이다.

수면은 교육에 강력한 영향을 준다

교육적 맥락에서 수면을 고려할 때는 몇 가지 측면이 관련된다. 한 가지 측면은 학습과정과 수면의 관계다. 몇몇 연구에서는 과제를 학습한 후에 수면량이나 특정 수면구조가 증가됨을 제시했다(Carskadon et al., 2004). 가령, NREM 수면 사이클 수와 단어 목록

암기 간에는 정적 상관이 보고되었다(Mazzoni et al., 1999). 미로학습 이후에는 2단계 수면과 EEG 서파활동이 증가했다(Peigneux et al., 2001). 단어 목록을 기억한 후에는 EEG 방추가 비슷하게 증가했으며(Gais, Plihal, Wagner, & Born, 2000), 그런 방추 증가는 기억수행과 정적 상관이 있었다. 흥미롭게도 2단계(EEG 서파활동이 많은) NREM 수면은 몇몇 기능 획득과 정적 상관이 있는 것으로 보고되었다.

수면의 다른 주요 원리는 특히 인간발달 측면과 관련된 것으로, 수면이 위협/안전 지각과 밀접한 관련이 있다는 점이다. 행동수준에서 수면은 외부 환경에 대한 인식 및 반응성을 잃는 것이다. 수면 동안 대부분의 외수용성(exteroceptive) 정보[11]는 시상수준에서 차단되어 주변의 잠재적 위협을 지각하지 못한다. 그러다 보니 대부분의 종이 수면을 포식자로부터 비교적 안전한 거처로 제한하는 기제를 발전시켰다. 위협지각과 그로 인한 각성 증가가 숙면과 정반대라는 것도 이해가 간다. 수면과 안전의 관련성 때문에 수면문제는 임상과 관련된다.

원시인들의 경우에는 긴밀한 사회집단을 이루어 포식자로부터 스스로를 보호했다. 우리 뇌는 이런 사회적 소속감이 안전에 중요한 여건에서 진화되었다. 현대인의 뇌에도 이런 유대가 선천적 성향에 반영되어 있다. 그리하여 사회적 스트레스 요인은 강한 위협감과 수면 방해를 야기하는 반면, 사랑, 배려, 사회적 유대는 안정감을 일으키고 수면을 촉진한다. 발달 동안 안전/위협 지각과 그로 인해 수면문제가 어떻게 달라지는지를 고려해야 한다. 사춘기 내내 위협 지각

11) 역주: 외부로부터 받아들인 정보.

및 반응 체계가 상당히 발달하는데, 이는 아마도 청소년들이 위협을 판단해야 할 상황이 늘어나고 성인 역할을 떠맡을 신체적 준비를 하기 때문일 것이다.

고려해야 할 또 다른 측면은 '24시간 사회' 에 의한 수면시간 단축이다. 현대인이 인공광을 사용하여 저녁에도 활동하다 보니 거의 평생 동안 단야(短夜) 수면일정을 따르고 있다. 이런 환경에서는 사람들이 눕자마자 잠이 들고 아침에 일어날 때까지 쭉 자게 된다. 우리가 정상 수면이라 생각하는 이런 수면이 밤에 누워 있는 시간의 거의 대부분을 차지하여 아주 강력하고 효율적이다. 하지만 현대인은 아마도 밤에 취해야 할 수면을 충분히 취하지 못하는 것 같다. 인위적으로 밤을 늘린 안정상태에서 정상적인 자원자들이 평균 8.25시간의 수면을 취했는데, 이는 현대인 대부분의 수면시간보다 긴 편이다. 이런 결과는 현대인이 수면 부족으로 낮에 정신이 맑지 않을 가능성을 제기한다(Hobson et al., 2002; Pace-Schott, 2002).

인간과는 달리, 다른 동물들의 수면은 대부분 다상(多相)이라서 매일 여러 차례 잠을 잔다. 사실 대부분의 사람들은 조용히 깨어 있는 기간과 번갈아 나타나는 다상수면을 비정상적이고 바람직하지 않은 것으로 여길 것이다. 그러나 밤을 길게 한 환경에서 실시한 자원자들 대상의 수면연구에서는 인간의 수면도 다상일 수 있음을 보고했다. 밤이 길 때는 대개 아주 강렬한 REM 수면에서 일어날 때까지 조용히 휴식을 취하거나 명상했다. 선사시대에는 이 기간이 꿈과 깨어 있는 상태와의 소통 채널이었으나, 인간의 수면이 압축되고 강화되면서 그 기간이 점차 사라진 것으로 보인다. 그렇다면 이런 변화야말로 현대인이 신비함과 환상의 원천에 이르지 못하는 생리적 근거가 될 수 있다.

발달과정이 수면조절에 큰 영향을 준다

하루에 14~16시간 자던 신생아가 18세 무렵이 되면 밤에 약 8시간을 자서 총 수면시간이 크게 감소한다([그림 7-4] 참조). 1세인 영아는 밤에 11~12시간을 자고, 낮잠을 두 번 자서 총 13.5~14.5시간을 잔다. 3세 무렵에는 보통 유아의 경우 밤에 10.5시간을 자고, 낮잠을 한 번 자서 총 12시간을 잔다. 아르헨티나에서는 4~5세 무렵이 되면 유아들이 보통 낮잠을 자지 않는다. 수면과 낮잠의 경우 문화적 영향뿐만 아니라 개인마다 수면 요구량이 아주 다름을 명심해야 한다. 가령, 라틴아메리카 문화에서는 성인기까지 낮잠을 잔다.

청소년기 동안에는 주로 어떤 수면변화가 나타나는가? 주요 변화

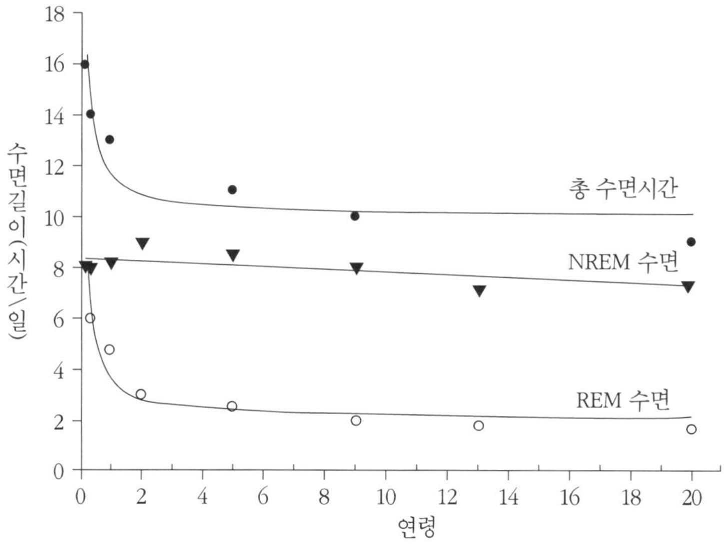

[그림 7-4] 출생에서 청소년 후기까지의 총 수면, NREM 수면 및 REM 수면

로는 ① NREM(3단계와 4단계) 수면과 REM 수면의 지속성과 깊이 감소, ② 성인과 더 유사한 REM 수면 패턴, ③ 낮시간의 졸음 증가, ④ 더 늦게 자고 늦게 일어나 일주기 패턴이 올빼미 같은 성향으로 바뀌는 것을 들 수 있다([그림 7-2] 참조). 영아기에서부터 청소년기에 이르는 동안 각성의 역(threshold)도 낮아진다(Fukuda & Ishihara, 2001; Quine, 2001; Paavonen, Fjallberg, Steenari, & Aronen, 2002; Sadeh, Gruber, & Raviv, 2002). 청소년기의 발달은 수면 시작에서 첫 REM까지의 간격 단축 및 REM 밀도(REM 중 나타나는 눈 움직임의 속도) 감소와도 관련된다.

청소년들은 보통 등교 전날에는 잠을 줄이며 지낸다. 그러나 이런 수면 감소가 생물학과 무관하게 나타난다고 생각되는 몇 가지 이유가 있다. 자연환경(실험실 상황에서보다 청소년들이 수면을 덜 취하는)에서 실시한 청소년 대상 연구에서는 대개 낮에 졸음이 크게 증가한 것으로 관찰되었다. 많은 경우에 고등학생의 졸음수준은 발작수면이나 수면성 무호흡 같은 수면장애에서 보이는 역에 가까웠다. 유연한 교육 실제와 불규칙적인 생활양식은 수면기간 단축 및 낮은 주의력과 관련된다(Billion-Descarpentries, 1997). 그러므로 부모가 잘못 지도해 주야 각성-수면 시간 분포에 문제가 생기고 만성적으로 수면이 부족하여 학업 미성취가 된 듯하다.

학교의 일과도 청소년들의 수면 패턴에 영향을 준다. 가장 흔한 예로는 청소년기 동안 이른 등교시간 때문에 일찍 일어나는 것을 들 수 있다(Carskadon et al., 2004). 안타깝게도 학년이 올라갈수록 등교시간은 더 빨라진다. 수업은 일찍 시작하지만 아이들이 그에 맞게 취침시간을 조절하지 못해 수면 부족이 생긴다(Dexter, Bijwadia, Schilling, & Applebaugh, 2003; Sadeh et al., 2003). 그로 인해 그들은 아침에 졸고 수업이 끝날 무렵에는 정신이 맑아진다(Andrade, Benedito-Silva, & Menna-Barreto, 1992; Andrade, Benedito-Silva, Domenice, Arnhold, & Menna-Barreto, 1993). 또 공부가 잘되는 시간과 수업시간이 동기화되지 않아 그들의 일주기 위상변화가 학업수행에도 영향을 줄 수 있다. 동기화 효과에 대한 연구에서는 청년과 중년의 경우 많은 인지 과제에서 하루 중 보통 때보다 최적시간에 수행이 더 우수했다. 가령, 그들은 최적시간에 주의산만이 적고, 새로 배운 정보를 잘 인지했으며, 강하고 부적절한 자극마저도 잘 조절했다(Heuer, Spijkers, Kiesswetter, & Schmidtke, 1998; Roberts & Kyllonen, 1999; Alapin et al., 2000; Elliason, Eliasson, King, Gould, & Eliasson, 2002). 그리고 그들을 대상으로 최적시간과 보통시간에 검사를 실시했을 때, 기억 수행의 차이가 아주 컸다는 점이 특히 학교학습과 관련된다.

연령 증가와 더불어 하루 중 학생의 선호시간이 저녁 쪽으로 이동하기 때문에, 그들의 인지기능은 아침보다 오후 무렵 최고점에 이를 것이다. 그래서 읽기와 수학 같은 중요한 기본 교과를 아침에 가르칠 경우, 고학년은 최적시간이 아닐 때 중요한 내용을 배우게 되어 일주기 각성 리듬과 동기화될 때보다 학업 수행이 더 떨어진다(Roberts, Roberts, & Chen, 2002). 중학생 대상의 수면 습관과 학습결과에 대한 최근의 연구에 따르면(Drake et al., 2003), 낮은 학교성적, 높은 결석률, 낮은 학교 만족도, 적은 수면시간, 잦은 질병을 보고한 참여자들은 학교에서 바람직한 결과를 보이는 학생들에 비해 낮에 훨씬 더 졸았다. Giannotti 등(2002)은 일주기 선호도, 수면 패턴의 규칙성, 수면문제, 낮시간의 졸음, 낮시간의 행동 간의 관계를 검토했다. 저녁형의 경우는 주말의 늦은 취침시간과 늦은 기상시간, 주중의 더 짧은 취침시간, 주말의 더 긴 취침시간, 불규칙적인 수면-각성 일정, 주관적 수면 부족과 관련된다. 더욱이 저녁형은 다른 시간형에 비해 학교에서 낮잠을 더 자고 낮에 졸린다고 불평하며, 주의문제, 낮은 학업 수행, 잦은 부상과 관련되고 정서적으로 쉽게 동요된다(Giannotti et al., 2002).

부적절한 수면 외에, 별개이면서도 관련된 요인으로는 피곤함을 들 수 있다. 피곤함은 피로감으로 정의되며, 특히 장기적인 목표나 부정적 결과(과거에 시도했다가 부정적 결과를 얻었던)와 관련된 행동에 착수하기가 어렵다. 청소년들은 깨어 있기는 해도 아주 피곤할 것이다. 이런 증세가 장기적 영향을 주기도 한다. 또 시간제로 일하는 것도 십대의 수면 패턴에 심각한 영향을 줄 수 있다. 매주 20시간 이상 아르바이트를 하는 청소년들은 수면이 부족하고 늦게 취침하며 더 졸릴 뿐만 아니라 카페인과 알코올 섭취가 더 많다(Dexter et al., 2003; Shin et al., 2003).

수면 부족으로 인한 기타 주요 사항으로는 기분이 있다(Carskadon et al., 2004). 수면 부족은 인지 과제 및 정서 과제의 수행능력을 모두 저하시킨다. 그 영향이 미미해 보일지 모르지만, 청소년들이 주로 고전하는 사회적 능력의 토대를 마련하기 위해서는 그런 과제를 유창하게 수행해야 한다. 사회적 상황에서 정서반응을 조절하면서 장기적인 목표나 결과에 집중하는 능력이야말로 많은 청소년들이 일상을 살아가면서 고전하는 영역이다. 수면 부족은 이런 영역을 손상시켜 아주 심각한 결과를 야기할 수 있다.

마무리하는 말

의식(영국의 철학자 Locke가 "인간의 마음을 스쳐가는 것에 대한 인식"이라 정의한)은 주로 각성수준에 의지하므로 상당한 일주기 변화를 보인다. 일주기 사이클 동안 특정 유형의 수행이 최고점에 이르는 시간은 각기 다른데, 이는 지각의 관여, 기억 활용 및 논리적 추론 정도에 따라 달라진다. 손재주, 간단한 인지, 반응시간과 관련된 과제 수행은 오후 늦게 체온이 최고일 때 절정을 이루어 체온의 일주기 리듬과 일치한다. 언어추리는 일주기 사이클에서 일찍 최고점에 이르고, 다른 유형의 수행보다 시차증후군이나 근무교대에 더 쉽게 적응된다. 또 하루를 지내면서 자기의 경계(alertness), 피곤함, 행복함 또는 기타 기분 수준을 규칙적으로 표시해 보면 일관적인 일주기 패턴을 알 수 있다.

여러 측면의 수행은 밤에 최소상태에 이르는데, 이는 일주기 조정기의 영향뿐만 아니라 수면 부족도 반영한다. 단 하루만 수면이 부족해도 정신기능 및 신체기능이 혼란될 수 있다. 일주기 시계 덕분에 밤에는 여러 유형의 수행이 최소상태가 된다. 그래서 일주기 조정기의 영향이 수면 부족과 결합될 경우 밤의 수행수준은 현저히 떨어진다. 이런 요소들은 점점 더 각성을 요구하는(하루 내내 경계수준이 같을 수 없는 우리의 생리구조에) '24시간 사회'의 어떤 교육제도에든 중요한 시사점을 준다.

사춘기 위상지연과 이른 등교시간은 십대의 수면 특성, 수면/각성 일정, 낮의 행동에 상당한 영향을 주고 있다. 위상 전진, 밤늦은 활동, 이른 등교로 인해 수면시간이 줄고 있다. 청소년 대상의 한 수면장애 연구에서는 불면증과 과면증(hypersomnia)이 만연상태임을 지적하고 있다. 실제로 일반 아동과 청소년의 20~30%가 이렇게 중요한 수면에 문제가 있는 것으로 나타났다.

참고문헌

Alapin, I., Fichten, C. S., Libman, E., Creti, L., Bailes, S., & Wright, J. (2000). How is good and poor sleep in older adults and college students related to daytime sleepiness, fatigue, and ability to concentrate? *J. Psychosom. Res., 49*, 381-390.

Andrade, M. M., Benedito-Silva, A. A., Domenice, S., Arnhold, I. J., & Menna-Barreto, L. (1993). Sleep characteristics of adolescents: a longitudinal study. *J. Adolesc. Health, 14*, 401-406.

Andrade, M. M., Benedito-Silva, A. A., & Menna-Barreto, L. (1992). Correlations between morningness-eveningness character, sleep habits and temperature rhythm in adolescents. *Braz. J. Med. Biol. Res., 25*, 835-839.

Asayama, K., Yamadera, H., Ito, T., Suzuki, H., Kudo, Y., & Endo, S. (2003). Double blind study of melatonin effects on the sleep-wake rhythm, cognitive and non-cognitive functions in Alzheimer type dementia. *J. Nippon Med. Sch, 70*, 334-341.

Billon-Descarpentries, J. (1997). Influence of parental educational practices on the sleep and attentional performances in children. *Arch. Pediatr., 4*, 181-185.

Cardinali, D. P. (1998). The human body circadian: How the biologic clock influences sleep and emotion. *Ciencia e Cultura, 50*, 172-177.

Cardinali, D. P., Brusco, L. I., Liberczuk, C,. & Furio, A. M. (2002).

The use of melationin in Alzheimer's disease. *Neuroendocrinol Lett., 23* Suppl 1, 20-23.

Cardinali, D. P., Jorda Catala, J., & Sanchez Barcelo, E. J. (1994). *Introdución a la Cronobiología. Fisiología de los Ritmos Biológicos.* [Introduction to Chronobiology. Physiology of Circadian Rhythms]. Santander: Editorial Universidad de Cantabria.

Carskadon, M. A., Acebo, C., & Jenni, O. G. (2004). Regulation of adolescent sleep: implications for behavior. *Ann. N.Y. Acad. Sci, 1021*, 276-291.

Dexter, D., Bijwadia, J., Schilling, D., & Applebaugh, G. (2003). Sleep, sleepiness and school start times: a preliminary study. *WMJ, 102*, 44-46.

Drake, C., Nickel, C., Burduvali, E., Roth, T., Jefferson, C., & Pietro, B. (2003). The pediatric daytime sleepiness scale (PDSS): Sleep habits and school outcomes in middle-school children. *Sleep, 26*, 455-458.

Eliasson, A., Elasson, A., King, J., Gould, B., & Eliasson, A. (2002). Association of sleep and academic performance. *Sleep Breath, 6*, 45-48.

Fukuda, K. & Ishihara, K. (2001). Age-related changes of sleeping pattern during adolescence. *Psychiatry Clin. Neurosci., 55*, 231-232.

Gais, S., Plihal, W., Wagner, U., & Born, J. (2000). Early sleep triggers memory for early visual discrimination skills. *Nat. Neurosci., 3*, 1335-1339.

Giannotti, F., Cortesi, F., Sebastiani, T., & Ottaviano, S. (2002). Circadian preference, sleep and daytime behaviour in adolescence. *J. Sleep Res., 11*, 191-199.

Hastings, M., Reddy, A. B., & Maywood, E. S. (2003). A clockwrok web: Circadian timing in brain and periphery, in health and disease. *Nat. Rev. Neurosci.*, *4*, 649-661.

Heuer, H., Spijkers, W., Kiesswetter, E., & Schmidtke, V. (1998). Effects of sleep loss, time of day, and extended mental work on implicit and explicit learning of sequences. *J. Exp. Psychol. Appl.*, *4*, 139-162.

Hobson, J. A. & Pace-Schott, E. F. (2002). The cognitive neuroscience of sleep: neuronal systems, consiousness and learning. *Nat. Rev. Neurosci.*, *3*, 679-693.

Mazzoni, G., Gori, S., Formicola, G., Gneri, C., Massetani, R., Murri, L. et al. (1999). Word recall correlates with sleep cycles in elderly subjects. *J. Sleep Res.*, *8*, 185-188.

Murphy, P. J. & Campbell, S. S. (1996). Physiology of the circadian system in animals and hummans. *J. Clin. Neurophysiol.*, *13*, 2-16.

Paavonen, E. J., Fjallberg, M., Steenari, M. R., & Aronen, E. T. (2002). Actigraph placement and sleep estimation in children. *Sleep, 25*, 235-237.

Pace-Schott, E. F. & Hobson, J. A. (2002). The neurobiology of sleep: genetics, cellular physiology and subcortical networks. *Nat. Rev. Neurosci.*, *3*, 591-605.

Peigneux, P., Laureys, S., Delbeuck, X., & Maquet, P. (2001). Sleeping brain, learning brain. The role of sleep for memory systems. *Neuroreport, 12*, A111-A124.

Quine, L. (2001). Sleep problems in primary school children: comparison between mainstream and special school children. *Child Care Health Dev.*, *27*, 201-221.

Roberts, R. D. & Kyllonen, P. C. (1999). Morningness-eveningness and intelligence: Early to bed, early to rise will likely make you anything but wise! *Pers. Individ. Dif.*, *27*, 1123-1133.

Roberts, R. E., Roberts, C. R., & Chen, I. G. (2002). Impact of insomnia on future functioning of adolescents. *J. Psychosom. Res.*, *53*, 561-569.

Rusak, B. & Zucker, I. (1979). Neural regulation of circadian rhythms. *Physiol. Rev.*, *59*, 449-526.

Sadeh, A., Gruber, R., & Raviv, A. (2002). Sleep, neurobehavioral functioning, and behavior problems in school-age children. *Child Dev.*, *73*, 405-417.

________ (2003). The effects of sleep restriction and extension on school-age children: What a difference an hour makes. *Child Dev.*, *74*, 444-455.

Shin, C., Kim, J., Lee, S., Ahn, Y., & Joo, S. (2003). Sleep habits, excessive daytime sleepiness and school performance in high school students. *Psychiatry Clin. Neurosci.*, *57*, 451-453.

Skene, D. J. (2003). Optimization of light and melatonin to phase-shift human circadian rhythms. *J. Neuroendocrinol.*, *15*, 438-441.

제8장 인지발달과 뇌발달의 역동적 사이클: 마음, 뇌, 교육의 성장 측정하기

Kurt W. Fischer

개 관

지식과 일반 생물학의 관계에 대한 Piaget의 독창적 저서 이후, 연구자들은 인간발달이 이루어지는 기초 신경인지 과정을 이해하게 되었다. 특히 최근의 역동적 성장모델에서는 뇌성장, 인지발달 및 학습 동안 일어나는 복잡하고 상호적인 변화를 조명하고 있다. 신경인지 발달은 연속적인 단계로 된 사다리가 아니라 상호작용과 유인요소(誘引要素), 수렴과 발산 통로, 중첩 사이클, 안정성과 불안정성, 진보와 퇴행, 불연속성 군집, 안정된 수행수준으로 얽혀진 복잡한 네트워크다. 피질발달 사이클과 인지발달 사이클은 서로 관련된 듯하다. 특히 좋은 교사나 교재가 학생의 수행을 지원하는 경우에서처럼 인지체계가 최적으로 기능할 때 그 관계가 가장 두드러진다. 최적의 인지성장에서 나타나는 일련의 불연속성을 따라 10개 수준의 발달척도로 구분했는데, 그것이 많은 교육적 시사점을 줄 것이다. 전반적으로 인지와 발달을 설명하는 체계적 발달 사이클이 많은 교육적 시사점을 주지만 간단하지 않을 때도 있다. 앞으로 교사들이 신경인지 연구에 참여하

> 는 한편, 신경과학자들은 학교활동에서 멋진 이론적·실제적 연구거리를 발견해야 한다.
>
> —편집자—

대부분의 과학자들과 교사들은 인지발달이 뇌발달과 더불어 진행됨을 잘 알고 있으며, 마음, 뇌, 교육을 접목시키는 대과업(이 책의 거의 모든 장에서 나타난) 역시 그런 가정에서 시작된다. 뇌발달에 대한 지식은 현재 놀라운 속도로 증가하는 추세이고(Coch, Fischer, & Dawson, 출판 중; Dawson & Fischer, 1994), 인지발달과 학습에 대한 지식은 이미 광범위하고 심오한 상태이나 여전히 증가 중이다(예, Case, 1998; Fischer & Bidell, 1998; Fischer & Bidell, 2006; Piaget, 1983; Siegler, 1997). 그럼에도 불구하고 인지발달과 뇌발달의 관계에 대해서는 별로 알려진 것이 없다. 아동은 성장하면서 뇌의 여러 가지 특징(뉴런과 시냅스 수, 뇌용량, 수초화, 뇌활동 등)이 체계적으로 변화한다. 동시에 아동의 행위, 말, 개념, 문제 해결, 사회기능, 정서도 발달한다. 이러한 변화는 전반적으로 상관이 있지만, 모든 것이 동시에 일어나다 보니 별 정보가 되지 않는다. 따라서 뇌-행동의 관계를 이해하려는 인지신경과학자들과 이런 지식을 활용해 교육을 개선하려는 교육자들이 뇌와 행동 발달 간의 의미 있는 연결고리를 찾아 분석할(연령 증가와 더불어 어떤 특징이 전반적으로 증가하거나 감소한다는 정도 이상으로) 방법이 필요하다. 이런 신경과학적 지식의 한계에도 불구하고, 뇌과학을 교육 실제에 접목하려는 대중의 기대가 현실을 앞지르고 있다(Bruer, 이 책; Fischer, Immordino-Yang, & Waber, 2006).

하지만 이제는 뇌발달과 인지발달을 관련지으려는 의미 있는 접근이 등장하고 있다. 한 유력한 분야에서는 역동적 체계분석이라는 새로운 방법을 인지발달 및 뇌 발달 사이클과 결합하여 뇌와 행동의 관계를 분석할 기반을 마련하였다. 역동적 체계이론에서는 각 개인에게 나타나는 복잡한 변화 패턴을 분석할 방법을 제시하였다. 이는 집단 평균의 변화 패턴을 분석하느라 개인의 복잡한 변화를 무시하던 전통적 방법과 대조된다(Van Geert & Steenbeek, 이 책). 연구에서는 개인이 선형적 변화가 아닌 도약과 하강 사이클 같은 복잡한 패턴으로 성장함을 제시했다(Dawson-Tunik, Commons, Wilson, & Fischer, 2005; Fischer & Bidell, 2006; Molenaar, 2004). 이런 불연속성과 복잡한 패턴은 뇌와 행동의 성장분석에 소중한 도구인데, 과학자들이 그 패턴들 간의 관계를 검토할 수 있기 때문이다. 현재 뇌성장 사이클, 인지발달 사이클, 학습 사이클에 대한 증거가 누적되고 있다. 세 사이클 모두 하나의 공통된 성장과정과 관련된 듯하다. 한 연구결과에서는 발달과 학습에 두루 사용될 잣대를 발견했는데, 그것은 교육 평가와 실제에서 활용도가 높을 것이다.

뇌와 행동의 성장 사이클과 척도

살아 있는 유기체는 일반적으로 사이클을 따라 성장한다. 대표적인 예로 피질의 성장을 들 수 있다. 피질은 Rakic(1971, 1988)이 설명한 바와 같이, 뉴런 생성과 이동이라는 사이클 과정을 통해 6층으로 성장한다. 그래서 동일한 성장과정을 통해 독특한 6층이 만들어지는데, 각 층의 세포가 모두 동일 과정을 거쳐 생성되지만 그 기능은 아주 다르다. 배아의 뇌실층에 있는 배엽에서 새로운 세포가 무수히 생성될 무렵 비로소 그 과정이 시작되고, 이후 각 세포는 교세포를 따라 도착지로 간다. 처음 이동하는 세포는 피질의 첫 층에 멈춘다(배아발달에서는 첫 층이나 피질 위에서 보면 여섯 번째 층이기에 6층이라 부른다.). 그 층이 다 채워진 후, 세포들은 더 높은 곳으로 이동해 두 번째 층을 이루고 이어서 그 층을 채우게 된다. 그 후 다음 세포들이 세 번째 층이 될 곳에 멈추어 다시 채우기 시작한다. 6개의 층이 모두 완성될 때까지 이 과정은 계속된다. 이처럼 동일 과정을 통해 특성과 기능이 아주 다른 피질층이 만들어진다. 피질기둥 안에서 6개의 층이 서로 연결된다. 즉, 기초 감각이나 동작의 입출력처럼 기초 기능을 수행하는 하위층(관례대로 번호를 매기자면 5층과 6층)과 하위층에서 온 신호를 결합, 통합, 변별하는 상위층(1층과 2층)이 서로 연결된다.

아직은 초기 단계인 뇌발달 패턴 연구와 좀 더 성숙한 인지연구에 비추어 볼 때, 장기간에 길친 뇌발달과 인지발달에 유사한 성장 사이클이 있을 듯하다. 가장 간단한 사이클 패턴 하나는 일련의 불연속성을 거치면서 성장한다는 것이다. 즉, 널리 알려진 2세의 언어 고조처럼 가장 간단한 경우에도 고조나 하강이 나타난다(Reznick & Goldfield, 1992). 네덜란드 아동을 대상으로 한 자발언어 생성연구에서, Ruhland와 Van Geert(1998)는 토마스의 인칭대명사 활용에 나타난 고조([그림 8-1] 참조)처럼 24개월 무렵의 영아 대다수가 특정 단어 범주의 수행이 크게 향상되었음을 발견했다.

24개월 무렵의 이런 고조는 개인의 인지발달에 사이클이 있음을 의미하며, [그림 8-2]의 윗선에 나타난 바와 같이 영아기 초기에서 20대까지 실제로 일련의 수행 고조가 일어난다(Fischer & Bidell, 2006). 영아, 아동, 사춘기, 성인 모두 기능의 급증기가 있으며, 특히 최적조건에서는 더욱 그렇다(그림의 윗선). 능력 범위를 확장하지

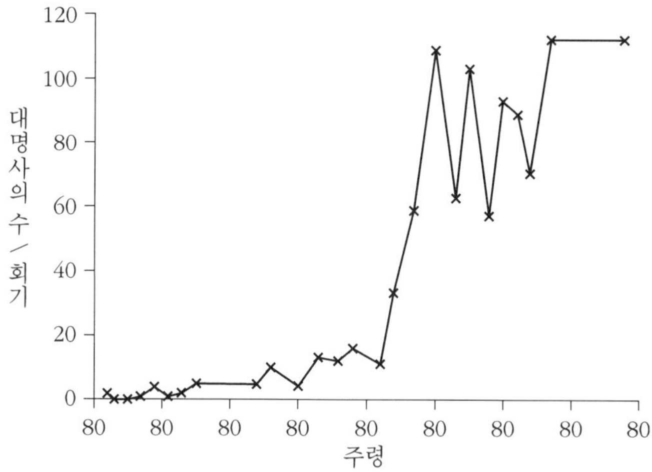

[그림 8-1] 네덜란드 소년 토마스의 인칭대명사 활용에 나타난 발달 고조

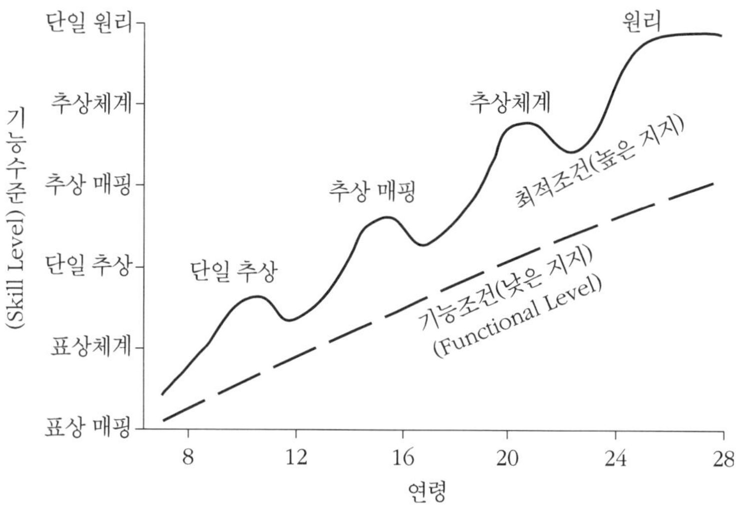

[그림 8-2] 최적조건에서 인지발달 사이클의 고조

못하는 평범한 조건에서는 그들이 선형적 성장이나 비체계적 변화를 보였다(그림의 아래 선). [그림 8-2]의 그래프에는 사춘기와 성인기 초기에 발달하는 고급 추상개념의 성장 패턴이 간략히 제시되어 있다(Fischer, Yan, & Stewart, 2003).

여러 영역이 공통 척도를 따른다는 점에서 역동적 체계이론과 결합된 복잡한 성장 패턴은 뇌발달과 교육 연구에서 활용함직한 강력한 도구다. 즉, 여러 영역의 기능이 동일 척도에서 불연속성을 보인다(Dawson-Tunik et al., 2005; Fischer & Bidell, 2006). 그 결과는 인지발달과 학습에서 강력하고 분명했다. 이들 연구에서는 다양한 영역에 걸친 기능 복잡성을 측정할 하나의 공통 척도 외에도 변화 패턴을 측정할 다양한 방법을 제시했다. 측정 대상이 아픈 아이든, 빙하든, 끓고 있는 물주전자든, 화산이든, 태양 표면이든, 온도가 동일 척도를 따르는 것처럼, 인지발달 역시 영역을 막론하고 이 척도를 따라 일어난다. 복잡성 척도를 여러 영역, 학습자와 교사, 시험과 교육과정에 적용할 경우 교육평가에 유용한 잣대가 될 수 있다(Bidell & Fischer, 1992; Dawson-Tunik & Stein, 출판 중). 이는 특정 과제를 학습할 때의 기복을 찾는 미시발달에도 유용한 것으로 밝혀졌다(Granott, Fischer, & Parziale, 2002).

그 척도를 지지하는 성장 패턴을 이해하려면 먼저 발달에 대한 일반적인 오해를 풀어야 한다. 대부분의 사람들은 은연중에 발달이 한 단계에서 다음 단계로 위계적으로 진행될 것이라 가정한다. 하지만 아동과 성인 모두 위계적으로 발달하지 않으며 여러 요소[12)](strand)

12) 역주: 여기에서 연구자가 'factor' 나 'component' 라 하지 않고 'strand' 라 한 이유는 발달과정과 더불어 그물의 실가닥처럼 이들 요소가 분화 · 결합되기 때문이다.

가 망을 이루며 발달한다. 여러 영역에 걸친 공통의 복잡성 척도는 발달이 위계적으로 일어나지 않음을 뜻한다. [그림 8-3]은 세 발달 영역(수학, 사회적 자아, 반성적 판단)에서 사춘기와 성인 초기의 망을 나타낸다(Fischer et al., 2003). 개인은 각 영역 내의 몇 가지 다른 요소를 비롯해 각 영역에 속하는 각각의 기능을 익힌다. 모든 요소가 동일한 복잡성 척도를 따라 발달하지만, 한 요소의 기능은 다른 요소의 기능과 독립적이다. 물론 한 요소가 여러 가지 새로운 요소로 분화될 수도 있고, 결합되어 하나의 새로운 요소로 통합될 수도 있다. 필요할 경우, 반성적 판단 및 자아개념과 같이 다른 영역의 기능이 별도로 존재하다가 발달이 진척되면서 다른 영역의 요소들이 결합될 수도 있다. 가령, 어떤 것이 진리임을 알게 된 방법에 대한 개

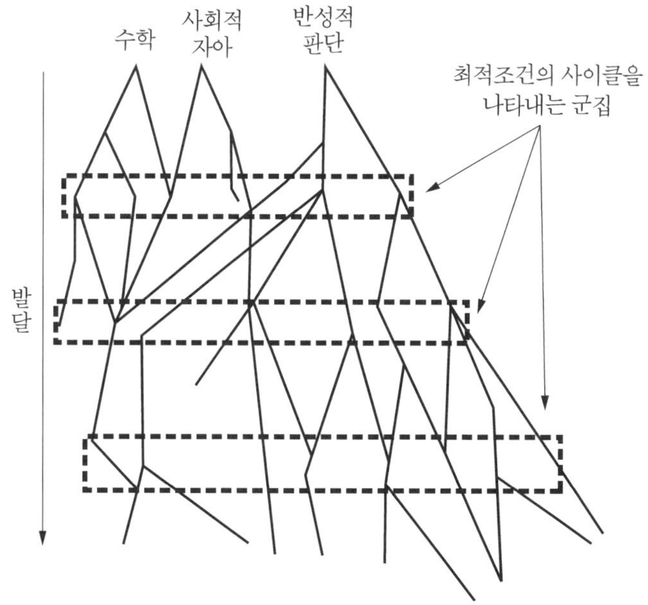

[그림 8-3] 세 기능의 불연속성 군집과 여러 요소의 발달망

념(지식, 즉 반성적 판단의 기반)과 학생의 자아개념이 관련될 수 있다. 어쨌든 요소가 별도의 기능과 관련될지라도, 각 요소의 발달은 동일한 복잡성 척도를 따른다. 동일한 잣대로 복잡성을 측정하지만, 그렇다고 모든 기능이 동일하다는 것은 아니다. 마찬가지로 사람의 체온과 여름 날씨의 온도가 같다고 해서 둘의 열 에너지가 같다는 의미는 아니다.

기능 형성 사이클은 망에서 불연속성 군집(박스 안의 모서리, 접합, 분기는 3회의 새로운 최적수준을 나타냄)으로 나타난다. 이 군집들은 최적의 수행변화를 나타내는 반면, 평범한 수행은 요소의 낮은 수준에서 이루어진다. 즉, 동일 영역이나 동일 요소에서 동일인이라 하더라도 최적조건 여부에 따라 발달수준이 달라진다([그림 8-2]에서와 같이). 사람들은 자아개념처럼 친숙한 영역에서도 한 수준에서만 행동하지 않는다. 그들의 기능은 상황적 지지, 동기, 피로, 기타 요인에 따라 순간순간 그 복잡성이 달라진다.

인지발달 사이클

인지발달은 4개월부터 성인 초기까지 10개 수준을 따라 진행된다. 아동기부터 성인기에 해당되는 수준은 교육과 가장 밀접하다(〈표 8-1〉 참조). 무엇보다도 가장 눈에 띄는 것은 특정 연령을 간격으로 최적조건에서 나타난 수행의 고조와 하강이다. 실제로 산수, 자아개념, 반성적 판단, 도덕적 추리, 분류, 보존 등에 대한 연구에서는 각 수준이 시작됨을 나타내는 고조와 하강이 있었다.

산수연산 개념 연구에서 사춘기들은 최적조건에서 세 수준(단일

〈표 8-1〉 학령기의 발달수준: 최적조건과 기능조건

수 준		최적조건	기능조건*
Rp1	단일 표상	2세	2~5세
Rp2	표상 매핑	4	4~8
Rp3	표상체계	6	7~12
Rp4/Ab1	단일 추상	10	12~20
Ab2	추상 매핑	15	17~30
Ab3	추상체계	20	23~40, 아니면 여러 영역에 대해 결코 불가능
Ab4/P	단일 원리	25	30~45, 아니면 여러 영역에 대해 결코 불가능

* Dawson 등의 연구에 바탕을 둔 기능조건의 연령은 아주 광범위하고 대략적인 추정치다. 수준은 교육과 밀접한 관련이 있다.

추상, 추상 매핑[mapping], 추상체계)의 고조가 나타났다(Fischer, Kenny, & Pipp, 1990). 미국 중서부 도시의 9~20세 학생들이 7+7+7=21, 3×7=21, 5+9=14, 14−9=5 등으로 구성된 한 세트의 문제를 풀었다. 다음에 그들은 덧셈, 뺄셈, 곱셈, 나눗셈에 대해 설명해 보라는 문제에 답한 후, 덧셈과 곱셈 또는 덧셈과 뺄셈처럼 연산 쌍의 관계를 묻는 다음과 같은 문제에 답했다. 곱셈이란 무엇이고, 계산한 문제는 왜 곱셈의 정의에 부합하는가? 곱셈과 덧셈은 어떤 관계가 있고, 앞의 계산문제들은 그 관계와 어떤 관련이 있는가? 학생들은 먼저 계산을 하고 지지가 낮은 상태에서 설명했다. 그다음에는 연산문제의 우수한 표본 답을 받은(높은 지지) 후 자기 말로 설명했다. 그 회기를 마칠 무렵, 그들은 2주 후에 다시 그 문제를 풀어야 한다는 말을 들었다. 마침내 2주 후가 지나서 그들이 돌아와 그 문제를 다시 풀었는데, 처음에는 지지가 낮은 상태에서 답하다 나중에는 지지가 높은 상태에서 답했다.

산수연산 쌍을 설명하는 매핑을 보면([그림 8-4] 참조), 최적조건

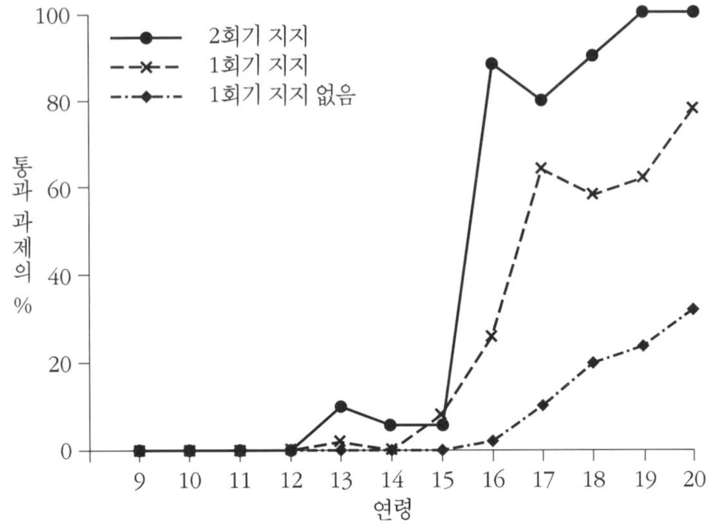

[그림 8-4] 산수연산 매핑의 고조

일 때 특정 연령에서 큰 도약이 나타났다. 특히 1회기를 마치고 2주가 지난 2회기에서 고조가 현저했는데, 이는 높은 지지 외에 그 문제를 연습하고 생각할 기회가 있었기 때문이다. 학생들에게 덧셈과 뺄셈, 덧셈과 곱셈, 곱셈과 나눗셈, 뺄셈과 나눗셈의 관계를 설명해 보게 했다. 지지나 연습이 전혀 없는 상태(1회기 지지 없음)에서 문제를 풀 경우, 16세까지 0에 가깝고 20세에는 32%만 맞을 정도로 수행수준이 아주 낮았다. 하지만 지지(1회기 지지)를 받고 나서는 그들의 수행이 15~17세에 현저히 증가했다. 그리고 2주 동안 문제를 생각할 기회(2회기 지지)를 주자, 15세에 6%에서 16세에 88%에 이를 정도로 급증했다. 이 연구는 선행 증거가 전혀 없는 상태에서 역동적 기능이론에 기초해 예언한 고조를 처음 검증한 것이다. [그림 8-4]는 그 결과가 강력하고 분명함을 보여 준다.

그래프에는 매핑의 고조 외에 교육적으로 적절한 다른 발달 현상(다음 수준 공고화)도 나타나 있다. 즉, 어떤 수준에서 산수연산 관계나 진위판단 개념 같은 새로운 기능이 나타나도 그것이 공고화되어야만 몇 년 후 다음 수준에서 일관적으로 수행되는데, 이는 여러 요소가 통합되고 서로 관련되기 때문이다. 산수연구에서는 고조를 나타내는 두 개의 곡선이 16세 이후 몇 년간 일정 수준을 유지한 다음, 20세경에 다시 고조되어 훨씬 더 낫게 수행하였다. 그런 두 번째 고조는 인지발달에서 일반적인 현상이며 다음 수준, 즉 이 경우에는 추상체계(Ab3)의 출현을 반영한다. 새로운 수준이 나타날 때는 수행이 0 이상 도약하지만 일반적으로 완벽하지는 않다. 가령, 반성적 판단(복잡한 딜레마의 지식 기반을 설명하는)의 경우 어떤 수준이 처음 나타날 때에는 50% 정도 도약한 반면(Kitchener, Lynch, Fischer, & Wood, 1993), 다음 수준이 나타나는 5년 후에는 100%에 근접했다.

인지성장에서 나타나는 일련의 불연속성을 따라 10개 수준(3개 수준의 감각동작 행위와 〈표 8-1〉의 7개 수준)의 발달척도가 나타난다. 더욱이 이와 무관한 다른 방법으로도 〈표 8-1〉의 7개 수준과 동일한 척도가 있다는 증거가 제시되었다. Theo Dawson(Dawson & Wilson, 2004; Dawson-Tunik et al., 2005)은 이 분야의 선구자로, Rasch 분석을 이용해 인터뷰, 표준화 검사, 논문, 기타 문서 등 포괄적인 자료의 문항 난이도를 측정했다. 이들 자료에서 Rasch 척도법으로 동일한 7개 수준 척도를 찾아, 복잡성 수준으로 문항을 군집화하고 복잡성 척도에 따른 군집 간 차이를 제시했다. 군집화는 성인에게도 마찬가지였는데, 이는 연령이 문항배열 요인이 아니기 때문이다.

〈표 8-1〉을 보면 잇따른 발달수준은 일종의 사이클로, 새로운

인지수준이 시작될 때마다 수행 고조의 군집이 나타난다. 뉴런 생성과 이동이라는 공통의 과정을 통해 여러 피질층이 생기는 발달 사이클과 마찬가지로, 인지수준 역시 장기간에 걸친 공통의 발달과정을 통해 수준이 바뀔 때마다 질적으로 다른 새로운 기능구조가 나타난다.

이들 수준 안에 두 번째 성장 사이클도 나타난다. 즉, 요소를 통합하는 반복 패턴이 수준을 층(tier)으로 묶는다. 이 사이클은 코딩자들이 일반적인 실수(구체적 역할에 대한 5세아의 이야기와 추상적 역할에 대한 15세아의 이야기를 혼동한)를 했던 연구에서 처음 밝혀졌다 (Fischer & Elmendorf, 1986). 5세아들은 엄마와 자녀, 의사와 환자의 역할을 엄마-자녀라는 표준의 특정 상호작용에 국한하여 설명했다. 대신 15세아들은 엄마와 자녀, 의사와 환자의 역할을 광범위

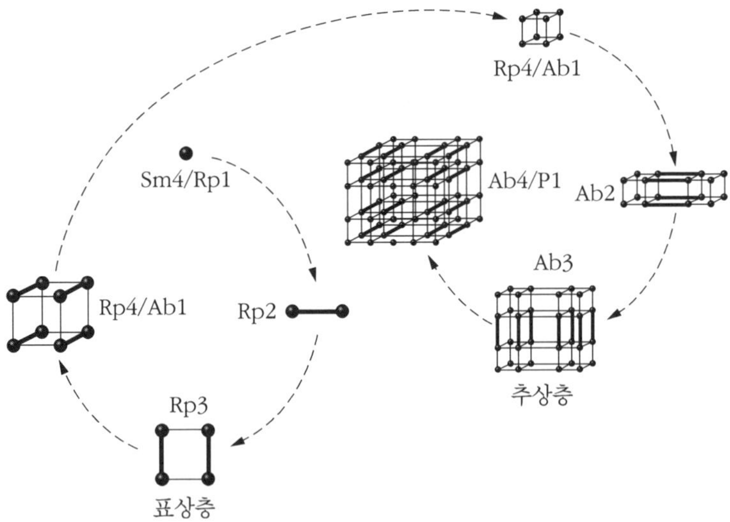

[그림 8-5] 표상층과 추상층의 발달 사이클

하고 추상적으로 설명했다. 그들은 특정 표본의 엄마-자녀 상호작용에만 국한되지 않고 일반 사회에서의 엄마-자녀 역할을 기술했다. 이런 유사성과 차이의 조합은 반복적인 기능수준 반복 사이클, 즉 층을 반영한다.

일반적으로 영아기에서 성인기까지의 발달은 최소한 세 번의 반복 사이클을 거친다. 각 사이클이나 층에서 아동이든 성인이든 처음에는 일단 단일 행동단위(감각동작층, 표상층, 추상층 각각에서 단일 동작, 단일 표상 또는 단일 추상)를 거친다(Fischer, 1980; Fischer & Bidell, 2006). 다음에는 최소한 두 개의 단위를 관련지어 동작, 표상 또는 추상의 매핑을 만든다. 그다음에는 최소한 두 개의 매핑을 통합하여 체계를 만든다. 마지막으로 한 층의 네 번째 수준에서 최소한 두 개의 체계를 통합해서 '체계의 체계'를 만들어 결국 새로운 단위가 생성된다. 가령, 감각동작 체계의 경우에는 단일 표상을, 표상체계의 경우에는 단일 추상을 생성한다. 추상체계일 경우에는 단일 원리를 생성한다(지금까지 단일 원리 이상의 새로운 수준이 출현했다는 증거는 없다.). [그림 8-5]에서는 이런 표상층과 추상층의 사이클을 건물의 블록에 비유해 설명하고 있다. 여기에서 표상을 상징하는 블록 하나가 좀 더 복잡한 새로운 종류의 블록을 만들어 추상적 사고능력을 갖추게 된다. 나는 이런 발달 사이클을 인지발달과 뇌발달의 보편적 현상으로 보고, 가설수준에서나마 이런 인지발달 사이클과 관련된 몇 가지 뇌발달 사이클을 제안하려 한다.

피질발달 사이클

뇌의 구조와 발달에 대한 연구는 대부분 단일 뉴런 및 시냅스의 기능과 같이 주로 부분적이고 미시적인 해부학과 생리학에 관심을 둔다. 하지만 교육과 접목하려면 발달에 따른 뇌의 기능과 변화를 포괄적으로 설명해야 할 것이다. 그간 뇌연구가 드문 편이었지만 현재 급속도로 증가하는 추세라서, 뇌발달에 대한 몇 가지 주요 사실을 확인하고 초보적인 뇌발달 사이클 모델을 정립할 정도의 결과는 충분한 상태다(Fischer & Rose, 1994).

뇌발달에 대해 처음 확인된 사실(많은 과학자와 교육자들이 아직 모르고 있으나)은 다른 신체 부위와 마찬가지로 뇌 전체나 부위에도 발달의 고조가 있다는 것이다(Blinkov & Glezer, 1968; Fischer & Rose, 1994; Lampl, Veldhuis, & Johnson, 1992; Noonan, Farnum, Leiferman, Lampl, Markel, & Wilsman, 2004; Thatcher, 1994). 소아과 차트에서 보는 부드러운 성장곡선은 많은 아동의 평균일 뿐, 사실 아동은 불규칙적으로 성장한다.

피질 두께, 시냅스 밀도, 피질의 전기활동, 피질 연결성을 비롯한 뇌 해부와 EEG 활동 측정치에서는 이런 불연속성이 분명했다. 이런 고조와 하강 패턴을 보이는 가장 간단한 특징 하나는 EEG 에너지로, 전기활동으로 생기는 곡선 아래 부분의 면적을 계산해서 구한다. 권위 있는 한 연구에서 Matousek과 Petersén(1973)은 스웨덴의 1~21세 피험자를 대상으로 EEG를 측정했다. [그림 8-6]에 제시된 바와 같이, 후두엽-두정엽 부위를 측정한 알파파 상대 에너지(어떤 피질 부위의 한 주파수 대역 에너지를 그 부위 전역의 에너지로 나눈)는 매우 체계적인 성장곡선으로 나타났다. 성장이 꾸준히 향상되면서도 산수, 반성적 판단, 기타 인지기능([그림 8-1], [그림 8-2], [그림 8-4] 참조)의 성장곡선을 연상시키는 고조([그림 8-6]에 검은 점으로 표시), 고원, 약간의 하강이 반복되었다(일부 주파수 대역, 특히 세타파와 델타파의 경우 성장곡선이 유사한 불규칙성을 보이면서 일관적으로 하강했다. 또 피질 부위에 따라 성장곡선의 모양이 달랐다. 가령, 후두엽보다 전전두엽에서 사춘기 고조가 훨씬 더 현저했다[Hudspeth & Pribram, 1992].).

[그림 8-6]과 〈표 8-1〉에 나타난 것처럼, 놀랍게도 EEG 에너지 고조 연령과 인지발달 고조 연령의 일치도가 높았다. 일치도가 아주 높아서 두 가지 역동적 성장과정이 서로 관련되어 있음을 시사해 준다. 처음에는 이 연구결과로 피질의 성장 고조가 새로운 기능의 출현을 반영한다는 간단한 뇌발달 가설을 설정했다. 그러나 뇌발달이

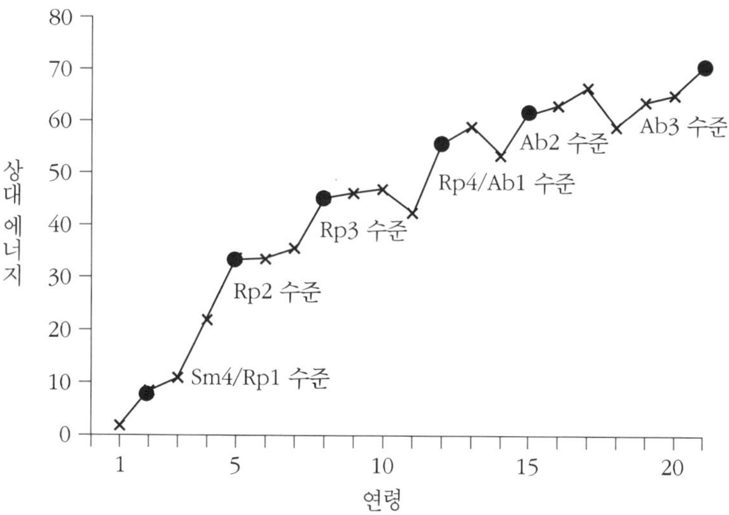

[그림 8-6] 후두엽-두정엽 부위의 알파파 상대 에너지 발달

나 인지발달 고조를 제시하는 대부분의 연구들이 두 가지 측정치 중 한 가지(뇌 또는 인지 중)만을 제시하고 있는데, 이는 결국 두 가지가 직접 관련됨을 검증한 자료가 거의 없음을 의미한다. 다행히도 몇몇 연구에서는 뇌와 인지 발달을 두루 측정해 뇌발달 가설을 지지하고 있지만(Bell & Fox, 1994; Bell & Fox, 1996; Stauder, 1999; van der Molen & Molenaar, 1994), 그 일치도를 제대로 검증하려면 추후 더 많은 연구가 이루어져야 한다.

이런 현상은 피질활동과 인지능력의 잇따른 고조가 서로 관련된다는 단순한 성장모델을 제안하지만, [그림 8-5]의 성장 사이클에 나타난 인지 재조직과의 관계뿐만 아니라 각 고조에서 뇌 재조직의 특성에 대해 의문을 제기한다. 내 동료들과 나는 기존의 연구, 특히 Thatcher(Hanlon, Thatcher, & Cline, 1992, 1994, 1999), Matousek과 Peterson(1973), Hudspeth과 Pribram(1990, 1992), Somsen (Somsen, Van 't Klooster, van der Molen, van Leeuwan, & Licht, 1997)의 연구를 기반으로 피질 네트워크 성장모델(네트워크 성장가설)을 도출했다. 이들 연구에서 중요한 다른 측정치는 EEG 에너지 외에도 두 부위의 전기파동 패턴의 상관인 EEG 동시성(coherence)이다. 상관 파동 패턴은 두 부위의 연결이 활성화됨을 나타낸 반면, 독립 파동 패턴은 두 부위의 연결이 활성화되지 않음을 나타낸다.

신경 네트워크 모델에서는 EEG와 기타 뇌영상 기술로 측정한 전반적인 피질의 모습을 설명해야 한다. [그림 8-7]은 위에서 본 뇌를 그린 것으로, 코는 머리 앞부분을 나타내고 회색 부위는 피질 네트워크에서 특히 중요한 전전두엽을 나타낸다. 피질의 각 부위에는 도표에 제시된 표준의 명칭을 붙였다. 즉, 좌반구와 우반구가 있고, 각 반구 안에 전전두엽(F), 중앙(C), 측두엽(T), 두정엽(P), 후두엽(O)

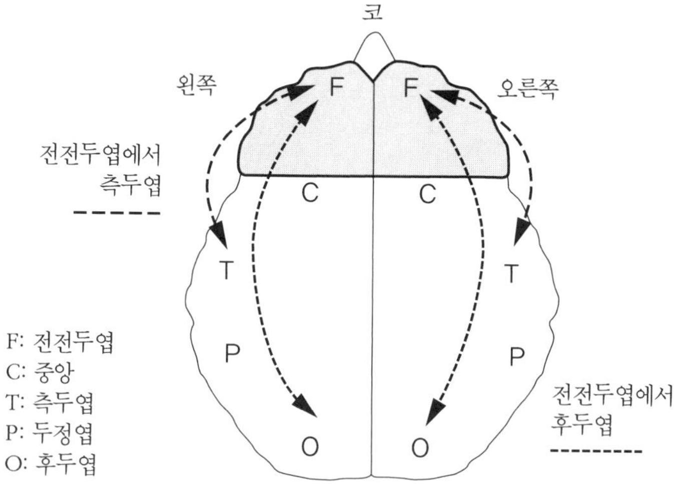

[그림 8-7] 피질의 네트워크 연결을 위에서 본 모습

이 있다. 여기에서 신경섬유(축색돌기)는 긴 화살표로 표시된 전전두엽-후두엽 연결처럼 서로 멀리 떨어진 부위를 연결하기도 한다. 전전두엽-전전두엽 연결처럼 동일 피질 내의 연결(별도로 표시하지 않음)뿐만 아니라 짧은 화살표로 표시된 전전두엽-측두엽 연결처럼 짧은 연결도 중요하다. 연구결과에서는 화살표로 표시된 것처럼 대부분의 활성 네트워크 연결이 반구 내에서 이루어지는 것으로 나타났다.

네트워크 성장가설에 따르면 [그림 8-6]에 나타난 에너지 변화는 신경 네트워크의 발달적 변화, 즉 네트워크를 재구성하고 재조정하는 사이클 과정에 기인한다. 이 성장과정은 Thatcher(Hanlon, Thatcher, & Cline, 1994, 1999)가 제시한 것과 유사하게 피질 부위를 체계적으로 이동해 간다. [그림 8-8]에는 6세와 10세경에 나타난 표상체계(Rp3)와 단일 추상(Ab1)의 인지수준이 제시되어 있다. 전

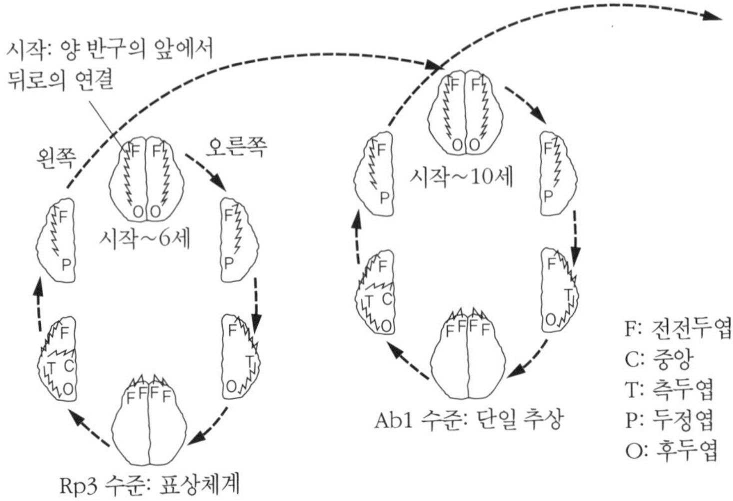

[그림 8-8] 잇따른 두 인지수준을 나타내는 피질 네트워크 사이클

전두엽이 그 과정을 주도하는데, 이는 경험적 증거에서 연령별 네트워크의 체계적 변화 대부분이 전전두엽과 다른 부위와의 연결로 나타났기 때문이다. Thatcher는 일정 기간 한 부위의 성장이 우세하지만 미미하나마 다른 부위도 발달 중이라 제안하였다. 또 도표의 경우 가설수준에서 규준 패턴을 제시한 것이지만, 사람마다 발달 사이클의 패턴이 다를 것이다. 가령, 연구에서는 남자와 여자 사이에도 분명한 차이가 나타났다(Hanlon et al., 1999).

도표의 윗부분을 보면 표상체계(Rp3) 수준의 발달이 시작될 무렵 다른 연결보다 앞에서 뒤(전전두엽-후두엽)로의 연결이 한층 더 활발했다. 우반구에서 시작된 주도적인 발달 부위는 몇 년에 걸쳐 점차 이동하고, 연결이 짧아지면서 발달 부위가 더 부분적이게 된다. 사이클의 중간, 즉 도표의 아래쪽에서는 주도적인 발달 부위가 전전두엽으로 이동하여 전전두엽의 발달이 가장 우세해진다. 다음에는 발달 부위가 좌측으로 이동하고, 처음에는 부분적이다가 가장 긴 전전두엽-후두엽 연결로 갈 때까지 점차 더 길어진다. 단일 추상(Ab1) 수준의 발달이 시작될 무렵 다시 그런 과정이 시작된다. 결국 단일 추상 수준이 끝나고 다음 수준인 추상 매핑(Ab2)이 시작될 때까지 단일 추상 수준의 네트워크를 재구성하는 사이클이 반복된다.

가설에 따르면 네트워크 사이클은 주요 기능의 고조 같은 특정 학습 및 발달 기간과 일치한다. Martha Ann Bell의 두 연구에서는 그 관련성(영아기의 주요 기능성장과 관련된 특정 피질 부위에서 동시성의 고조와 하강)이 일어났음을 정확히 제시했다(Bell, 1998; Bell & Fox, 1996). 기기(crawling)에 대한 Bell의 야심찬 연구에 따르면, 막 기기 시작한 영아들은 우반구의 전전두엽, 후두엽, 두정엽을 연결하는 동시성이 아주 높았다. 영아가 점점 잘 기게 되면서 동시성은 떨어졌다. 마찬가지로 한 사례연구에서는 영아의 옹알이가 활발할 무렵 좌반구의 전전두엽-측두엽 동시성이 아주 높았다.

물론 우반구로 언어처리를 하는 소수의 경우, 동시성의 성장 패턴이 다른 것은 당연하다. 마찬가지로 연령별 능력과 학습 패턴의 차이 역시 네트워크 성장가설에 기반을 둔 사이클 차이와 일치한다. 늦게 기는 영아의 경우 전전두엽-후두엽과 전전두엽-두정엽의 동시성 고조가 늦게 나타나는 것과 마찬가지로, 추상적 사고(Ab1과 그 이상)가 늦게 발달하거나 읽기를 늦게 배우거나 갑자기 스포츠를 열심히 배우는 아동의 경우 해당 부위의 동시성 성장에서 유사한 변화가 나타난다.

인지발달에서 인지수준이 나타나는 사이클은 층이라는 더 광범위한 사이클 안에 중첩된다([그림 8-5] 참조). 마찬가지로 가설에 따르면 [그림 8-8]에 제시된 네트워크 발달 사이클은 에너지, 동시성, 기타 층 관련 뇌 특징 등 더 포괄적인 발달 사이클 안에 중첩(중첩 네트워크 가설)된다. 가령, Hudspeth와 Pribram의 EEG 에너지 분석에서는 새로운 층이 생길 때 전전두엽의 에너지가 급증하는 것으로 나타났다(1990, 1992). 또 지금까지의 증거에 따르면 에너지 최고조가 체계적으로 이동한다. 더욱이 새로운 피질 네트워크 사이클로 이동함에 따라 특정 피질 연결들의 동시성 진동 패턴이 바뀐다(Thatcher, 1994). 현재로서는 네트워크 연결 및 기타 뇌 특성과 관련해 규명되지 않은 이동에 대해서는 최고조 이동과 동시에 일어날 것이라 추측할 뿐이다.

중첩 네트워크 가설에 따르면, [그림 8-9]에 나타난 대로 피질 네트워크 사이클의 층수준이 바뀌면서 특정 피질 부위의 최고 에너지가 체계적으로 변한다. 도표에서 최고 에너지 사이클 안에 피질 네트워크 사이클이 중첩됨을 주목해야 한다. 최고 에너지 부위는 전전두엽에서 시작되며, 아동의 수준이 바뀌면서 장기간에 걸쳐 곳곳으로 이동해 간다. [그림 8-9]의 모델은 이용 가능한 몇몇 자료와 잘 부합된다. 즉, 최고 에너지 부위는 전전두피질에서 점차 전전두피질, 후두엽, 두정엽, 중앙 부위, 측두엽으로 이동한 후 다시 중앙 부위, 두정엽, 후두엽, 전전두피질로 이동해 간다. 그러므로 처음에 최고점(그림의 오른쪽)이 우반구에 집중되었다가 좌반구로 이동한다는 가설이 적절하다. 하지만 출판된 대부분의 자료에는 이런 사항을 검증할 만한 정보가 없다. 추측컨대, 이런 중첩 사이클은 [그림 8-8]의 네트워크 발달 사이클과 마찬가지로 사회-정서 문제의 처리나 일부 기능 같은 특정 행동 패턴과 일치하는 것 같다.

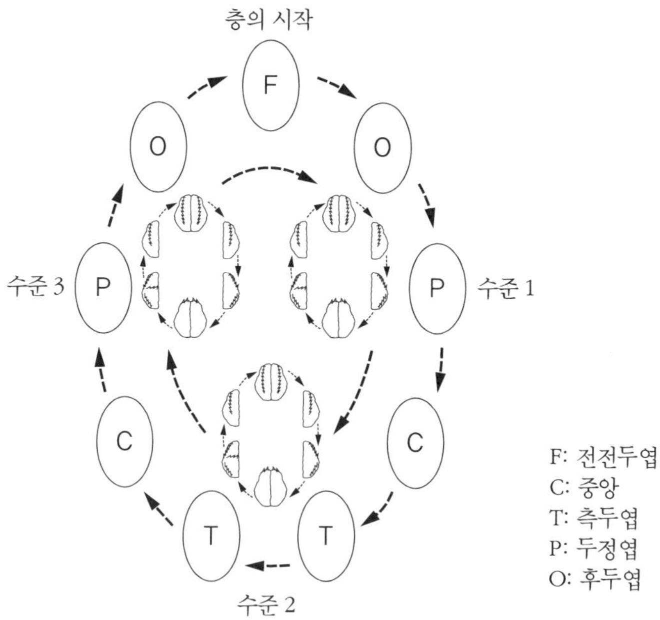

[그림 8-9] 중첩 네트워크 사이클에서 층의 최고 에너지 사이클

학습 사이클: 뒤쪽으로의 성장과 미시발달

기능척도와 함께 역동적 성장 패턴에서는 'MBE' 연구에 적합한 몇 가지 방법을 도출하였다. 즉, 뇌발달과 인지발달을 관련짓는 연구를 가능케 할 뿐만 아니라 학습, 교수, 교육과정, 기타 인지적 수행과 산출물을 측정할 척도(교육 측정, 평가 및 실제에서 광범위하게 활용될)를 제공해 주기도 한다(Dawson-Tunik & Stein, 출판 중; Schwartz & Fischer, 2005). 그 용도를 설명하기 위해, 여기에서는 미시발달(학교에 있는 동안의 기능성장)인 교실학습을 분석하는 데 관심을 둘 것이다.

학생의 기능수준 분석에서는 학생의 수행에서 많은 증가와 하강이 나타나 역동적 변화를 보였다. 이런 변화 패턴은 기능 형성 사이클을 반영하며, 이때 과제 특성은 영역에 대한 학생의 전문성 수준과 상호작용한다. 그 패턴에서는 일반 지식(구체적 '사실'의 학습과 반대되는) 형성이 느리고 힘든 것으로 나타났다. 여러 연구에서는 많은 고등학교와 대학에서 배운 지식(남북전쟁의 원인, 물리학에서 에너지의 개념, 진화의 증거분석, 논설문 쓰기)을 숙달하려면 한 학기나 1년 이상이 걸리는 것으로 나타났다(Fischer et al., 2003; Salomon & Perkins, 1989).

이런 모든 과제와 기타 어떤 영역에서든 기능척도로 수행과 학습을 측정하기 때문에, 영역과 과제는 다른 수행을 단일 측정치로 비교할 뿐만 아니라 어떤 수행이든 측정할 수 있다. 몇 개월에 걸친 학습(자성에 대한 중학생의 과학학습, 통계분석을 위한 대학원생의 컴퓨터 활용법 등)연구에서, 우리는 학습이 반복적인 파동으로 일어남을 발견했다(Granott, 2002; Schwartz & Fischer, 2005; Yan & Fischer, 2002). 즉, 학생이 통계분석을 할 때 컴퓨터 활용 같이 낮은 수준의 과제 이해나 수행에서 시작하고, [그림 8-10]과 같이 동작에서 표상으로, 표상에서 추상으로 나아가면서 일단 한 상황에서 기능을 점차 다져간다. 하지만 상황변화나 기타 수백 가지 이유로 인해 이해가 하강할 수 있다. 그다음에는 다시 지식을 쌓아 단기간 유지하지만 한 번 더 하강한다. 학생이 새로운 기능을 익히거나 새로운 무언가를 이해해야 할 때 이런 과정이 여러 번 반복되어 부챗살 모양의 학습 패턴이 나타난다.

이런 하강이 문제를 의미하는 것은 아니다. 오히려 그것은 정상적이고 필수적인 현상으로 기능을 다양하게 구축하고 재구축할 필요

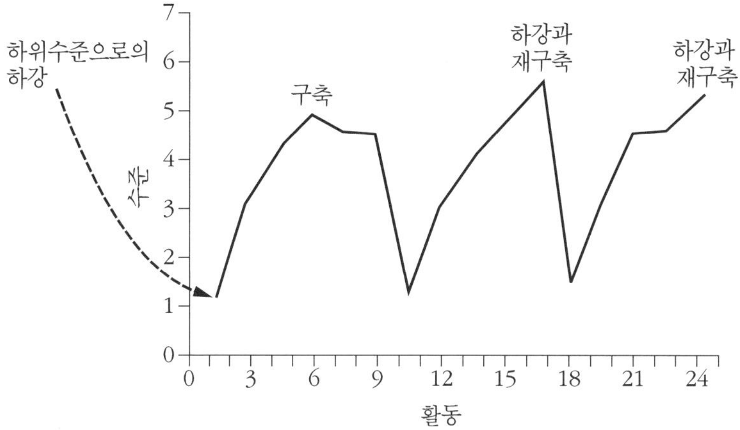

[그림 8-10] 부챗살 모양의 새로운 기능 형성과정. 1~3수준은 감각동작과 관련되고 7 이상은 추상과 관련된다.

성을 반영하는데, 그로 인해 상황이나 상태가 바뀌더라도 기능이 유지된다. 일반적으로 어떤 과제에 숙달하려면 [그림 8-10]에 나타난 바와 같이 표상의 첫 수준이나 심지어 감각동작 수준(영아의 행위와 비슷한 수준)까지 하강해야 하며, 그런 과정에서 과제나 상황의 감각동작 특성을 파악할 수 있다. 그처럼 초보수준까지 떨어져 우리의 지적 적응력이 아주 유연해지는데, 그때 다양한 과제에서 성공하는데 필요한 새로운 감각동작 패턴을 배우기 때문이다. 새로운 과제를 수행해야 할 때 낮은 인지수준까지 하강하는 것은 지능의 필수적인 부분이다.

하지만 학습 상황에서 부챗살 모양은 기간의 일부 시점에서만 나타난다. 즉, [그림 8-1]에 나타난 것처럼 학습과정의 중간쯤 나타난다. 학생이 초보자(그들이 해야 할 과제가 낯설거나 부담스러울)일 때는 [그림 8-10]에서보다 수행의 변동이 훨씬 더 크다(Yan & Fischer,

2002). 몇 가지 활동에서 모두 고차적 기능에 이르는 것도 아니고, 기능을 습득했다 하더라도 비교적 복잡한 기능은 쉽게 하강한다. [그림 8-11]의 맨 위 성장곡선에서처럼 초보자의 수행은 혼란스럽게 위아래로 요동친다. 그들이 과제에 대한 지식이 조금 생기면 가운데 부챗살([그림 8-11]의 가운데 그래프와 [그림 8-10]의 그래프) 모양으로 바뀌는데, 이때는 고차적 수준을 좀 더 오래 유지할 수 있지만 여전히 주기적으로 급강한다. 일정 기간(보통 몇 개월이나 몇 년이 될 수도 있음) 과제에 착수하면 [그림 8-11]의 맨 아래 곡선처럼 안정되고 고차적으로 수행하는 전문가가 된다. 그래프에 나타난 것처럼 안정된 수준에 이르기 전에는 전문가라 할지라도 특성 파악을 위한 과제 탐색기간이 필요하다. 복잡한 수준에서는 그들도 하강하지만 보통은 일시적이다.

이처럼 학습은 고차적 지식수준으로 성장해 가는 것만이 아니라 일종의 사이클 과정으로 구축과 재구축을 되풀이한다. 학생의 기능이 혼란스럽게 요동치다가 반복적으로 재구축되면서 마침내 안정된

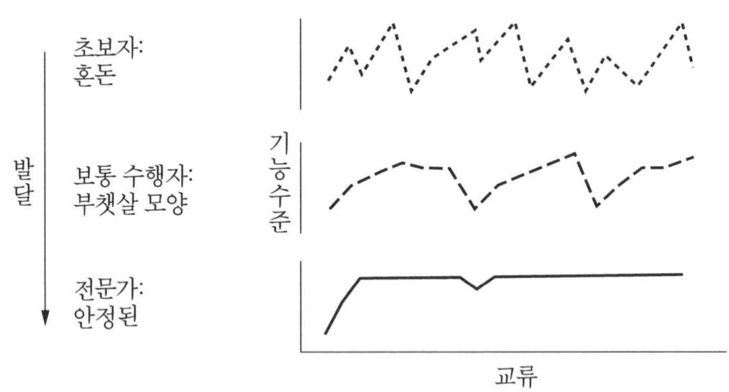

[그림 8-11] 과제학습 시 성장곡선: 초보자, 보통 수행자, 전문가

전문가 수준에 이른다. 이런 분석은 기능 복잡성 척도가 학습과 기타 교육활동을 어떻게 설명해 주는지에 대한 한 예일 뿐이다. 아마 앞으로는 학습이 진행될 때의 뇌활동을 분석할 수도 있고, 뇌활동 변화와 기능 또는 전문성 정도의 관계에 대한 질문을 제기할 수도 있을 것이다. 또한 미시발달인 학습이 진행되는 동안의 뇌발달 사이클도 분명해질 것이다.

성장 사이클의 교육적 시사점

인지발달 사이클과 측정을 교육평가에 접목하려는 연구는 인지과학적 연구결과가 교육 연구 및 실제와 직결되는 한 예일 뿐이다. 그럼에도 불구하고 뇌발달 사이클을 교육에 접목시켜 성과를 거두기는 요원하다. 하지만 언젠가는 뇌발달 사이클과 학습 패턴을 직결시켜 학습과정을 조명할 것이고, 특히 개인이나 상황에 따른 차이는 더욱 그러할 것이다. 가령, 가설수준에서 피질 네트워크 사이클의 차이는 공간추리, 수학, 문해기능 같은 특정 영역의 학습 효과나 동기의 차이와 관련될 것이다.

하지만 현재 뇌발달 연구를 교육에 접목시키려는 시도는 심각한 우려를 자아내는데, 그것은 '적용' 과정에서의 경솔함과 과도함 때문이다(Bruer, 이 책; Fischer et al., 2007). 저널리스트, 교육자, 심지어 뇌과학자마저 뇌연구 결과로부터 교육적 '시사점'을 너무 쉽게 도출하고 있다. 그런데 그것은 보통 직감적 추측에 불과할 뿐이다. 1970년대와 1980년대에 이런 종류의 과도하고 위험한 예 하나가 있었는데, 그때 몇몇 과학자들이 처음으로 머리 성장 고조(Epstein, 1974)와 뇌활동 성장 고조(Fischer & Rose, 1994; John, 1977)에 대한 증거를 제시했다. 그 후 얼마 안 되어 일부 과학자들과 교육자들은 자료에서 지지하지도 않은 비약적 결론, 예컨대 뇌성장 고조 사이의 고원기 간에는 새로운 것을 배울 수 없다는 결론을 도출했다. 심지어 그들은 뇌성장 고원기에는 새로운 개념을 도입하지 않도록 교육과정을 바꿔야 한다고 제안할 정도였다(Epstein, 1978; Fischer & Lazerson, 1984). 학교 수행과 학습 관련 자료를 비롯한 인지적 증거에서는 그런 견해를 지지하지 않았지만, 북미의 많은 학교체제에서는 그 제안을 진지하게 고려했다. 왜냐하면 이는 지지자들이 그 결과가 뇌과학에서 나온 것이라고 주장했기 때문이다. 우리 몇몇은 그런 과도한 주장이 사라질 때까지 그처럼 그럴듯한 주장에 분전했다.

또 다른 오류의 예는 뇌발달의 결정적 시기에 대한 증거로부터 말하기, 읽기, 산수의 학습 가능 시점을 비약적으로 도출한 것이다(Bailey, Bruer, Symons, & Lichtman, 2001; Snow & Hoefnagel-Hohle, 1978). 이 주장 역시 철저한 연구결과의 지지를 받지 못한 불합리한 결론이다.

MBE 연구자와 교육자들은 교육 실제를 위한 결론을 도출할 때 정규과학의 경고를 고려해야 한다. 즉, 학습과 수행을 측정한 직접적인 증거(뇌와 행동이 관련되며 나아가 행동이 교육 실제와 관련된다는)가 제시될 때까지 뇌연구에서 교육적 시사점으로의 비약은 삼가야 한다. 가령, 뇌와 인지발달 사이클은 학습과 교육 실제를 조명해 줄 가능성이 높다. 그것은 이들 사이클이 학생의 학습 패턴과 차이를 분석하고 교육중재를 최적화하는 강력한 방법을 제공해 주기 때문이다. 인지발달 사이클 연구에서는 이미 영역별·개인별 학습 패턴을 평가·비교하고 이를 교수 및 교육과정과 관련지어 성과를 얻고 있다. 하지만 현 수준의 지식으로는 뇌발달 사이클로 교육 실제를 추정해서는 안 된다. 마음, 뇌, 교육을 접목하려면 연구자와 실무자들의 상호작용을 기반으로 인지과학, 생물학, 교육의 상호관계가 구축되어야 한다. 그런 관계가 구축되면서 과학적 연구결과가 교육 실제를 발전·심화시키며, 동시에 교육 실제에서 나온 문제의식과 통찰도 뇌과학과 인지과학을 발전·심화시킬 것이다.

참고문헌

Bailey, D. B., Jr., Bruer, J. T., Symons, F. J., & Lichtman, J. W. (eds.) (2001). *Critical Thinking About Critical Periods.* MD: Paul H. Brookes Publishing.

Bell, M. A. (1998). The ontogeny of the EEG during infancy and childhood: Implications for cognitive development. In B. Garreau (ed.), *Neuroimaging in Child Psychiatric Disorders* (pp. 97-111). Berlin: Springer-Verlag.

Bell, M. A. & Fox, N. A. (1994). Brain development over the first year of life: Relations between electroencephalographic frequency and coherence and cognitive and affective behaviors. In G. Dawson & K. W. Fischer (eds.), *Human Behavior and the Developing Brain* (pp. 314-345). New York: Guilford Press.

_______ (1996). Crawling experience is related to changes in cortical organization during infancy: Evidence from EEG coherence. *Developmental Psychobiology, 29*, 551-561.

Bidell, T. R. & Fischer, K. W. (1992). Cognitive development in educational contexts: Implications of skill theory. In A. Demetriou, M. Shayer, & A. Efklides (eds.), *Neo-Piagetian Theories of Cognitive Development: Implications and Applications for Education* (pp. 9-30). London: Routledge & Kegan Paul.

Blinkov, S. M. & Glezer, I. I. (1968). *The Human Brain in Figures and Tables.* New York: Plenum Press.

Case, R. (1998). The development of conceptual structures. In D. Kuhn & R. S. Siegler (eds.), and W. Damon (Series ed.), *Handbook of Child Psychology: Vol. II. Cognition, Perception, and Language.* New York: Wiley.

Coch, D., Fischer, K. W., & Dawson, G. (eds.) (2007). *Human Behavior, Learning and the Developing Brain: Normal Development* (2nd edn.). New York: Guilford.

Dawson, G. & Fischer, K. W. (eds.) (1994). *Human Behavior and the Developing Brain.* New York: Guilford Press.

Dawson, T. & Wilson, M. (2004). The LAAS: A computerizable scoring system for small- and large-scale developmental assessment. *Educational Assessment, 9*, 153-191.

Dawson-Tunik, T. L., Common, M., Wilson, M., & Fischer, K. W. (2005). The shape of development. *European Journal of Developmental Psychology, 2*, 163-195.

Dawson-Tunik, T. L. & Stein, Z. (in press). Cycles of research and application in science education. In K. W. Fischer & T. Katzir (eds.), *Building Usable Knowledge in Mind, Brain, and Education.* Cambridge: Cambridge University Press.

Epstein, H. T. (1974). Phrenoblysis: Special brain and mind growth periods. *Developmental Psychobiology, 7*, 207-224.

_______ (1978). Growth spurts during brain development: Implications for educational policy and practice. In J. S. Chall & A. F. Mirsky (eds.), *Education and the Brain (Yearbook of the NSSE).* Chicago: University of Chicago Press.

Fischer, K. W. (1980). A theory of cognitive development: The control and construction of hierarchies of skills. *Psychological Review, 87*, 477-531.

Fischer, K. W. & Bidell, T. R. (1998). Dynamic development of psychological structures in action and thought. In R. M. Lerner (ed.) & W. Damon (Series ed.), *Handbook of Child Psychology: Vol. I. Theoretical Models of Human Development* (5th edn., pp. 467-561). New York: Wiley.

_______ (2006). Dynamic development of action, thought, and emotion. In R. M. Lerner (ed.) & W. Damon (Series ed.), *Handbook of Child Psychology: Vol. I. Theoretical Models of Human Development* (6th edn., pp. 313-399). New York: Wiley.

Fischer, K. W. & Elmendorf, D. (1986). Becoming a different person: Transformations in personality and social behavior. In M. Perlmutter (ed.), *Cognitive Perspectives on Children's Social Development. Minnesota Symposium on Child Psychology, 18*, 137-178. Hillsdale, NJ: Erlbaum.

Fischer, K. W., Immordino-Yang, M. H., & Waber, D. P. (2007). Toward a grounded synthesis of mind, brain, and education for reading disorders: An introduction to the field and this book. In K. W. Fischer, J. H. Bernstein, & M. H. Immordino-Yang (eds.), *Mind, Brain, and Education in Reading Disorders* (pp. 3-15). UK: Cambridge University Press.

Fischer, K. W., Kenny, S. L., & Pipp, S. L. (1990). How cognitive processes and environmental conditions organize discontinuities in the development of abstractions. In C. N. Alexander & E. J. Langer (eds.), *Higher Stages of Human Development: Perspectives on Adult Growth* (pp. 162-187). New York: Oxford University Press.

Fischer, K. W. & Lazerson, A. (1984). Research: Brain spurts and Piagetian periods. *Educational Leadership, 41*(5), 70.

Fischer, K. W. & Rose, S. P. (1994). Dynamic development of coordination of components in brain and behavior: A framework for theory and research. In G. Dawson & K. W. Fischer (eds.), *Human Behavior and the Developing Brain* (pp. 3-66). New York: Guilford Press.

Fischer, K. W., Yan, Z., & Stewart, J. (2003). Adult cognitive development: Dynamics in the developmental web. In J. Valsiner & K. Connolly (eds.), *Handbook of Developmental Psychology* (pp. 491-516). Thousand Oaks, CA: Sage.

Granott, N. (2002). How microdevelopment creates macrodevelopment: Reiterated sequences, backward transitions, and the zone of current development. In N. Granott & J. Parziale (eds.), *Microdevelopment: Transition Processes in Development & Learning* (pp. 213-242). Cambridge: Cambridge University Press.

Granott, N., Fischer, K. W., & Parziale, J. (2002). Bridging to the unknown: A transition mechanism in learning and problem-solving. In N. Granott & J. Parziale (eds.), *Microdevelopment: Transition Processes in Development and Learning* (pp. 131-156). Cambridge: Cambridge University Press.

Hanlon, H. W., Thatcher, R. W. & Cline, M. J. (1999). Gender differences in the development of EEG coherence in normal children. *Developmental Neuropsychology, 16*, 479-506.

Hudspeth, W. J. & Pribram, K. H. (1990). Stages of brain and cognitive maturation. *Journal of Educational Psychology, 82*, 881-884.

_______ (1992). Psychophysiological indices of cerebral maturation. *International Journal of Psychophysiology, 12*, 19-29.

John, E. R. (1977). *Functional Neuroscience. Vol. II: Neurometrics.* NJ: Erlbaum.

Kitchener, K. S., Lynch, C. L., Fischer, K. W., & Wood, P. K. (1993).

Developmental range of reflective judgment: The effect of contextual support and practice on developmental stage. *Developmental Psychology, 29*, 893-906.

Lampl, M., Veldhuis, J. D., & Johnson, M. L. (1992). Saltation and stasis: A model of human growth. *Science, 258*, 801-803.

Matousek, M. & Petersén, I. (1973). Frequency analysis of the EEG in normal children and adolescents. In P. Kellaway & I. Petersén (eds.), *Automation of Clinical Electroencephalography* (pp. 75-102). New York: Raven Press.

Molenaar, P. C. M. (2004). A manifesto on psychology as idiographic science: Bringing the person back into scientific psychology, this time forever. *Measurement, 2*, 201-218.

Noonan, K. J., Farnum, C. E., Leiferman, E. M., Lampl, M., Markel, M. D., & Wilsman, N. J. (2004). Growing pains: Are they due to increased growth during recumbency as documented in a lamb model? *Journal of Pediatric Orthopedics, 24*, 726-731.

Piaget, J. (1983). Piaget's theory. In W. Kessen (ed.) & P. H. Mussen (Series ed.), *Handbook of Child Psychology:* Vol. Ⅰ. *History, theory, and methods* (pp. 103-126). New York: Wiley.

Rakic, P. (1971). Guidance of neurons migrating to the fetal monkey neocortex. *Brain Research, 33*, 471-476.

_______ (1988). Specification of cerebral cortical areas. *Science, 241*, 170-176.

Reznick, J. S. & Goldfield, B. A. (1992). Rapid change in lexical development in comprehension and production. *Developmental Psychology, 28*, 406-413.

Ruhland, R. & Van Geert, P. (1998). Jumping into syntax: Transitions in the development of closed class words. *British Journal of Developmental Psychology, 16*(Pt 1), 65-95.

Salomon, G. & Perkins, D. N. (1989). Rocky roads to transfer: Rethinking mechanisms of a neglected phenomenon. *Educational Psychologist, 24*, 185-221.

Schwartz, M. S. & Fischer, K. W. (2005). Building general knowledge and skill: Cognition and microdevelopment in science learning. In A. Demetriou & A. Raftopoulos (eds.), *Cognitive Developmental Change: Theories, Models, and Measurement*. UK: Cambridge University Press.

Siegler, R. S. (1997). *Children's Thinking* (3rd ed.). NJ: Prentice-Hall.

Snow, C. E. & Hoefnagel-Hohle, M. (1978). The critical period for language acquisition: Evidence from second language learning. *Child Development, 49*, 1114-1128.

Somsen, R. J. M., van 't Klooster, B. J., van der Molen, M. W., van Leeuwen, H. M. P., & Licht, R. (1997). Growth spurts in brain maturation during middle childhood as indexed by EEG power spectra. *Biological Psychology, 44*, 187-209.

Stauder, J. E. A. M., Peter, C. M., & van der Molen, M. W. (1999). Brain activity and cognitive transition during childhood: A longitudinal eventrelated brain potential study. *Child Neuropsychology, 5*, 41-59.

Thatcher, R. W. (1992). Cyclic cortical reorganization during early childhood. special Issue: The role of forntal lobe maturation in cognitive and social development. *Brain & Cognition, 20*(1), 24-50.

_______ (1994). Cyclic cortical reorganization: Origins of human cognitive development. In G. Dawson & K. W. Fischer (eds.), *Human Behavior and the Developing Brain* (pp. 232-266). New York: Guilford Press.

van der Molen, M. W. & Molenaar, P. C. M. (1994). Cognitive psychophysiology: A window to cognitive development and brain maturation. In G. Dawson & K. W. Fischer (eds.), *Human Behavior and the Developing Brain* (pp. 456-490). New York: Guilford.

Yan, Z. & Fischer, K. W. (2002). Always under construction: Dynamic variations in adult cognitive development. *Human Development, 45*, 141-160.

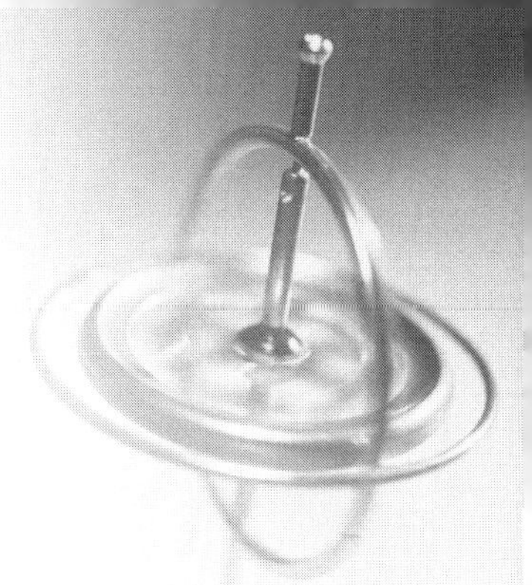

제9장 뇌기제와 고차적 기능 학습

Michel I. Posner, Mary K. Rothbart, & M. Rosario Rueda

개 관

뇌영상과 유전자 서열 같은 의미 있는 과학적 기여 덕분에, 과학자들과 교육학자들은 인지기능과 정서기능 획득에서 나타나는 개인차를 이해하게 되었다. 아동과 성인의 주의 관련 뇌기제 연구에서는 경계, 지향, 실행적 통제(갈등 해결 시)를 담당하는 세 가지 독립적인 뉴런 네트워크를 제시했다. 저자들의 주의 네트워크 검사에서는 이런 세 체계 각각의 효율성을 평가하고 분명한 개인차를 제시했는데, 이는 아동의 행동조절능력 평가와 관련된다. 이런 조절능력에 영향을 주는 요인들 중 두 유전자는 신경전달물질인 도파민과 관련된다. 도파민은 전대상에 있는 주의 네트워크 결절(結節, node)의 작용 및 활성화와 관련된다. 주의조절은 유아기 이후 학습뿐만 아니라 사회화와 공감에 중요하다. 주의조절 및 그것과 학습의 관계에 대한 지식은 교사와 부모들에게 아주 유용한 정보가 될 것이다.

–편집자–

두 가지 주요 발달 덕분에 우리 뇌의 공통 네트워크를 사람들의 개인차에 대한 논의와 관련지을 가능성이 크게 높아졌다. 첫째, 신경영상의 발달로 우리는 사람이 생각하는 동안 뇌 안을 들여다볼 수 있게 되었다(Posner & Raichle, 1994). 여기에 두개골 외부에서 전기나 자석으로 기록하는 방법이 결합되면서 과제의 계산 측면에 관여하는 회로를 실시간으로 볼 수 있게 되었다. 이런 기술 중 일부는 오랫동안 접해 왔지만, 기능적 뇌 해부도의 부분영상을 찍어낸 것은 1950년대 이후에야 가능했다.

20세기 초 Santiago Ramón y Cajal(1937)은 처음으로 세포를 관찰하였다. 오늘날 우리의 뇌 관찰은 이런 신경세포의 작용에 의존한다. 즉, 뉴런이 활동하면 그 부위의 혈액공급이 달라진다. 이로써 뇌 부위의 혈액공급 변화를 측정하여 인지과정 동안 활성화되는 뇌 부위를 추적하게 되었다.

20세기 말 두 번째 주요 발달은 인간의 전체 유전자 서열을 밝히게 된 것이다(Venter et al., 2001). 이제 뇌 네트워크의 기능 해부도를 연구할 수 있을 뿐만 아니라 기능을 습득하고 수행할 때 이들 네트워크의 활용 가능성이 유전적 차이에 따라 어떻게 다른지를 검토할 수 있게 되었다. 하지만 유전형질이 수행으로 바뀌는 경로는 결코 간단치 않고 뇌 네트워크 자체에 대한 이해와도 무관하지 않을 것이다. 종합적으로 이런 발달 덕분에 학교에서 성공하는 데 필요한 사고, 정서 및 행동 조절의 기반이 되는 네트워크를 검토하게 되었다.

주의 네트워크

기능영상은 많은 인지 과제를 그로 인해 활성화되는 뇌 부위로 분석하게 되었고, 그중 주의연구가 이런 연구의 주를 이룬다(Corbetta & Shulman, 2002; Driver, Eimer, & Macaluso, 2004; Posner & Raichle, 1994). 영상자료에서는 주의의 여러 측면과 관련된 세 네트워크가 존재함을 지지하였다. 이들 네트워크는 경계, 지향 및 실행적 통제 기능을 수행한다(Posner & Raichle, 1994). 세 네트워크와 관련된 해부학적 구조와 신경전달물질은 〈표 9-1〉에 요약하여 제시하였다.

경계는 유입되는 자극에 민감한 상태가 되어 그것을 유지하는 것이다. 지향은 감각입력 자료로부터 정보를 선택하는 것이다. 그리고 실행적 통제는 사고, 감정, 반응 간의 갈등을 모니터하고 해결하는 기제와 관련된다. 경계체계는 전두엽과 두정엽뿐만 아니라 시상과

〈표 9-1〉 세 가지 주의 네트워크 각각과 관련된 해부학적 구조와 신경전달물질

기능	구조	신경전달물질
경계	청반 우반구 전두엽과 두정엽	노르에피네프린
지향	상측 두정엽 측두두정 결합부 전두안구영역 상구	아세틸콜린
실행적 통제	전대상 복외측 전전두피질 기저신경절	도파민

관련된다. 특히 효과적으로 경계를 높이려면 목표물에 앞서 경고신호를 활용해야 한다. 경고신호가 경계수준에 미치는 영향은 신경전달물질인 노르에피네프린에 의한 신경활동 조절에 기인한 것으로 보인다(Marrocco & Davidson, 1998).

지향은 감각신호의 근원에 주의를 배분하는 것과 관련된다. 지향은 눈이 움직이면서 주의가 이동할 때처럼 겉에서 보일 수도 있고, 눈을 움직이지 않아 눈에 띄지 않고 이루어질 수도 있다. 시각사태의 경우 지향체계는 상측 두정엽과 측두두정 결합부를 비롯한 후측 뇌영역 및 전두안구영역과 관련된다(Corbetta & Shulman, 2002). 어디에서 목표물이 나타날지에 대한 단서를 제시하여 단서가 있는 곳으로 주의를 안내함으로써 지향을 조절할 수 있다(Posner, 1980). 사건 관련 fMRI 연구에서는 상측 두정엽이 단서 제시 후의 지향과 관련됨을 제시하고 있다(Corbetta & Shulman, 2002). 인간의 상측 두정엽은 원숭이의 외측 두정내영역(lateral intraparietal area: LIP)과 밀접한 관련이 있는데, LIP는 눈 움직임을 일으키는 것으로 알려진 영역이다(Andersen, 1989). 단서가 없는 곳에서 목표물이 나타나서 단서에 대한 주의를 거두어 새로운 곳으로 주의를 전환할 경우에는 측두두정 결합부가 활성화된다(Corbetta & Shulman, 2002). 하측 두정엽과 상측 측두엽의 손상은 항상 지향곤란과 관련된다(Karnath, Ferber, & Himmelbach, 2001).

주의의 실행적 통제는 다양한 버전의 스트룹(stroop) 과제 같은 갈등 관련 과제로 연구되곤 한다. 스트룹 과제에서 피험자들은 단어의 이름이 아닌 색깔에 반응해야 한다(Bush, Luu, & Posner, 2000). 스트룹 과제에서 갈등을 해결할 때는 정중 전두부(전대상)와 외측 전전두피질이 활성화된다(Botvinick, Braver, Barch, Carter, & Cohen,

2001; Fan, Flombaum, McCandliss, Thomas, & Posner, 2003). 주변의 수반자극(목표물과 일치하든 일치하지 않든)과 중앙의 목표물 사이에서 갈등할 때 이 네트워크가 활성화된다는 증거도 제시되었다(Botvinick et al., 2001; Fan et al., 2003). 실험 과제로 실행적 주의 네트워크 내에 있는 여러 영역의 기능을 구분할 수도 있다(Mcdonald, Cohen, Stenger, & Carter, 2000). 최근의 신경영상 연구에서는 실행적 주의 네트워크가 지능의 기반이 되는 다양한 인지 과제(Duncan et al., 2000)뿐만 아니라 긍정적·부정적 정서의 조절(Beauregard, Levesque, & Biurgouin, 2001; Ochsner et al., 2001)과 관련된 것으로 나타났다.

개별성

그간 주의연구는 대부분 일반 능력과 관련되거나 혹은 뇌손상이나 병리가 주의에 미치는 영향과 관련된 것이었다. 그러나 일반아라 하더라도 감각사건에 주의를 기울이는 능력은 각기 다르며, 사고훈련을 하느라 장기간 집중할 때에는 그 차이가 더욱 뚜렷하다. 이런 개인차를 연구하기 위해 우리는 위에서 설명한 세 가지 주의 네트워크의 효율성을 측정할 주의 네트워크 검사(Attention Network Test: ANT; [그림 9-1] 참조)를 개발했다(Fan, McCandliss, Sommer, Raz, & Posner, 2002).

그 자료에서는 경계, 지향, 실행 네트워크 각각에 해당하는 개인의 능력을 세 개의 수로 제시한다. 정상인 40명을 표본으로 했을 때, 반복검사에서 각각의 지표가 신뢰성 있는 것으로 나타났다. 더욱이

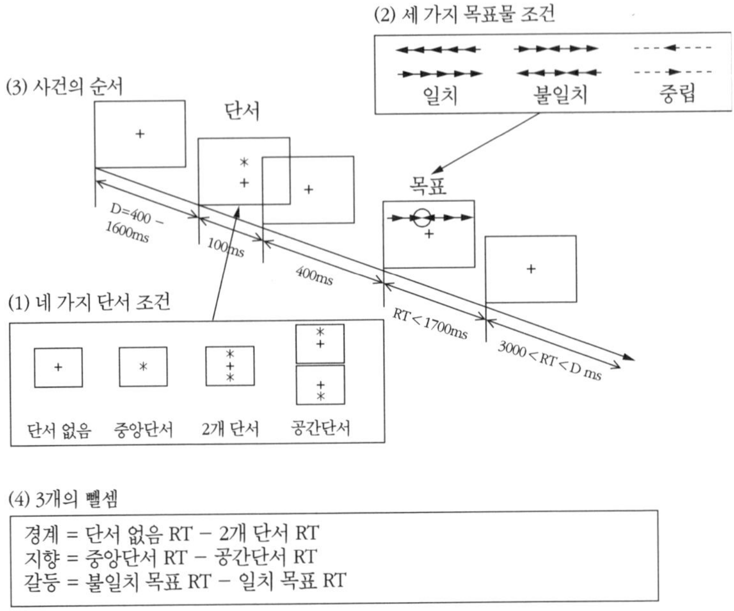

[그림 9-1] 세 가지 주의 네트워크의 개인차를 연구하기 위해 Fan 등(2002)이 개발한 ANT 그림. 세 주의 네트워크는 (1) 네 가지 단서조건, (2) 세 가지 목표물 조건, (3) 사건의 순서, (4) 각 네트워크의 효율성을 구하는 뺄셈이다.

세 네트워크 점수 간에는 상관이 없었다.

주의에 대한 성인들의 개인차를 측정할 경우, 주의의 유전 가능성 정도에 대한 문제가 제기된다. 이런 논쟁점을 해결하기 위해 주의 네트워크 검사를 이용해 26쌍의 일란성 동성 쌍생아와 26쌍의 이란성 동성 쌍생아를 연구했다(Fan et al., 2001). 실행 네트워크 측정치에 대한 일란성 쌍생아 간의 상관이 높은 것으로 나타났다. 여기에서 실행 네트워크의 유전 가능성 추정치는 0.89이었다. 소표본이다 보니 95% 신뢰구간의 유전 가능성 추정치는 0.3~0.9 범위였다. 그럼에도 불구하고 이 자료는 실행 네트워크의 작용 효율성에서 유전자가 하는 역할을 지지해 준다.

우리는 이들 네트워크 효율성과 관련된 후보 유전자를 찾는 방법으로 실행 네트워크와 도파민의 관계를 이용했다(Fossella et al., 2002). 이를 위해 200명을 대상으로 ANT를 실시하는 한편, 각 신경전달물질과 관련된 유전자의 동질다상(同質多像) 빈도를 검사하기 위해 그들의 유전자를 기록했다. 우리는 DRD4와 MAOA 유전자가 도파민과 의미 있게 관련됨을 발견했다. 그다음에는 신경영상 실험을 통해 이들 두 유전자의 두 가지 다른 대립유전자를 가진 사람들이 ANT를 받는 동안 그들을 비교했다. 우리는 이 대립유전자들이 실행 네트워크의 주요 접합부인 전대상 내부를 크게 활성화시킴을 발견했다. 그 후 도파민이나 세로토닌과 관련된 많은 유전자가 실행적 통제와 관련된 것으로 나타났다(Posner, Rothbart, & Sheese, 2007).

유아기

시각 대상에 대한 지향 네트워크 발달은 영아기 초기로 거슬러 올라간다(Haith, Hazan, & Goodman, 1988; Clohessy, Posner, & Rothbart, 2001). 그러나 반응 간의 갈등을 도입한 모호한 과제에서는 영아들의 수행수준이 낮았다(Clohessy, Posner, & Rothbart, 2001). 갈등해결 능력은 실행적 주의 네트워크의 중요한 부분이며, 2세경이 지나야 비로소 나타나는 것 같다.

3세경에 갈등 과제를 이용할 때 실행적 주의에 의한 인지조절에 발달적 변화가 나타났다(Gerardi-Caulton, 2000). 이 무렵의 유아는 아직 못 읽기 때문에 단어의 의미와 색깔보다 위치와 동일성이 갈등 차원(공간갈등 과제)이 된다. 이때 유아가 두 개의 반응키 앞에 앉는데, 반응키 하나는 유아의 왼쪽에 있고 다른 하나는 오른쪽에 있다. 각 반응키로 그림을 하나씩 제시하고, 누를 때마다 제시된 그림 중 하나와 동일한 그림이 스크린의 왼쪽이나 오른쪽에 나타난다. 대응 반응키의 위치가 달라도 동일한 자극에 반응하면 보상을 받는다(Gerardi-Caulton, 2000). 공간적으로 일치한 경우보다 공간적으로 불일치한 경우에 정확도가 감소하고 반응시간이 느려진 것은 우세한 반응을 억누르면서 상충되는 두 차원의 갈등을 해결하려면 노력이 더 필요하기 때문이다. 성인의 경우에도 이 과제를 수행할 때 분명 간섭 효과가 나타났고 전대상이 활성화되었다(Fan, Flombaum, et al., 2003). 24개월 된 유아는 한 그림만 응시하는 경향을 보였다. 그러나 36개월 된 유아는 정확도가 높았으나, 불일치한 시행 과제에서는 성인과 마찬가지로 속도가 느려지고 정확도도 감소했다.

이들 실험 과제에서는 인지갈등 해결이 아동의 일상적인 자기통제와 관련되기 때문에 실행적 주의의 출현을 연구하는 것이 더 중요하다. 비교적 공간갈등의 영향을 덜 받는 유아는 기분조절 노력 정도에 대한 부모평정과 실험실의 억제적 통제 측정치에서도 더 높은 점수를 받았다(Gerardi-Caulton, 2000).

질문지는 주의 집중, 억제적 통제, 저쾌감 및 지각 민감성으로 정의되는 통제 노력 요인이 기질적인 부정적 정서와 부적 상관이 있음을 보여 주었다(Rothbart, Ahadi, & Hershey, 1994). 이런 상관은 주의기능이 부정적 정서의 감소와 충동적 접근 성향의 억제에 기여한다는 개념과 일치한다.

공감과 통제 노력이 모두 높은 아동의 경우 두 요인 간 관련이 밀접하였다(Rothbart et al., 1994). 다른 사람에게 공감을 보이려면 상대방의 쾌-불쾌 신호를 해석해야 한다. 정상아 대상의 영상연구에서는 슬픈 얼굴이 편도를 활성화시키는 것으로 나타났다. 슬픔 정도가 증가할수록 주의 네트워크의 일부인 전대상도 활성화되었다(Blair, Morris, Firth, Perrett, & Dolan, 1999). 전대상의 활동은 곧 우리가 타인의 고통에 주의를 기울이는 근거일 가능성이 높다.

이들 연구에서는 성공적인 사회화를 위해 두 통로가 있음을 제안한다. 더 두려워하는 유아는 강하게 반응하는 편도가 고통신호를 주어 타인과의 공감을 가능케 한다. 이런 유아는 비교적 사회화가 용이하다. 이런 형태의 통제(두려움)가 없을 경우에는 전대상의 발달 덕분에 편도의 활동에 의한 신호에 적절히 주의를 기울일 것이다. 통제 노력은 공감뿐만 아니라 양심발달에도 중요한 것 같다. 두려워하는 유아는 그들의 엄마가 상냥하게 훈육할 때 도덕적 원리의 내면화가 촉진될 듯하다(Kochanska, 1995). 더구나 통제 노력이 높은 유아는 통제가 더 내면화되었다(Kochanska, Murray, Jacgues, Koenig, & Vandegeest, 1996). 두 가지 별도의 통제체계, 즉 반응적인 두려움과 자기조절적인 통제 노력이 양심발달을 조절하는 것 같다. Ellis, Rohtbart 및 Posner(2004)는 사춘기의 경우 통제 노력과 갈등조절능력(ANT로 측정한) 부족이 각기 반사회적 행동을 예언함을 발견하였다.

통제 노력의 개인차는 '마음의 이론(사람의 행동이 그들의 신념, 욕망 및 기타 정신상태에 기인함을 아는)' 같은 상위인지 지식의 일부 측면과도 관련된다(Carlson & Moses, 2001). 더욱이 우세한 반응을 억제해야 하는 과제의 경우 연령, 지능, 작업기억 같은 다른 요인을 통제한 후에도 마음의 이론 과제와 관계가 있었다(Carlson & Moses,

2001). 결국 2~5세경에는 억제적 통제와 마음의 이론이 유사한 발달과정을 공유한다고 볼 수 있다.

유아학교

우리는 유아용으로 수정한 ANT(〈표 9-2〉 참조)를 이용해 유아기 동안 실행적 주의의 발달을 추적했다(Rueda et al., 2004). 어떤 측면에서 그 결과는 성인을 대상으로 [그림 9-1]에 제시된 과제를 이용했을 때와 아주 비슷했다. 유아의 경우 반응시간이 더 길지만 세 네트워크 간의 독립성은 비슷했다. 유아는 경계와 갈등 점수가 훨씬

〈표 9-2〉 주의 네트워크의 효율성 발달

연구	연령	경계	지향	갈등	오류에 대한 갈등	전반적인 반응시간	전반적인 오류율
아동 ANT							
		주의 네트워크 뺄셈					
	6	79(75)	58(76)	115(80)	15.6	931(42)	15.8
	7	100(75)	62(67)	63(83)	0.7	833(125)	5.7
1	8	73(67)	63(66)	71(77)	0.3	806(102)	4.9
	9	79(47)	42(48)	67(38)	1.6	734(68)	2.7
2	10	41(47)	46(44)	69(44)	2.1	640(71)	2.2
	성인	30(32)	32(30)	61(26)	1.6	483(36)	1.2
성인 ANT							
2	10	78(61)	60(56)	156(76)	3.9	710(90)	2.8
	성인	40(34)	52(35)	131(62)	4.7	532(54)	2

연구 1은 아동용 ANT로 측정한 6~10세의 발달을 보여 주고, 연구 2는 아동용 ANT와 성인용 ANT로 10세아와 성인을 비교한다.

더 높다. 이는 유아가 ① 새로운 목표물에 대한 경고를 받지 않으면 경계상태를 유지하기가 어렵고, ② 갈등 해결도 어려움을 시사한다. 다소 놀랍지만, ANT로 측정한 바에 의하면 수반자극 과제의 갈등 해결 능력은 7세부터 성인기까지 거의 동일하다(〈표 9-2〉 참조).

실행적 주의 네트워크가 문해능력(McCandliss, Sandak, Beck, Perfetti, 2003)뿐만 아니라 기타 다양한 교과(일반지능[Duncan et al., 2000]에 의지하는)에 아주 중요하다는 증거가 상당하다. 심리학자들은 훈련이 항상 특정 영역과 관련되기 때문에 수학이나 라틴어 같은 형식교과로 마음을 훈련하다 해도 훈련 영역 이상으로 일반화될 수 없다고 생각한다(Thorndike, 1899; Simon, 1969). 그러나 주의는 예외가 될 수 있다. 우리가 살펴본 바와 같이, 주의의 경우 한 영역이 특정 뇌기제와 관련되면서 동시에 그 기능이 다른 네트워크에도 영향을 준다(Posner & Petersen, 1990; Posner & Raichle, 1994). 더구나 갈등해결 관련 네트워크는 해부학적으로 일반지능 관련 뇌 영역과도 중복된다(Duncan et al., 2000). 명시적이든 암묵적이든 주의훈련이 학교 교육과정의 일부인 경우도 있지만(Mills & Mills, 2000), 주의훈련을 언제 어떻게 해야 가장 효과적인지를 정확히 판단할 만한 연구는 거의 없다.

실행적 주의 네트워크의 주요 측면은 갈등조절 능력이다. 우리는 이런 특징을 이용해 짧은꼬리원숭이를 우주로 보내는 일련의 훈련을 설계했다(Rumbaugh & Washburn, 1995). 이 훈련으로 원숭이는 스트룹 과제의 갈등을 해결할 수 있었다(Washburn, 1994).

우리의 훈련은 유아가 첫 궤도에서 대상이 어디로 갈지를 예측할 뿐만 아니라 수동적 조작장치로 고양이의 이동을 통제하는 훈련으로 시작되었다([그림 9-2] 참조). 다른 훈련에서는 표본대응 과제와

[그림 9-2] 추적훈련. ① 유아의 과제는 고양이를 '움직이는 우산' 속으로 이동시켜 고양이가 비를 피하도록 하는 것이다. 일단 유아가 우산을 잡으면, 우산이 계속 움직이는 대로 고양이가 우산을 따라다녀야 한다. ② 유아는 고양이를 잔디밭으로 이동시켜 고양이가 진흙을 피하도록 한다. 시행이 거듭될수록 잔디의 양이 줄어들고 진흙은 늘어나서, 유아가 고양이를 잔디 쪽으로 옮기려면 상당히 주의를 집중해야 한다. ③ 유아는 고양이를 움직여 오리가 연못에서 못 나오게 한다. 오리는 항상 직선으로만 수영하기 때문에, 유아는 오리가 연못의 어느 쪽으로 나올지 예측해야 한다.

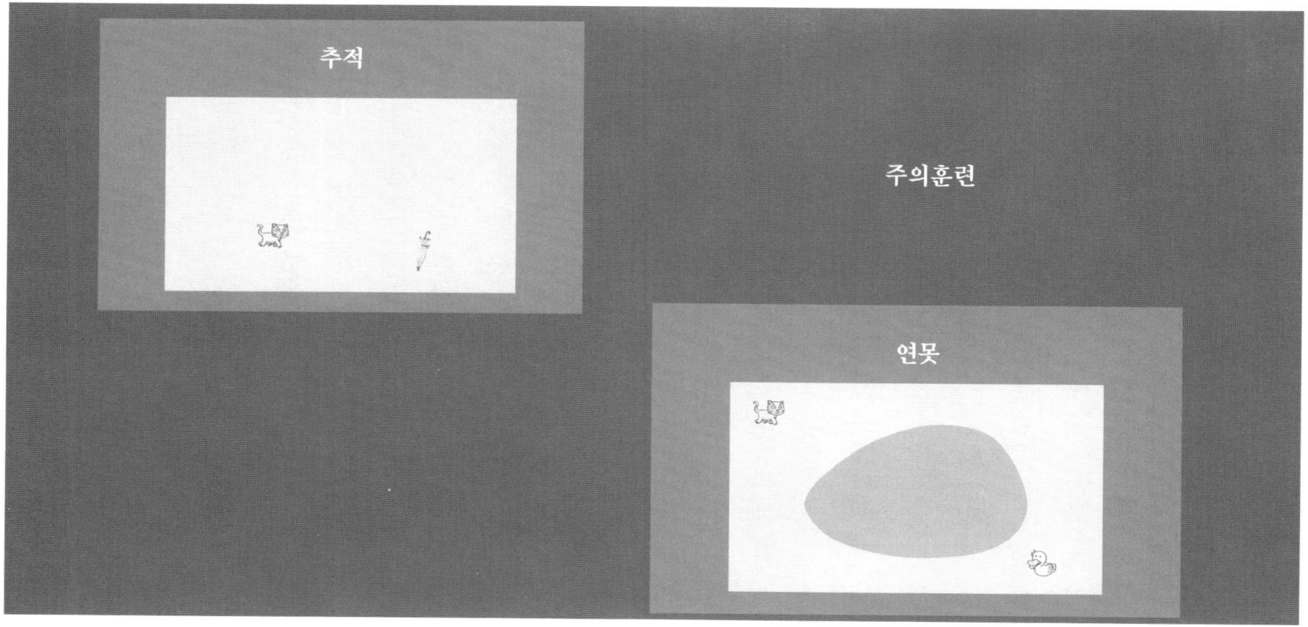

[그림 9-3] 시각적 주의와 갈등해결 훈련. ① 표본대응 과제. 유아는 상단 좌측의 표본과 일치하는 그림을 갈색판 위에서 선택해야 한다. 시행이 거듭될수록 대응그림을 더 유사하게 해서 표본대응 과제의 난이도를 높인다. 심화수준에서는 스크린에서 표본그림을 제거하기 때문에 유아가 정확한 대응그림을 선택하려면 표본그림을 기억해야 한다. ② 갈등해결 과제. 유아는 스크린에서 수가 가장 많은 묶음을 선택해야 한다. 제시된 예와 마찬가지로, 일치 과제에서는 묶음이 더 클수록 수가 더 크다. 불일치 과제에서는 묶음이 더 클수록 수가 더 작다. ③ 난이도가 동일한 일련의 시행을 마무리하도록 시각적 피드백 제시.

갈등 해결을 위해 정보를 기억하는 작업기억 활용에 중점을 두었다([그림 9-3] 참조).

우리는 4세아를 대상으로 5일간의 주의훈련 효과를 검증했다. 약 40분간의 훈련 회기를 위해 유아를 7일간 데려왔다. 훈련 회기는 2~3주에 걸쳐 진행되었다. 첫날과 마지막 날에는 ANT, 일반지능검사(K-BIT; Kaufman & Kaufman, 1990), 기분척도(아동행동 질문지[CBQ])를 이용해 훈련의 효과를 평가했다. ANT를 실시하는 동안에는 성인 연구에서 실행적 주의와 관련된 것으로 나타난 뇌활동의 진폭과 시간 경과를 관찰하려고 128개 채널로 EEG를 기록했다(Rueda, Fan, & Posner, 2003).

첫 실험에서 우리는 임의로 선정된 후 평가(훈련은 받지 않고)를 위해 2회 출석한 유아 12명과 훈련받는 12명의 유아를 비교했다. 두 번째 실험에서도 역시 4세아를 대상으로 했지만, 이때는 통제집단 역시 7회 출석하여 유아가 가끔 반응해야만(비디오를 계속 보려면) 하는 비디오를 시청했다. 유아들 모두 그 경험을 즐기는 듯했고([그림 9-4] 참조), 보육자들은 그런 노력을 적극 지지했다.

이 장에서 우리는 [그림 9-2]부터 [그림 9-4]까지의 훈련 장면을 기술하고 초기 결과에 대한 개요를 간단히 제시한다. 물론 5일이란 기간은 여러 해 동안 발달해 온 네트워크에 영향을 주기에는 너무 짧았다. 그럼에도 불구하고 K-BIT로 측정한 실험집단의 지능은 전반적으로 향상되었다. 이는 IQ검사의 비언어적 수행에서 실험집단이 향상되었기 때문이다. 우리는 ANT에 기록된 반응시간 측정치가 아주 불안정하고 우리가 검사한 어린 유아들에게는 신뢰도가 낮음을 발견했다. 그래서 반응시간이 전반적으로 향상되었을지라도 여러 네트워크 측정치에서 의미 있는 증가를 파악하지 못했다. 우리는

[그림 9-4] 주의훈련 동안 높은 주의 집중을 보이고 있는 4세아.

통제집단에 비해 훈련받은 유아의 갈등점수가 더 낮음(더 효율적인 실행적 주의)을 발견했다. 우리는 훈련 경과에 따른 기분변화를 관찰하지 못했다. EEG 기록을 이용해 뇌 네트워크를 예비 분석한 결과, 선행 연구에서 전대상과 가장 밀접했던 요인이 훈련 후의 유아에게만 나타났다. 4세아의 반응시간에서 변산이 컸기에 6세아를 대상으로 반복 연구하였다. 그 결과에서는 훈련 프로그램이 실행적 주의 네트워크를 변화시킬 수 있음을 지지해 주었다(Rueda, Rothbart, McCandliss, Saccamanno, & Posner, 2005; Posner & Rothbart, 2007).

훈련받은 유아 수가 증가하면서, 우리는 유아의 기질과 유전자형을 조사해 주의훈련으로 혜택받을 수 있는 유아를 파악하게 되었다. 이를 위해 현재 우리는 이전에 실행적 주의 네트워크 효율성과 관련된 것으로 나타났던 후보 유전자를 조사하려고 모든 유아의 유전자를 기록하고 있다(Rueda et al., 2005). 우리는 중재가 가장 효과적인 민감기가 있는지를 판단하기 위해 더 어린 유아를 대상으로 실행적 주의의 전조(precursor)를 조사하기 시작했다.

ADHD 아동 대상 문헌에서 주의훈련 방법을 통해 집중력과 일반 지능이 향상될 수 있다는 몇몇 증거가 이미 제시된 바 있다(Kerns, Esso, & Thompson, 2000; Klingberg, Forssberg, Westerberg, 2002; Shalev, Tsal, & Mevorach, 2002). 결과적으로 우리는 학습 관련 문제를 지닌 유아를 대상으로 이런 훈련을 실시하기 위해 다른 집단을 대상으로 연구하고 있다. 이들 프로젝트는 그 프로그램이 장애의 일부로 주의문제가 있는 유아에게 효과적인지를 검증해 줄 것이다. 우리는 일부 유아학교에서 유아 교육과정의 일부 프로그램으로 주의훈련을 채택하기 바란다. 그렇게 할 경우 자연스럽게 훈련기간이 늘어날 것이고, 사회집단 속에서 다른 종류의 훈련 효과도 검증할 수 있을 것이다(Mills & Mills, 2000; Van Geert & Steenbeek, 이 책).

아직 우리 프로그램이 최적인지는 모르겠지만, 유아 뇌의 특정 네트워크 발달에 대한 이런 증거가 유아의 주의능력 개선 가능성을 확인하기 위해 꾸준히 노력할 강력한 근거가 될 것이라 믿는다. 또한 그런 방법이 학교에서 획득해야 할 아주 다양한 기능학습에 얼마나 일반화될 수 있는지도 판단할 수 있을 것이다.

참고문헌

Andersen, R. A. (1989). Visual eye movement functions of the posterior parietal cortex. *Annual Review of Neuroscience*, *12*, 377-403.

Beauregard, M., Levesque, J., & Bourgouin, P. (2001). Neural correlates of conscious self-regulation of emotion. *Journal of Neuroscience, 21*, RC 165.

Blair, R. J. R., Morris, J. S., Frith, C. D., Perrett, D. I., & Dolan, R. J. (1999). Dissociable neural responses to facial expression of sadness and anger. *Brain, 1222*, 883-893.

Botvinick, M. M., Braver, T. S., Barch, D. M., Carter, C. S., & Cohen, J. D. (2001). conflict monitoring and cognitive control. *Psychological Review, 108*, 624-652.

Bush, G., Luu, P., & Posner, M. I. (2000). Cognitive and emotional influences in the anterior cingulate cortex. *Trends in Cognitive Science,* 4/6, 215-222.

Carlson, S. T. & Moses, L. J. (2001). Individual differences in inhibitory control in children's theory of mind. *Child Development, 72*, 1032-1053.

Clohessy, A. B., Posner, M. I., & Rothbart, M. K. (2001). Development of the functional visual field. *Acta Psychologica, 106*, 51-68.

Corbetta, M. & Shulman, G. L. (2002). Control of goal-directed & stimulus-driven attention in the brain. *Nature Neuroscience Reviews, 3*, 201-215.

Driver, J., Eimer, M., & Macaluso, E. (2004). Neurobiology of human spatial attention: Modulation, generation, and integration. In N. Kanwisher & J. Duncan (eds.), *Attention and Performance XX: Functional Brain Imaging of Visual Cognition* (pp. 267-300). Oxford: Oxford University Press.

Duncan, J., Seitz, R. J., Kolodny, J., Bor, D., Herzog, H., Ahmed, A., Newell, F. N., & Emslie, H. (2000). A neural basis for general intelligence. *Science, 289*, 457-460.

Ellis, L. K., Rothbart, M. K., & Posner, M. I. (2004). Individual differences in executive attention predict self-regulation and adolescent psychosocial behaviors. *Ann. NY Acad. Sci.*, 1-21, 331-340.

Fan, J., Flombaum, J. I., McCandliss, B. D., Thomas, K. M., & Posner, M. I. (2003). Cognitive and brain mechanisms of conflict. *Neuro-image, 18*, 42-57.

Fan, J., Fossella, J. A., Summer, T., & Posner, M. I. (2003). Mapping the genetic variation of executive attention onto brain activity. *Proceedings of the National Academy of Sciences, USA, 100*, 7406-7411.

Fan, J., McCandliss, B. D., Sommer, T., Raz, M., & Posner, M. I. (2002). Testing the efficiency and independence of attentional networks. *Journal of Cognitive Neuroscience, 14*(3), 340-347.

Fan, J., Wu, Y., Fossella, J., & Posner, M. I. (2001). Assessing the heritability of attentional networks. *BioMed Central Neuroscience, 2*, 14.

Fossella, J., Sommer, T., Fan, J., Wu, Y., Swanson, J. M., Pfaff, D. W., & Posner, M. I. (2002). Assessing the molecular genetics of attention networks. *BMC Neuroscience, 3*, 14.

Gerardi-Caulton, G. (2000). Sensitivity to spatial conflict and the development of self-regulation in children 24-36 months of age. *Developmental Science,* 3/4, 397-404.

Haith, M. M., Hazan, C., & Goodman, G. S. (1988). Expectation and anticipation of dynamic visual events by 3.5 month-old babies. *Child Development, 59*, 467-479.

Karnath, H-O., Ferber, S., & Himmelbach, M. (2001). Spatial awareness is a function of the temporal not the posterior parietal lobe. *Nature, 411*, 95-953.

Kaufman, A. S. & Kaufman, N. L. (1990). *Kaufman Brief Intelligence Test-Manual.* MN: American Guidance Service.

Kerns, K. A., Esso, K., & Thompson, J. (1999). Investigation of a direct intervention for improving attention in young children with ADHD. *Developmental Neuropsychology, 16*, 273-295.

Klingberg, T., Forssberg, H., & Westerberg, H. (2002). Training of working memory in children with ADHD. *Journal of Clinical and Experimental Neuropsychology, 24*, 781-791.

Kochanska, G. (1995). Children's temperament, mothers' discipline, and security of attachment: Multiple pathways to emerging internalization. *Child Development, 66*, 597-615.

Kochanska, G., Murray, K., Jacques, T. Y., Koenig, A. L., & Vandegeest, K. A. (1996). Inhibitory control in young children and its role in emerging internationalization. *Child Development, 67*, 490-507.

MacDonald, A. W., Cohen, J. D., Stenger, V. A., & Carter, C. S. (2000). Dissociating the role of the dorsolateral prefrontal and anterior cingulate cortex in cognitive control. *Science, 288*, 1835-1838.

Marrocco, R. T. & Davidson, M. C. (1998). Neurochemistry of attention. In R. Parasuraman (ed.), *The Attention Brain* (pp. 35-50). MA: MIT Press.

Mills, D. & Mills, C. (2000). *Hungarian Kindergarten Curriculum Translation*. London Mills Production Limited.

Ochsner, K. N., Kossyln, S. M., Cosgrove, G. R., Cassem, E. H., Price, B. H., Nierenberg, A. A., & Rauch, S. L. (2001). Deficits in visual cognition and attention following bilateral anterior cingulotomy. *Neuropsychologia, 39*, 219-230.

Posner, M. I. (1980). Orienting of attention. The 7th Sir F. C. Bartlett Lecture. *Quarterly Journal of Experimental Psychology, 32*, 3-25.

Posner, M. I. & Petersen, S. E. (1990). The attention system of the human brain. *Annual Review of Neuroscience, 13*, 25-42.

Posner, M. I. & Raichle, M. E. (1994). *Images of Mind.* Scientific American Books.

Posner, M. I. & Rothbart, M. K. (2007). *Educating the Human Brain.* Washington, DC: APA.

Posner, M. I., Rothbart, M. K., & Sheese, B. E. (2007). Attention genes. *Developmental Science, 10*, 24-29.

Ramón y Cajal, S. (1937). *Recollection of My Life.* Philadelphia: American Philosophical Society.

Rothbart, M. K., Ahadi, S. A., & Hershey, K. (1994). Temperament and social behavior in children. *Merrill-Palmer Quarterly, 40*, 21-39.

Rueda, M. R., Fan, J., McCandliss, B., Halparin, J. D., Gruber, D. B., Pappert, L., & Posner, M. I. (2004). Development of attentional networks in childhood. *Neuropsychologia, 42*, 1028-1040.

Rueda, M. R., Fan, J., & Posner, M. I. (2003). Development of the time course for resolving conflict. Poster presented at the *Cognitive Neuroscience Society.*

Rueda, M. R., Rothbart, M. K., McCandliss, B., Saccamanno, L., & Posner, M. I. (2005). Training, maturation and genetic influences on the development of executive attention. *Proc. U.S. National Acad. of Sciences, 102*, 14931-14936.

Rumbaugh, D. M. & Washburn, D. A. (1995). Attention and memory in relation to learning: A comparative adaptation perspective. In G. R. Lyon & N. A. Krasengor (eds.), *Attention, Memory and Executive Function* (pp. 199-219). Baltimore, MD: Brookes Publishing Co.

Semrud-Clikeman, M., Nielsen, K. H., & Clinton, A. (1999). An intervention approach for children with teacher and parent-identified attentional difficulties. *Journal of Learning Disabilities, 32*, 581-589.

Shalev, L., Tsal, Y., & Mevorach, C. (2003). Progressive attentional training program: Effective direct intervention for children with ADHD. *Proceedings of the Cognitive Neuroscience Society* (pp. 55-56). New York.

Simon, H. A. (1969). *The Sciences of the Artificial.* Cambridge, MA: MIT Press.

Thorndike, E. L. (1903). *Educational Psychology.* New York: Teachers College.

van Veen, V. & Carter, C. S. (2002). The timing of action-monitoring processes in the anterior cingulate cortex. *Journal of Cognitive Neuroscience, 14*, 593-602.

Venter, J. C., Adams, M. D., Myers, E. W., Li, P. W., Mural, R. J., et al., (2001). The sequence of the human genome. *Science, 291*, 1304-1335.

Washburn, D. A. (1994). Stroop-like effects for monkeys and humans: Processing speed or strength of association? *Journal of Psychological Science, 5*(6), 375-379.

제10장 뇌 개발하기:

학습과학과 교육과학에 대한 기능영상 접근

Hideaki Koizumi

개관

단순한 학습과 참교육은 큰 차이가 있다. 단순한 학습은 주변의 단서에 단순히 적응하는 것으로서 새의 각인기제가 전형적인 예다. 교육은 인간에게서만 나타나며, 유전적·후성적 과정이 상호작용하여 새로운 자극과 정보를 추가하고 조절한다. Koizumi는 인간의 중요한 문제(물리학과 생물학뿐만 아니라 증오와 사랑 같은)에 대한 참교육을 개선하기 위해 뇌영상 기법을 사용해 뇌기능에 대한 지식을 구축하려 했다. Koizumi가 개발한 이 기법은 광토포그래피(OT)로, 근적외선 기법을 이용하여 성인, 노인, 뇌손상 환자뿐만 아니라 영아와 아동의 뇌활동을 측정하는 비침습적인 영상기법이다. 이 기법에서 밝힌 한 가지 주제는 언어와 다른 음을 구별하거나 모국어와 다른 언어를 구별하는 능력을 비롯한 영아의 뇌 가소성이다. 이 기술은 교육용으로 활용될 전망이 밝은데, 기타 영상기법과는 달리 영상을 찍는 동안 아동이 가만히 있을 필요가 없어서 비교적 자연스러운 상황에서 이용 가능하기 때문이다.

-편집자-

17세기에 Descartes가 처음 옹호했던 환원주의라는 근대적 방법론 덕분에 20세기 들어 과학과 기술 분야가 현저히 발전하였다. 하지만 21세기에는 환원주의의 오랜 군림으로 극히 세분화되었던 학문을 종합해야 한다고 본다. 20세기 후반에는 여러 분야의 학자들을 한 지붕 아래 두려는 다학문성과 더불어 이런 경향의 시도가 몇몇 있었다. 그러나 그간의 경험에 비추어 볼 때 그 정도로 통합에 이르는 가교(Bruer, 이 책)나 융합(Rothschild, 1996; Koizumi, 1999a)이 가능할 것이라 생각되지 않는다. 통합을 위해서는 역동적 과정이 요구된다. 나는 그런 역동적 과정의 개념과 움직임을 '초학문성(trans-disciplinarity: TD)'이라 명명한다(Koizumi, 1995, 1996a, 1999a, 2000a, 2001). TD 맥락에서 통합이란 여러 학문을 역동적으로 융합

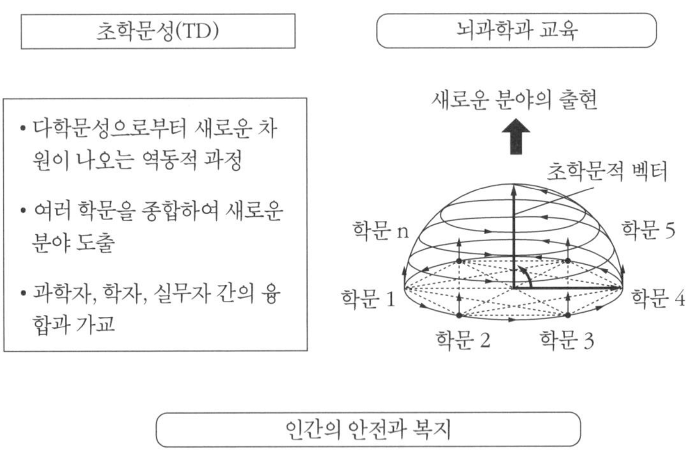

[그림 10-1] 초학문: 환원주의의 종합

하고 연결하는 학제간 협력을 통해 새로운 차원을 도출하는 과정이다. 그 개념은 [그림 10-1]에 요약·제시되어 있다.

이 그림은 양자역학의 스핀 상태에 있는 전자의 각 운동량 결합과 유사하다. 일본의 '뇌 개발하기'나 '뇌과학과 교육' 같은 프로그램은 대표적인 초창기 초학문 분야에 속한다. 이 새로운 분야는 2000년 시작된 일련의 국가 프로그램에서 여러 관련 분야의 일관성을 도출할 기반이 되고 있다(Koizumi, 1995, 1996a, 1999a, 2000a, 2001).

학습과 교육의 기반

우주와 생명체

지구의 생물권은 태양과 광활한 우주 사이에 형성된 엄청난 열 엔진에 기인한 것으로 볼 수 있다. 생물권은 태양에서 온 비교적 고에너지-저엔트로피인 광자(光子)에 싸여 있고, 비교적 저에너지-고엔트로피인 광자를 우주에 방출한다. 무엇보다도 이렇게 엄청난 열 엔진 덕분에 생물권 내에서 지구의 물순환과 생명주기가 가능하다. 이런 맥락에서 볼 때 에너지를 활용해 네겐트로피를 일으키는 자기증식(self-reproducing) 체계를 생명체라 정의하는 것이 적절할 듯하다.

약 135억 년 전 빅뱅이 일어난 것으로 추측된다. 우리는 빅뱅 이전에 대해서는 아무것도 모른다. 바로 여기에 과학이 지닌 근본적 한계가 있다. 운석의 동위원소 분석결과에서는 약 46억 년 전에 태양계가 생성되었음을 제시한다. 화석분석에 따르면 약 38억 년 전에 생명체가 출현한 것으로 추측된다. 그 후 아주 오랜 세대에 걸쳐 생명체를 환경에 적응시키는 정보가 유전자에 누적되었다. 중추신경계는 약 3억 년 전에 출현하여 이후 크게 진화하였다(Sagan, 1977; Britten et al., 1969). 적응을 위해 정보처리를 하는 중추신경계의 혁명적 특징은 한 세대 안에서 학습과 적응이 일어날 수 있다는 것이다. 유전적 과정과 후성적 과정의 관계는 교육을 좀 더 과학적으로 보는 열쇠가 된다(Koizumi, 1996b).

학습과 교육에 대한 생물학적 정의

심리학적 관점에서 각인은 학습의 전형적인 예다. 각인 현상에 의해 갓 부화된 새는 처음 본 움직이는 대상을 '어미'로 여긴다. 각인은 출생 후 24시간 이내의 결정적 시기에만 가능하다(Hess, 1959).

다른 종에 속하는 야생거위의 경우에는 좀 더 학습된 행동이라 할 수 있는 '계절에 따른 이동'을 한다. 그래서 야생거위는 그 어미를 따라 이동한다. 하지만 인위적으로 부화된 새는 아마도 이동방법을 배울 길이 없을 것이다. Lishman(1997)은 저명한 연구에서 인공 부화된 거위에게 경비행기를 각인시킨 다음 거위를 북캐나다에서 미국까지 안내하는 데 성공했다. 일단 새가 학습하면, 다음 해에는 혼자서 이동할 수 있었다. 학습과 교육에 대한 우리의 지식에 비추어 볼 때 이동이 학습된 행동이라는 발견은 아주 중요하다.

인간과 침팬지의 DNA 배열 차이가 약 1%밖에 안 될지라도, 영장류 연구자들은 침팬지가 모방을 통해서는 배워도 서로 교육할 수 없음을 발견했다(Goodall, 2001; Matsuzawa, 2003).

몇 년 전 나는 Immauel Kant 사후에 출판된 그의 『교육학 강의 노트(*Lecture Note on Pedagogy*)』(1803)에서 그가 흥미로운 실험을 언급한 것에 주목했다. 그는 카나리아 둥지에 있는 몇 개의 카나리아 알 사이에 참새 알을 넣어두었다. 기록에 따르면 참새 알이 부화된 후 Kant가 노래하는 참새를 잡아다 둥지에 넣어두자, 아비 새가 새끼를 적극 가르치는 것처럼 보였다. 이 실험은 조류학자의 '위탁(farm-out)실험' 과 비슷한데, 사실 첫 위탁실험은 1960년대에 이루어졌다. 최근에 조류학자들은 아비 새가 새끼에게 노래를 가르치는 것을 확인했다.

생물학적 관점 덕분에 학습과 교육을 새로이 정의할 수 있게 되었다(Fischer, 이 책). 학습은 외부의 환경자극에 반응하여 뉴런이 연결되는 과정인 반면, 교육은 자극을 통제하거나 추가하고 학습의지를

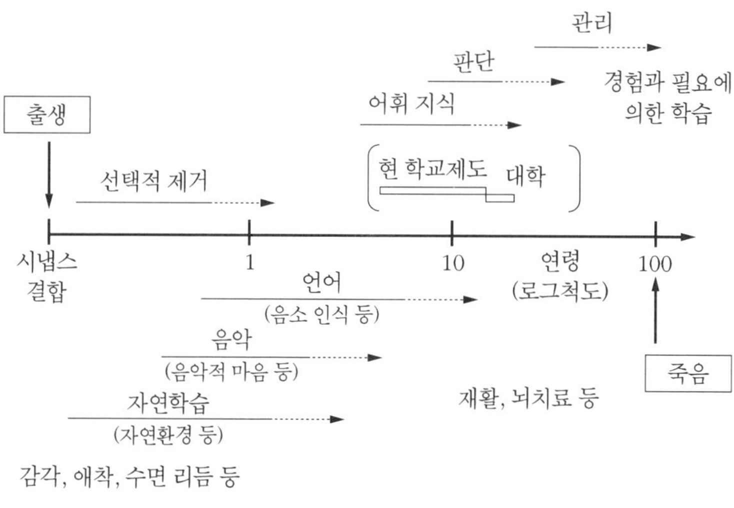

[그림 10-2] 생애에 걸친 학습과 교육(Koizumi, Seizon, & Life Sci., 1998). 발달단계를 기반으로 한 교육과정 제안이다.

고취하는 과정이다. 이런 개념은 포괄적이고 인간의 전 생애에 적용된다(Koizumi, 2000c, 2004b).

[그림 10-2]에는 생애에 걸친 학습과 뇌발달이 제시되어 있다. 시간척도는 로그척도다. 그림에서는 결정적 시기와 민감기를 기반으로 교육과정에 대한 몇 가지 잠정적 제안을 제시했다(Koizumi, 1999a).

시냅스 형성과 제거

1970년대에 많은 연구자들은 1차 시각피질의 기둥모양 구조에 대한 Hubel과 Wiesel의 선도적 연구를 확대하여 이들 구조가 형성되는 결정적 시기를 연구했다(Stryker et al., 1978). 시각자극으로 수직선만 있는 환경에서 고양이를 기르면 수평선을 보지 못하고 평생 동안 그 상태가 계속되었다. 환경자극에 수평선이 없으면 수평선을 담당하는 기둥은 사라진다. 그래서 뇌의 시각계 형성마저도 학습과정(결정적 시기가 있는)에 기인한다(Singer, 이 책).

인간의 시각피질에 있는 시각우세기둥에서도 비슷한 일이 일어난다. 영아기에 안대로 한쪽 눈을 가려두면 시력이 약해진다는 것은 곧 기둥발달에 대한 지식이 주는 중요한 임상적 시사점이다. 이제 안과의사들은 생후 18개월 이내의 영아에게 안대를 씌우지 말라고 강력히 권하고 있다.

입력신호는 많은 수상돌기에서 뉴런의 세포체로 들어오는 반면, 출력정보는 축색돌기를 따라 나간다. 유전정보에 의해 일단 태내에서 엄청나게 많은 뉴런들이 형성되고 제거된다. 또 출생 후 신생아기에 엄청나게 많은 시냅스가 형성되고 그 후 아동기 내내 제거된다. 인간의 1차 시각 영역은 출생 후 8개월 무렵 시냅스 수가 절정에 이른다(Huttenlocher, 1990). 각자 이와 같은 뉴런의 도태과정을 통해 환경에 적응하는데, 이는 곧 수직선만 있는 시각환경에서 자란 고양이가 결국 수평선을 보지 못하는 이유다.

축색돌기 주변에 수초가 형성되는 과정인 수초화는 우리가 고려해야 할 또 다른 요소다. 이 과정은 신호전달 속도를 약 100배 정도 높인다. 수초화 순서는 유전자에 정해져 있다. Flechsig(1898)는 약 100년 전에 수초를 발견했으며, 수초화 순서를 묘사한 뇌 이미지를 그렸다. 몇몇 부위에서는 이미 태내에서 수초화가 진행된다. 하지만 전전두엽 연합영역 같은 부위는 20세 무렵까지 수초화가 진행될 정도로 다른 부위들에서는 생후 한참 동안 수초화가 계속된다. 교육과정 최적화를 위해 이런 발달순서를 활용할 수 있다(Koizumi, 1999).

비침습적인 뇌기능 측정의 중요성

'뇌과학과 교육' 이라는 개념을 실제 문제에 적용하려면 비침습적인 뇌기능 영상법이 필수적이다. 현재 고차적인 뇌기능을 영상화하는 비침습적인 방법으로 기능적 자기공명영상(fMRI; Ogawa et al., 1992; Yamamoto, E. et al., 1992), 뇌자도(MEG; Brenner et al., 1978) 및 광토포그래피(OT; Maki et al., 1995; Yamashita et al., 1996; Koizumi et al., 1999)가 있다. 각기 나름대로 장단점이 있기에 세 방법을 시의적절하게 상보적으로 활용해야 한다.

광토포그래피의 원리

광토포그래피에서는 고차적인 뇌기능 영상을 얻기 위해 근적외선을 이용한다. 우리는 1995년에 세계 최초로 광토포그래피에 대한 논문을 출판했고 그 이래로 그 기법을 개발해 왔다(Maki et al., 1995; Koizumi et al., 1996b, 2003a; Kennan et al., 2002; Taga et al., 2003). 지름이 1mm인 신축성 있는 광섬유 매트릭스가 두피의 모근 사이에 배치된다. 뉴런의 활동으로 인한 산화 헤모글로빈, 환원 헤모글로빈 및 모든 헤모글로빈의 농도 변화가 뇌로 들어간 근적외선에 영향을 준다. 그다음엔 근적외선의 변화를 매핑하기 위해 광자 탐지신호를 분석한다. 이 기법은 자연상태에서 피험자를 검사할 수 있다는 점에서 매력적이다(Petitto, 이 책).

우리가 모든 피험자, 특히 아기와 아동에게도 적용 가능한 검사를 원하다 보니, 뇌기능을 분석할 때는 안전성이 아주 중요하다. 인간의 조직(tissue)을 이루는 분자의 화학결합 에너지는 몇몇 전자볼트 범위 안에 있다. 그러므로 1 전자볼트 미만의 광자를 이용하면 일반적으로 열의 영향을 제외하고는 안전하다. 그런데 광자 에너지가 그 범위 안에 있고 열의 영향이 미미하기 때문에 광토포그래피는 아주 안전하다(Ito et al., 2000). 적어도 광자 에너지 관점에서 보면 fMRI도 안전하다. 그러나 fMRI는 급변하는 경사자장(傾斜磁場)과 정자장(靜磁場) 강도에 주의해야 한다.

신생아와 영아의 뇌기능 영상

광토포그래피는 특정 활동을 하는 동안 뇌활동 영상을 볼 수 있다. 가령, 글을 쓸 때에는 브로카영역과 베르니케영역이 활성화된다([그림 10-3] 참조; Yamamoto et al., 1999). 좌반구 전두엽의 브로카영역은 단어 생성을 담당하는 반면, 좌반구 측두엽의 베르니케영역은 단어 이해를 담당한다.

우리는 영아의 뇌에 가소성이 엄청난 예를 발견했다. 그중 가장 놀라운 예로 1세 된 한 아기를 들 수 있는데, 그 아기는 태내 사고로 인해 또래에 비해 피질이 아주 작았다. 큰 병원에서는 MRI 자료만을 근거로 아기의 눈과 귀가 멀었다고 진단했고 추가 검사도 하지 않았다. 하지만 그 아기의 부모는 아기가 조금이라도 볼 수 있을 것이라 생각했다. 그래서 그들의 요청에 따라 우리는 의사의 도움을

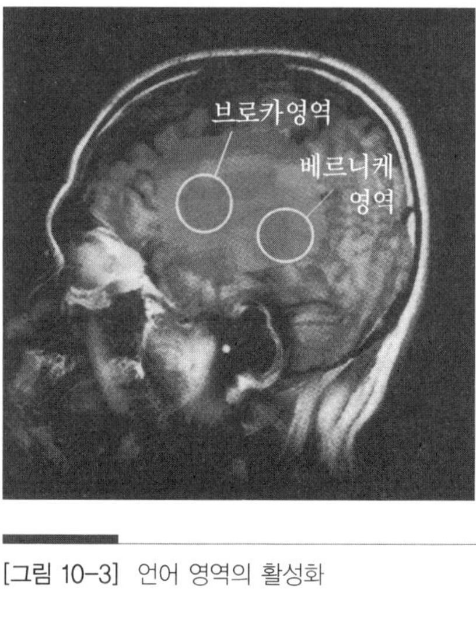

광토포그래피를 통한 기능 영상
MRI를 통한 해부 영상

좌반구 전두엽의 브로카영역:
단어 생성

좌반구 측두엽의 베르니케영역:
의미 이해

M. Iwata et al., Tokyo Women's Medical Univ.와의 협력.

[그림 10-3] 언어 영역의 활성화

받아 광토포그래피로 아기를 검사했다. 시각자극을 제시하자 남은 피질 부위가 활성화되었다(Kogure et al., 1997).

우리는 광토포그래피로 영아의 뇌에 나타난 기능적 회복을 연구하였고, 다시 놀라운 가소성을 발견했다. 가령, 내섬유막이 거의 대부분 손상되었음에도 움직이고, 좌반구가 심하게 손상되었음에도 말을 하며, 소뇌가 거의 없어도 복잡한 동작을 했다. 우리는 영아의 뇌 가소성에 대한 이러저러한 관찰을 통해 '뇌 개발하기' 라는 개념에 이르게 되었다. 이 연구 덕분에 우리는 뇌개발 과정이 손상된 기능을 회복시키는 재활과정과 다름을 알게 되었다(Koizumi, 2000c).

신생아의 뇌활동을 안전하게 관찰하기 위해 광토포그래피를 사용할 수 있다. 사실 fMRI나 MEG로는 신생아들의 뇌활동을 관찰하기가 어려운데, 검사하는 동안 아기들이 일정한 자세로 가만히 있지 못하기 때문이다. 우리는 프랑스에서 프랑스 국가윤리위원회(National Ethics Committee)의 사전 승인을 받아 Jacques Mehler 팀과의 협동하에 5일 된 신생아들을 검사했다. 물론 이 사례에서 모국어는 불어였다. 신생아들은 리포터가 읽고 있는 불어를 들었다. 우리는 신생아들이 다른 음을 들을 때보다 불어를 들을 때 그들의 청각피질 주변이 크게 활성화됨을 발견했다.

이탈리아에서는 위 연구의 연구자들 대부분이 참여하여 더 정확한 검사를 수행했고, 최근 그 결과가 출판되었다(Pena et al., 2003). 이 사례에서도 피험자들은 5일 된 신생아였으나 모국어가 이탈리아어였다([그림 10-4] 참조). 이탈리아어를 원래대로 들려주자, 신생아는 이탈리어를 거꾸로 들려주거나 침묵상태일 때보다 좌반구 청각피질 주변이 훨씬 더 활성화되었다. 물론 거꾸로 들려준 테이프에는 음의 요소, 즉 주파수와 파워 스펙트럼이 동일했지만, 확인 가능한

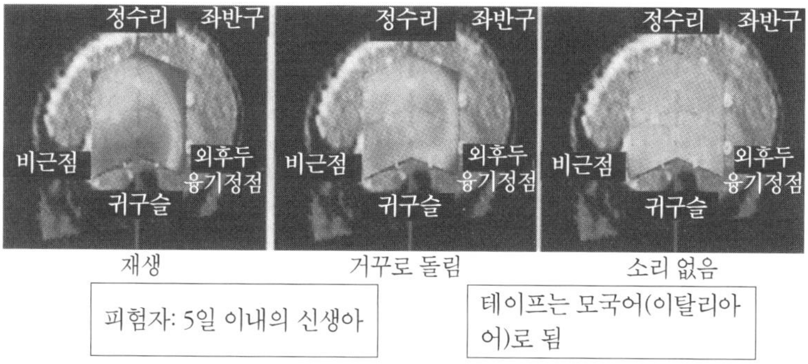

J. Mehler's group, International School for Advanced Studies(Italy)와의 협력.

[그림 10-4] 모국어 청취는 신생아의 뇌활동에 어떤 영향을 주는가

단어가 없었다. 또한 우리는 신생아조차 언어에 대해 좌반구 편재화가 나타남을 발견했다(또한 Petitto, 이 책도 참조).

신생아는 모국어의 리듬과 억양에 반응하였다. 더욱이 두 가설 중 하나로 이 결과를 설명할 수 있다. 하나는 신생아가 엄마의 자궁에 있던 태아기 동안 모국어 식별을 익혔을 것이라는 것이다. 역동적인 입체 초음파 영상을 이용한 실험에서는 태아가 모체에 전달되는 음에 반응하는 것으로 나타났다. 다른 하나는 신생아가 선천적으로 자연어에 반응하는 능력이 있다는 것이다. 우리는 모국어와 외국어를 관찰하는 다음 실험에서 이런 종류의 검사를 계속할 것이다. 이런 식으로 각 가설이 옳은지를 확인해야 한다.

정서와 지능

'뇌과학과 교육' 은 의학적으로 응용 가능하고 발달과 학습 관련

의문을 해결해 줄 뿐만 아니라 학습장애에서 범죄나 아동학대에 이르는 사회문제를 해결할 때에도 중요한 역할을 할 것이다. 나아가 그것이 세계평화에도 기여할 수 있다.

인간의 뇌는 어떤 진화사를 담고 있는가

인간의 뇌는 뇌간 주변에 새로운 층이 형성되면서 진화되었다. 우리는 뇌간 덕분에 생명을 유지하고, 변연계 덕분에 살려는 욕구가 생기며, 신피질 덕분에 더 나은 삶을 위해 조절한다. 이성과 지식은 신피질과 관련되는 반면, 기초 정서는 변연계와 관련된다. 우리 삶과 사회는 변연계와 신피질의 절묘한 균형을 바탕으로 이루어진다.

진화상 파충류의 후손은 두 종류로 나누어진다. 한 종류는 수궁류에서 원숭이, 원시 침팬지 같은 유인원을 거쳐 인간에 이르렀다. 다른 한 종류는 공룡을 거쳐 새에 이르렀다. 인간의 변연계와 신피질은 수궁류의 변연계 및 신피질보다 현저히 진화되었다. 하지만 인간을 침팬지와 비교해 보면 DNA 배열의 차이가 약 1%밖에 안 되는데도 인간의 전전두피질이 침팬지의 두 배쯤 된다. 전전두피질은 사랑과 증오 같은 심오한 정서를 유발한다.

증오의 고리를 차단하는 방법

현 세계는 증오의 고리로 고통을 겪고 있다. 가장 심각한 문제 중 하나는 그 고리를 어떻게 차단하는가다. 이와 관련하여 나는 호넨의 아버지인 우루시마의 메시지를 소개하려 한다. 그는 1141년에 적이 야습하여 당시 9세이던 호넨의 눈앞에서 암살당했다. 죽기 직전 그는 아들에게 다음과 같이 말했다. "나는 심한 상처로 고통 받고 있지만 지금 내 목숨은 붙어 있다. 누구라도 이런 상황에 처하면 나처럼 할 것이다. 그러니 깊이 성찰한 후에 네 적을 증오하면 안 된다는 걸 깨달아라. 네가 네 적을 죽이면 그 가족이 널 죽이려 할 것이다. 그러면 증오의 고리는 계속될 것이다. 당장 집을 떠나 너 스스로 궁극적인 해결책을 찾아라." 오랜 세월이 지나서야 호넨은 자기 번민에서 벗어났다. 그에게 해결책은 아미타불과 관세음보살의 무한한 힘과 존재를 계속 염하는 것이었다.

호넨의 아버지는 타인의 관점을 깊이 고려했던 것이다. 이는 '마음의 이론'과 밀접하게 관련된다. '물질의 이론'은 가령 뉴런의 처리를 통해 날아가는 공의 행로를 예측하는 능력인 반면, '마음의 이론'은 다른 사람의 마음을 이해하고 그들의 사고와 반응을 예측하는 능력이다. 아이는 3~4세경에 풍부한 의사소통을 통해 이런 능력이 촉진될 수 있다. '마음의 이론'이 부족하면 타인의 관점을 이해하지 못해 여러 사회문제가 야기될 수 있다.

인간의 전전두피질 발달에 대한 종단연구

우리는 3~5세 아동의 전전두피질을 측정하여 '뇌과학과 교육'에 속하는 '마음의 이론' 발달을 연구했다. [그림 10-5]에는 작업기억 발달검사의 예가 제시되어 있다. 광토포그래피 덕분에 어린 아동의 작업기억 활동에 대한 영상도 쉽게 볼 수 있다(Tsujimoto et al., 2004).

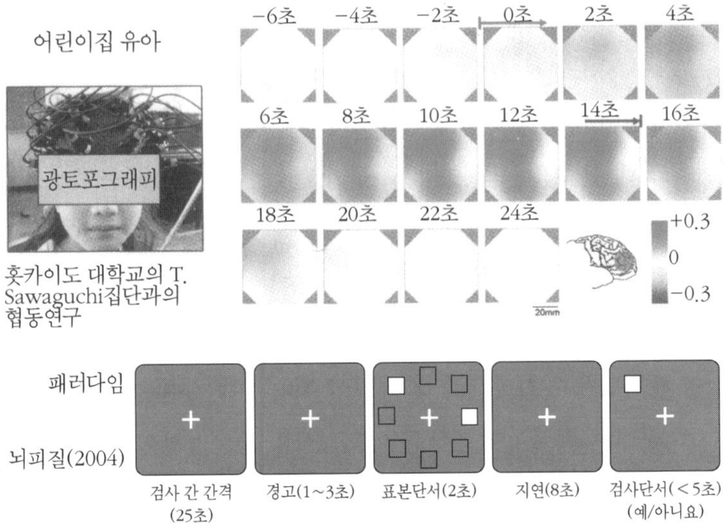

[그림 10-5] 아동이 작업기억을 하는 동안의 뇌활동

새로운 뇌공학으로 인해 제기되는 윤리적 문제

뇌 기반의 직접적 의사소통

광토포그래피는 뇌활동을 직접 관찰하여 새로운 형태의 의사소통을 가능케 한다. 우리는 근위축성 축삭경화증(ALS)으로 전혀 움직일 수 없는 환자를 검사했다. 그녀의 가족은 2년 이상 환자와 의사소통할 수 없었다. 그들은 환자가 더 이상 의식이 없다고 생각했는데 환자가 오랫동안 식물인간 상태로 있었기 때문이다. 우리는 동작 상상, 언어 경청, 단어 생성(상상으로), 음악감상, 작업기억 과제 같은 뇌기능을 검사했다. 그 결과, 모든 과제에 대해 광토포그래피 반응

이 나타났다. 다시 말해, 그 환자에게 의식이 있음이 확실히 증명되었다. 그래서 우리는 '예' 라고 말하려면 오른손으로 잡는 것을 상상하고, '아니요' 라고 말하려면 아무것도 상상하지 말라고 했다. 우리는 그녀가 '예' 라고 말할 때에만 대측(對側) 동작영역(좌반구)이 분명히 활성화되는 것을 관찰했다(Haida et al., 2000).

신경윤리학

앞의 결과는 윤리적으로 심각한 문제를 제기한다. 첫째, 한 인간이 신체적으로 식물인간임에도 불구하고 의식이 있는 것으로 나타났다. 의학박사들마저도 오랫동안 움직이지 못하는 ALS 환자들이 뇌를 사용하지 않기 때문에 그들의 뇌활동이 없을 것이라 생각해 왔다. 새로운 결과로 인해 의식이 없다는 가정이 무너지자, 우리는 그런 환자에게 인권이 있는지, 만일 그렇다면 그런 권리를 어떻게 보장할지에 대한 문제에 직면하게 되었다. 나아가 직접적인 뇌측정 도구로 환자의 의지를 측정하라고 법적으로 강요할 수 있는지의 여부와 그 방법에 대한 문제도 제기된다.

가까운 미래에 신경윤리학은 중요한 분야가 될 것이다(Vidal, 이 책). 비침습적인 뇌기능 영상은 개인의 마음을 노출시킬 가능성이 있어서 사람들의 프라이버시를 침해할 수도 있다. 예를 들면, fMRI를 이용해 편도의 활성화를 관찰해서 개인의 호불호를 조사할 수 있다. 기억체계의 활성화를 측정해 진술의 진위를 확인할 수도 있다. 그러므로 이를 관리할 위원회와 더불어 새로운 형태의 신경윤리학이 필요할 것이다. 현재 나는 국가수준에서 신경윤리 연구와 윤리위원회 조직의 설립을 추진 중이다.

21세기의 뇌과학과 교육

뇌기능을 지원하는 건강관리

여기에서 우리는 미래의 정보기술이 우리 삶에 어떤 영향을 줄지 살펴볼 것이다. 가령 자동차와 엘리베이터로 인해 우리의 다리근육이 약해진 것처럼, 정보기술이 우리의 뇌를 망가뜨릴 수 있다. [그림 10-6]에 제시된 바와 같이, 우리의 작업기억은 전전두피질(46번 부위)에 있다. 그런데 그 부위가 암산할 때는 크게 활성화되지만 전자계산기로 계산할 때는 활성화되지 않는다. 최근 신경과학에서는 이런 작업기억이 암기한 사항을 인출하는 데 중요함을 제시하였다. 작업기억이 손상되면 아무리 성인 초기(20~30세)라도 망각이 심각해

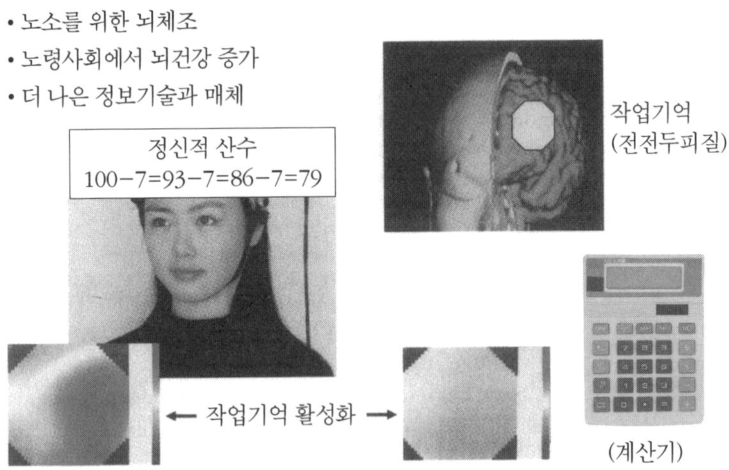

[그림 10-6] 정신적 계산을 하는 동안의 전전두피질 활성화

진다. 우리는 정보기술의 발전 가능성이 높아질수록 우리 뇌를 건강하게 유지할 방법이 필요할 것이다. 노인의 치매 예방과 치료를 위해서도 이런 관점은 중요하다.

일본의 '뇌과학과 교육' 프로그램

2000년 나는 일본과학기술협회와 일본과학기술청의 후원하에 '뇌 개발하기: 학습과학과 교육과학'에 관한 4일간의 초학문적 포럼을 주관했다. 이 포럼은 이 분야에서 지난 몇 년간(1995년부터) 진행된 연구의 성과이자 21세기 과학기술의 발달과 영향을 예측하려는 광범위한 노력의 일환으로 20세기 말에 이루어졌다. 이 포럼의 결과로 2001년에는 '뇌과학과 교육' 프로그램이 국가적인 프로그램으로 자리 잡았다. 이는 전신 문부성과 과학기술청을 결합해 새로 설립된 문부과학성 최초의 대표 이니셔티브다. 나는 이 이니셔티브가 설립된 이래 이 프로그램의 단장으로 일하고 있다. 우리는 공고를 내어 응모한 것 중에서 12개 프로젝트를 선택하여 운영하고 있다. 지금까지의 결과는 아주 흥미롭다.

마지막으로 나는 21세기에 뇌과학과 교육이 중요한 가장 근본적인 이유를 언급하고자 한다. Marie Curie가 노벨상 수상기념 강의의 말미에 말한 것처럼, "과학기술은 중립적이다. 그래서 좋은 목적을 위해 이용될지 나쁜 목적을 위해 이용될지는 전적으로 인문학에 달려 있다." 나는 교육이 과학기술보다 우선시되어야 한다고 생각한다. 21세기에는 '뇌 개발하기'나 '뇌과학과 교육' 분야에서 증거에 기반한 연구가 인간의 안전과 복지 증진를 위해 적어도 몇 가지 열쇠를 제공할 것이다.

참고문헌

Brenner, D., Lipton, J., & Williamson, S. J. (1978). Somatically evoked magnetic fields of the human brain. *Science, 199*, 81-83.

Britten, R. J. & Davidson, E. H. (1969). Gene regulation for higher cells: A theory. *Science, 165*, 349-357.

Flechsig, P. (1898). Neue Untresuchungen uber die Markbildung in den mens-children Grosshimlappen. *Neurol. Centribit, 17*, 977-996. ('A new understanding of myelination in the human cerebral cortex').

Goodall, J. (2001). Private communication.

Haida, M., Shinohara, Y., Ito, Y., Yamamoto, T., Kawaguchi, F., & Koizumi, H. (2000). Brain function of an ALS patient in complete locked-in state by using optical topography. *Search for Foundation of Science & Technology in the 21st Century: The Trans-disciplinary Symposium on the Frontier of Mind-Brain Science and Its Practical Application* (Koizumi, H., ed.), 95-97, Hitachi Ltd., Tokyo.

Hess, E. H. (1959). Imprinting: An effect of early experience, imprinting determines later social behavior in animals. *Science, 130*, 133-141.

Huttenlocher, P. R. (1990). Morphometric study of human cerebral cortex development. *Neuropsychologia, 28*, 517-527.

Ito, Y., Kennan, R., Watanabe, E., & Koizumi, H. (2000). Assessment of heating effects in skin during continuous wave near-infrared spectroscopy. *Journal of Biomedical Optics, 5*, 383-390.

Kant, I. (1803). *Uber Pädagogik,* Herausgegeben von D. Friedrich Theodor Rink [Immanuel Kants Werke, Herausgegeben von Ernst Cassirer, *Band VIII* (1992)].

Kennan, R. P., Horovitz, S. G., Maki, A., Yamashita, Y., Koizumi, H., & Gore, J. C. (2002). Simultaneous recording of event-related auditory oddball response using trancranial near-infrared optical topography and surface EEG. *Neuroimage, 16*, 587-592.

Kogure, K., Yamashita, Y., Maki, A., Itagaki, H., Izumiyama, M., & Koizumi, H. (1997). Functional nearoinfrared spectrography (fNIR) in the neurology ward. *Journal of Cerebral Blood Flow and Metabolism, 17*(S1) S555.

Koizumi, H. (ed.) (1995). *Search for a Foundation of Science & Technology in the 21st Century: The Trans-disciplinary Symposium on the Frontier of Mind-Brain Science and Its Practical Applications,* Hitachi Ltd., Tokyo.

Koizumi, H. (1996a). A trans-disciplinary approach through analytical science towards global sustainability and human well-being, *The Trans-disciplinary Forum on Science and Technology for the Global Environment: Environmental Measurement and Analysis* (Koizumi, H., ed.), 3-10, Japan Science and Technology Co., Tokyo.

_______ (1996b). The importance of considering the brain in environmental science, *The Trans-disciplinary Forum on Science and Technology for the Global Environment: Environmental Measurement and Analysis* (Koizumi, H., ed.), 128-132, Japan Science and Technology Co., Tokyo.

_______ (1999a). A practical approach to trans-disciplinary studies for the 21st century. *Journal of Seizon and Life Science, 9*B, 5-24.

_______ (2000a). Trans-disciplinarity, *Search for Foundation of Science & Technology in the 21st Century: The Trans-disciplinary Symposium on the Frontier of Mind-Brain Science and Its Practical Applications, Part II* (Koizumi, H., ed.), 220-222, Hitachi Ltd., Tokyo.

_______ (2000b). The concept of "Developing the brain": A natural science for learning and education, *The Trans-disciplinary Symposium on the Frontier of Mind-Brain Science and Its Practical Applications, Part II* (Koizumi, H., ed.), 217-9, Hitachi Ltd., Tokyo.

_______ (2000c). Developing the brain: A natural science for learning and education: *The Trans-disciplinary Forum on "Developing the Brain: The Science of Learning and Education"* (Koizumi, H., ed.), Japan Science and Technology Co., Tokyo.

_______ (2001). Trans-disciplinarity. *Neuro-endocrinology Letters, 22*, 219-221.

________ (2003b). The concept of developing the brain, a natural science for learning and education, *Learning Therapy* (Kawashima, R. and Koizumi, H., eds.), 1-14, Tohoku University Press, Sendai.

________ (2004a). Searching for a new science of humanity. *Trends in Science (Gakujyutsu-no-doko: The Journal of the Science Council of Japan), 2*, 32-45, Japan Science Support Foundation, Tokyo. (in Japanese).

________ (2004b). The concept of "Developing the Brain": A new natural science for learning and education. *Brain & Development, 26*, 434-441.

Koizumi, H., Yamamoto, T., Maki, A., Yamashita, Y., Sato, H., Kawaguchi, H., & Ichikawa, N. (2003a). Optical topography: Novel applications and practical problems. *Applied Optics, 42*, 3054-3062.

Koizumi, H., Yamashita, Y., Maki, A., Yamamoto, T., Ito, Y., Itagaki, H., & Kennan, R. (1999b). Higher-order brain function analysis by trans-cranial dynamic NIRS imaging. *Journal of Biomedical Optics, 4*, front cover & 403-413.

Lishman, W. A., Teets, T. L., Duff, J., Sladen, W. J. L., Shire, G. G.

Goolsby, K., Bezner Kerr, W. A., & Urbanek, R. P. (1997). A reintroduction technique for migratory birds: Leading Canada geese and isolation-reared sandhill cranes with ultralight aircraft. *Proc. North Am. Crane Workshop, 7*, 114-122.

Maki, A., Yamashita, Y., Ito, Y., Watanabe, E., Mayanagi, Y., & Koizumi, H. (1995). Spatial and temporal analysis of human motor activity using noninvasive NIR topography. *Medical Physics, 22*, 1997-2005.

Matsuzawa, T. (2003). Private communication.

Ogawa, S., Tank, D. W., Menon, R., Ellermann, J. M., Kim, S. G., Merkle, H., & Ugurbil, K. (1992). Intrinsic signal changes accompanying sensory stimulation: Functional brain mapping with magnetic resonance imaging. *Proceedings of the National Academy of Sciences of the United States of America, 89*, 5951-5955.

Pena, M., Maki, A., Kovacic, D., Dehaene-Lambertz, G., Koizumi, H., Bouquet, F., & Mehler, J. (2003). Sounds and silence: An optical topography study of language recognition at birth. *Proceedings of the National Academy of Sciences of the United States of America, 100*, 11702-11705.

Rothschild, E. (1996). Environmental measurement, *The Trans-disciplinary Forum on Science and Technology for the Global Environment: Environmental Measurement and Analysis* (Koizumi, H., ed.), 11-21, Japan Science and Technology Co., Tokyo.

Sagan, C. (1977). *The dragons of eden: speculation on the evolution of human intelligence*. Random House: New York.

Striker, M. P., Sherk, H., Lenventhal, A. G. & Hirsch, H. V. B. (1978). Physiological consequences for the car's visual cortex of effectively restricting early visual experience with oriented contours. *Journal of Neurophysiology, 41*, 896-909.

Taga, G., Asakawa, K., Maki, A., Konishi, Y., & Koizumi, H. (2003). Brain imaging in awake infants by near-infrared optical topography. *Proceedings of the national Academy of Sciences of the United State of America, 100*, 10722-10727.

Tsujimoto, S., Yamamoto, T., Kawaguchi, H., Koizumi, H., & Sawaguchi, T. (2004). Prefrontal cortical activation associated with visuospatial working memory in adults and preschool children: An event-related optical topography study. *Cerebral Cortex, 14*, 703-712.

Yamamoto, T., Yamashita, Y., Yoshizawa, H., Maki, A., Iwata, M., Watanabe, E., & Koizumi, H. (1999). Non-invasive measurement of language function by using optical topography. *SPIE (Journal of the International Society for Optical Engineering), 3597*, 230-237.

Yamamoto, E., Takahashi, T., Takiguchi, K., Onodera, Y., Itagaki, H., & Koizumi, H. (1992). Noninvasive brain functional analysis by using ultrafast magnetic resonance imaging. *Imaging and Information Technology, 24*, front cover and 1466-1467.

Yamashita, Y., Maki, A., & Koizumi, H. (1996). Near-infrared topographic measurement system: Imaging of absorbers localized in a scattering medium. *Review of Scientific Instruments, 67*, 730-732.

PART 03

뇌, 언어, 수학

제11장 읽기 뇌의 세 모습

제12장 읽기와 뇌

제13장 근적외선 분광기를 이용한 조기 언어와 음성발달 뇌영상

제14장 읽기와 산수에서 뇌의 제약

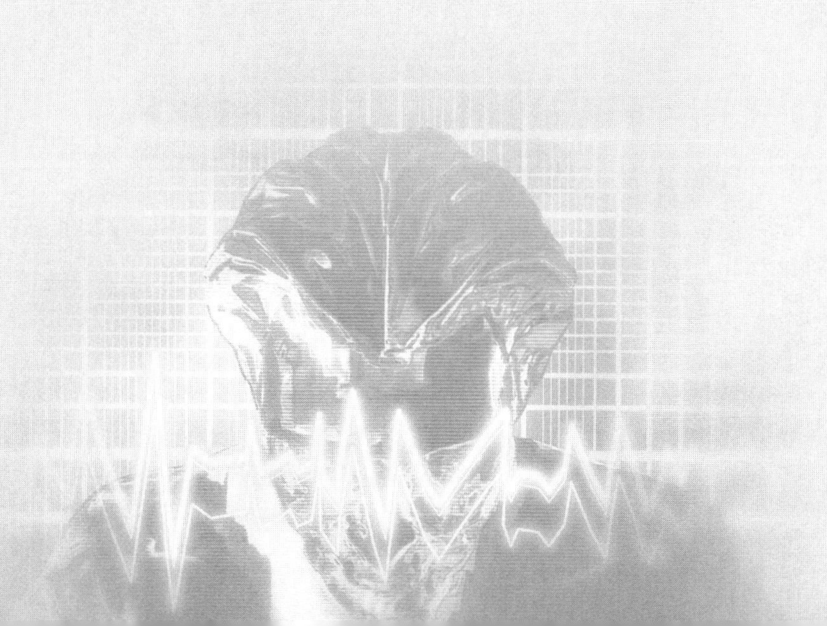

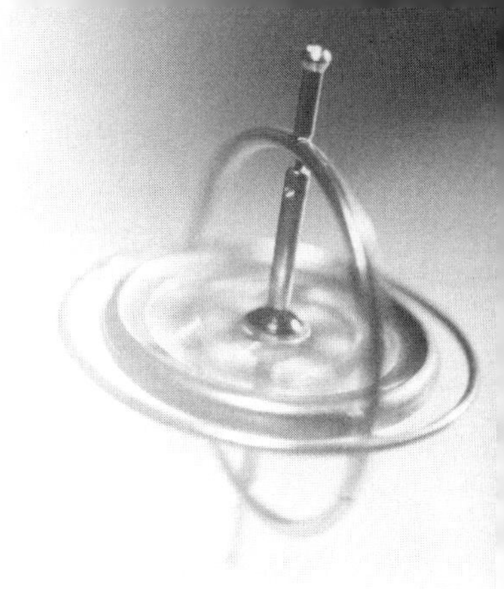

제11장 읽기 뇌의 세 모습: 진화, 발달 및 병리와 중재

Maryanne Wolf

개 관

우리 뇌의 가장 현저한 특성은 새로운 연결을 형성하는 능력과 기존의 뉴런 구조를 재배열하여 새로운 네트워크를 구축하는 능력이다. Dehaene가 14장에서 설명한 바와 같이, 인간은 읽기와 쓰기 같은 새로운 인지기능을 개발·동화하기 위해서 생물학적 진화를 통해 형성된 피질, 피질하, 소뇌 구조를 이용해 왔다. 인간의 문해능력이 일반화되기까지는 몇천 년이 걸렸지만, 오늘날의 아동은 10년 이하의 교육만으로도 유창하게 읽는다. 이처럼 현저한 신경학적 위업은 지각, 주의, 동작, 언어 및 인지 요소를 동시에 신속하게 처리하는 엄청난 협응력과 관련된다. 이들 복잡한 요소 중 어디에서든 문제(발달적 난독증 같은)가 생기면 읽기 획득과정이 늦어지거나 문제가 생길 수 있다. Wolf 등은 읽기 유창성 개선을 위해 여러 측면(미묘하고 복잡한 읽기과정 연구를 기반으로 추출한 요소들[RAVE-O: 인출, 자동성, 어휘, 언어 참여, 철자법])을 고려한 성공적인 중재 프로그램을 개발했다.

－편집자－

인간의 진화사에서 현세에 나타난 지적 변화는 우리 뇌에 새로운 구조가 생겨서가 아니며, 기존의 뉴런 통로를 재배열하는 탁월한 능력 덕분이다. 우리 인간이 새로운 기능을 획득하게 된 것은 원래 다른 용도(예, 시각 패턴을 지각하고 포식자를 가리키는 단어를 인출하며 발자국이 위험의 징조라 추리하는 능력)로 설계된 구조들 간의 연결과 회로를 재배열하는 능력 덕분이다. 우리 뇌 스스로 새로운 연결을 만드는 현저한 능력이야말로 우리 인간이 지닌 대부분의 인지적 도약과 발명의 신경학적 기반이 되고 있다(Dehaene & Singer, 이 책).

이런 증거는 문자언어의 역사와 아동발달에서 가장 많이 나타난다. 읽기나 쓰기는 인간의 인지적 진화에서 획기적인 발전에 속한다. 읽기나 쓰기 관련 생리구조와 그 발달은 유전적으로 타고난 것을 재배열하고 활용하는 뇌 고유의 능력을 반영한다. 읽기발달과 그 저해요인에 대한 연구에서는 뇌가 어떻게 오래된 신경구조를 재배열하여 오늘날의 인지기능을 학습하는지를 잘 보여 준다.

이 장에서는 읽기와 발달적 난독증의 읽기문제를 폭넓게 개념화하기 위해 읽기의 진화, 발달 및 병리에서 얻은 증거를 활용한 연구 프로그램을 소개할 것이다. 읽기과정을 이렇게 세 측면으로 볼 때 가장 중요한 시사점은 읽기학습 장애아 치료에 좀 더 포괄적으로 접근할 수 있다는 것이다. 이 장의 궁극적인 목적은 읽기의 진화, 발달, 병리에 대한 이해가 어떻게 치료정보를 제공하는지와 뇌의 학습 방식에 대한 이해에 어떻게 기여하는지를 제시하는 것이다.

읽기에 대한 특별한 견해

읽기능력을 타고난 사람은 없다. 인간은 말하기를 비롯한 다양한 기능을 수행하도록 유전적으로 프로그램되어 있어서, 아주 세련된 일련의 조작을 활용해 우리의 생존과 번영에 기여하고 있다. 그러나 읽기학습은 우리의 유전적 능력에 속하지 않는다. 오히려 읽기는 새로운 것을 배우기 위해 뇌 스스로 재배열하는 능력이 탁월함을 반영한다. 본질적으로 우리는 주의, 지각, 언어, 인지 및 동작 처리를 담당하는 피질, 피질하, 소뇌 부위에 있는 기존의 신경회로를 재배열하여 읽게 된다. 주의, 지각, 언어, 인지 및 동작 처리는 원래 읽기가 아닌 다른 기능을 위한 것이다. 뇌가 이들 처리과정을 새롭게 연결하는 능력이 바로 읽기의 생리적 기반이다.

그래서 Dehaene(이 책 참조)의 용어를 빌리면 읽기구조야말로 '뉴런 재활용' 의 현저한 예다. 인간이 처음 추상적인 시각기호를 이용해 사물을 표상했을(동굴벽화에서처럼) 때, 인간은 시각과 개념 처리를 담당하는 기존의 뉴런 회로를 완전히 재배열한 것이다. 상징적 능력이 증가하면서(Deacon, 2001), 인간은 이들 부위를 언어처리 담당 부위와 연결하게 되었다. 이런 삼위일체의 연결을 기반으로, 대대로 전수될 수 있는 문자언어를 읽고 전하는 능력(읽기와 쓰기)이 출현했다.

쓰기의 진화에서 얻은 통찰

최초의 표의문자 체계

초창기 쓰기 진화의 역사는 수메리아, 와디 엘 홀, 크레타 같은 이국적인 곳에서 시작되었다. 우리는 누락과 신비로 가득 찬 그 이야기를 여러 관점에서 볼 수 있다. '인지적 역사'는 초기의 각 문자(딱딱한 점토봉투에 싸인 작은 상징에서 시작해)가 우리 뇌에 얼마나 다른 것을 요구했는지를 살펴보는 이 절의 주제가 될 것이다.

BC 8000~4000년 사이에 이용되던 최초의 상징은 근동지역 도처에서 발견된 점토조각에 새겨진 작은 표시였다. 우리 조상들은 그런 표시를 일종의 회계체계로 이용했다. Schmandt-Besserat(1996)과 같은 일부 연구자들은 그런 표시를 최초의 문자 또는 적어도 문자의 전조(前兆)로 여겼다. 어떻게 개념화하든 그 상징은 동굴벽화와 더불어 지금까지 알려진 최초의 상징을 대표한다. 이런 상징 덕분에 고대인들은 사거나 팔 물건의 수를 나타낸 기록을 오래 남길 수 있었다. 가장 중요한 것은 그 상징의 발명이 바로 '상징적 표상'(Deacon, 2001)이라는 새로운 인지능력 출현을 반영한다는 점이다.

상징화 행위는 초기 문자체계에서 읽기발달을 특징짓는 세 가지 통찰 중 첫째다. 두 번째 통찰은 상징체계가 시공간을 초월해 전달될 수 있고 한 개인이나 문화의 사상을 보존할 수 있다는 인식과 관련된다. 설형문자와 상형문자로 시작된 초기 문자체계는 이 두 통찰을 반영한다. 세 번째 통찰은 언어학적으로 가장 추상적이고 복잡한 개념으로서 문자체계에서 보편적인 것은 아니다. 그것은 우리 구어의 각 단어가 한정된 음소군으로 구성되며, 이를 한정된 서기소군으로 표상할 수 있다는 통찰이다. 세계의 알파벳 체계는 이런 알파벳 원리를 기반으로 한다. 설형문자나 상형문자 같은 초기 문자체계에서 널리 수용된 알파벳 유사체계(BC 2000년 후반 우가리트에서 만들어진)로 바뀌기까지는 약 2,000년이 걸렸다.

수메리아의 설형문자는 최초의 포괄적인 문자체계로 BC 3100년경에 만들어진 것으로 추측된다. 최근 들어 이 가정은 그보다 몇 세기 전에 이집트 상형문자가 있었다는 이집트 학자들의 도전을 받고 있다. 학술적으로 어느 것이 먼저든, 역사의 흐름과 더불어 각 문화에서 더 많은 상징이 발달하면서 이들 두 문자는 독자에게 많은 것을 요구하였다. 인지적 관점에서 이 두 문자는 세 가지 주요 특징이 있다. 첫째, 알려진 개념이나 단어를 모두 전하려는 사상적(寫像的, imagistic) 표의문자다. 둘째, 더 오래된 상징의 첫 음을 이용해 새로운 단어의 음을 묘사하는 글자 맞추기 원리를 따른다. 셋째, 독자가 밭이랑을 따라가는 것처럼 처음에 왼쪽에서 오른쪽으로 책을 읽고 다음에는 한 줄 내려가 오른쪽에서 왼쪽으로 눈을 옮긴다. 체계에 따라 이집트나 수메리아 독자들은 위에서 아래로 읽는 세로읽기도 해야 했다. 다시 말해, 이들 초기 체계는 독자들의 많은 유연성뿐만 아니라, 큰 노력을 요하는 다양한 인지전략과 주사양식을 요구했다. 소심한 사람에게는 그 당시의 읽기가 적합하지 않았다.

물론 초보 독자들이 수메리아 수업방식으로 훈련을 제대로 받으려면 수십 년이 걸리기도 한다. 아시리아 학자인 Cohen(2003)에 따르면, 수메리아 교육방식은 언어에 대한 통찰이 탁월하다. 가령, 수메리아인들은 어떤 언어학적 기준으로도 정교하게 범주화되는 단어 목록을 개발하여 학생들을 가르쳤다. 의미 기반 특징을 공유하는 단어군이 있고, 음운 기반 특징을 공유하는 단어군이 있다. 그리고 표의문자(우리의 형태학적 원리와 철자법 원리에 해당되는)의 뿌리가 같은 단어군도 있다. 후에는 이중언어 목록이 추가되었다. 언어학적 분류를 생각해 본 적이 없던 수메리아인들은 읽기를 지도할 때 문자에서 발견된 다양한 언어학적 읽기요소를 가르치고, 특히 함께 범주화될 수 있는 단어들이 공유하는 관계를 명시적으로 가르쳤다. 이는 한 차원(예, 음운 기반 발음학습, 의미 기반 총체적 언어학습)의 읽기 수업에만 의존하는 듯한 현대 교육자들을 아주 겸손케 하는 부분이다. 4,000년 전의 수메리아인들은 다양하게 범주화된 목록을 이용하여 학습자에게 단어의 다양성을 보여 주었다. 수메리아가 멸망한 후, 아카드 문자체계에도 수메르 체계의 많은 통찰이 남아 있었다. 이 장의 말미에 나올 아주 혁신적인 최근의 읽기 수업방법에서는 수메리아인의 여러 가지 통찰을 본딴 다차원적 접근을 활용할 것이다.

알파벳의 출현

이집트 상형문자 체계의 역사에는 미스터리가 많지만, 앞서 말한 세 번째 통찰과 알파벳 원리의 출현을 이해하려는 사람들은 상형문자 체계의 역사를 꼭 알아야 한다. 수메리아 문자에서와 마찬가지로, 상형문자에서도 읽기학습은 인지적 위업이다. 그러나 수메리아 문자와 달리, 이집트 문자에서는 상형문자 안에 암호화된 난해한 의미층이 늘어나 시간이 지날수록 부담이 점점 가중됐다.

그 시기와 이유는 모르겠으나 구어의 극히 제한된 음을 전달할 때 이용된 듯한 소수의 상징이 나타났는데, 이는 아마도 상형문자로 인한 부담을 해결하기 위해 시작된 듯하다. 한 가지 가설은 이집트 안팎에서 일하던 셈족 서기가 상형문자 사용이 허용되지 않은 노동자들에게 지시를 내릴 때 이 기호를 이용했을 것이라는 것이다. 이 '하층 속기' 가설의 확인 여부와는 별도로, 많은 언어학자들은 이들 소수의 소리 기반 상징이 최초 원셈어인 알파벳 유사문자의 바탕이 되었다고 본다. 최근 이집트 황야의 와디 엘 홀 지역에서 발견된 이런 초기 문자는 BC 1800년경 초에 이용되었고, 한참 지나 아름다운 우가리트 문자의 발달(BC 1400)에 영향을 준 것으로 추측된다. 우가리트어는 주로 모음을 전달하는 알파벳 체계인 아부기다(abugide)로 분류되며, 예의 바른 편지와 시에서 공문에 이르는 모든 글에 이용되었다. 실제로 일부 사람들은 우가리트어가 최초의 성경언어라 믿고 있다.

하지만 이런 초창기 원셈어 체계를 최초 알파벳으로 볼 수 있는지에 대해서는 언어학자, 아시리아 학자 및 고전학자들이 크게 엇갈리고 있다. 물론 한참 후 BC 1000년에 그리스인들이 이웃의 페니키아 문자체계를 재배열하여 그리스어의 모든 음소를 표현하는 거의 완벽한 알파벳을 만들었다는 것에 대해서는 논쟁의 여지가 없다. 그것이야말로 탁월한 업적이다. 그리스인들은 그리스어의 모든 음을 전할 수 있는 알파벳을 만들기 위해 페니키아와 그리스 말의 모든 음소를 분석했다. 그리스인은 최초로 언어를 만들지는 않았지만 세계 최고의 언어를 만든 이들이었다.

진화에서 아동의 읽기발달로

대개 현대 교육자들은 탁월한 위업을 남긴 그리스에서 아동이 읽기학습에 들어가기 전에 풍부한 인지적 통찰을 갖게 했다는 점을 간과하고 있다. 암묵적 수준에서 아동은 세 가지 유사한 개념을 익혀야 한다. 그 개념은 상징적 표상, 상징체계로 단어를 전달한다는 생각, 그리고 단어는 음소로 이루어져 있으며 쓰기에서는 그 음소를 글자로 표현한다(가장 어렵고 추상적인)는 통찰이다. 우리 인간이 수천 년이나 걸려 획득한 능력(통찰을 숙달하는)을 현대 아동이 발견, 이해, 입증하는 데에는 6~7년이 걸린다.

대부분이 그 진가를 모르는 이런 통찰(읽기에 대한)이 아동기에만 나타나는 것은 아니다. 사실 아동의 읽기 획득과 발달은 수백 개의 단어, 수천 개의 개념, 수만 개의 지각으로 이루어진 총합이다. 이 모든 것들이 우리 뇌에 많은 것을 요구하는 처리과정 발달에 기여한다. 이 중 어느 것도 거저 되는 것이 없다. 유치원에 오는 유아의 문해 배경을 비교한 Teale과 Sulzby(1986)의 유명한 연구에서는 어려운 가정 출신의 일부 유아의 경우 생후 5년간 약 60시간 분량의 문해 기반 자료를 접했다. 반대로 대다수 중류층 출신의 유아는 수천 시간 분량의 문해 기반 자료를 접했다. 마찬가지로 Hart와 Risley (2003)의 인상적인 연구에서는 사회경제적 배경이 다른 3세경의 유아들이 가정에서 접한 단어 수의 차이가 '3천만 개' 인 것으로 나타났다. 여기에서 지지하는 읽기에 대한 관점에 비추어 볼 때, 읽기의 전조로는 읽기 획득뿐만 아니라 장기간에 걸쳐 읽기발달에 영향을 주는 삶 자체를 들 수 있다. 그러면 읽기의 기초가 되는 해독화 원리를 습득한 후에는 왜 그럴까?

유아가 'cat' 과 같은 간단한 단어나 'catastrophe' 를 읽을 때 뭐가 필요한지 생각해 보자. 그것을 읽으려면 주의, 기억, 시지각, 철자법 패턴 인지, 청지각, 음운, 의미, 인출 및 이해 과정들이 필수적이다. 단어 하나를 읽으려면 1/1,000초 안에 이들 과정이 정확하고 신속하게 이루어진 후 통합되어야 한다. 여기서 강조해야 할 사항은 그 과정들이 서로 다르지만 밀접한 관련이 있다는 점이다. 첫째, 이런 관점의 인지적·언어학적 과정들에서는 해독화 과정뿐만 아니라 의미, 구문, 이해 과정을 비롯한 여러 가지 언어학적 과정들이 중요함을 보여 준다. 아동이 문장을 유창하게 이해하는 분석자로 발달하려면 해독화 기능뿐만 아니라 단어에 대한 지식이 깊고 좀 더 복잡한 수준이어야 한다. 초기의 인지 및 언어 발달은 이후 삶의 바탕이 된다. 그러다 보니 유아가 따라잡을 수 없는 것이 아닌데도 현실적으로 따라잡지 못하는 경우가 많다. 겉으로 보이지 않는 3천만 개의 단어 차이와 그로 인한 모든 것이 책에서 많은 것을 얻는 데 오랫동안 방해가 된다.

둘째 사항 덕분에 우리는 읽기 뇌를 재고하게 된다. 주의, 지각, 인지 및 언어 과정 모두 발달 중인 뇌 부위들의 복잡한 재조직에 의지한다. 그런 과정들이 모두 일부 유전적 프로그램에만 의지하는 것은 아니다. 인간의 활동(예를 들어, 교사와 학습자 사이에 일어나는)에 의해 그런 과정들이 가능할 수도 있고 아닐 수도 있다. 이에 대해서는 언어학자 Steven Pinker의 다음 말이 가장 적절하다. "소리를 처리할 망은 아동에게 이미 존재하지만, 문자는 선택적인 부가물이라 노력해서 추가해야 한다."

읽기발달은 노력해서 그런 과정들을 추가하고 종합하는 것과 관련된다. 선행 경험이 풍부한 아동은 학습할 준비가 잘되어 있어서 특별한 노력 없이도 그렇게 할 것 같다. 그런가 하면 다른 아동은 환경적인 원인이나 읽기와 관련된 뇌 부위의 생리적 차이로 인해 읽기 획득과정에서 많은 어려움을 겪는다. 이런 아동들의 경우에는 명시적 교수를 통해 읽기요소의 여러 과정들을 체계적으로 가르쳐야 한다.

이 관점의 주요 시사점은 읽기 관련 요소들이 많아서 읽기문제의 원인이 다양할 수 있다는 것이다. 그렇다면 읽기문제의 원인에는 다른 아형(subtype)이 있기 마련이다. 이는 읽기문제에 대한 지난 30년간의 전통적 관점과 반대된다. 1970년대 심리언어학 연구에 바탕을 둔 일반적 관점에서는 읽기문제의 주원인 중 반 정도가 서기소-음소 대응규칙을 배우고 적용하는 능력의 기반인 음운처리 과정 때문일 것이라 가정했다. 이런 단일 차원의 접근에서는 음운처리 결함이 아동의 음소인식 능력 발달을 방해하고, 그로 인해 서기소-음소 대응규칙을 배우기가 어려우며, 결국 해독화와 이해가 어려워진다고 본다. 이에 대한 우리의 입장은 음운론적 설명이 필요조건이기는 해도 충분조건은 아니라는 점이다.

독서불능증, 실어증, 난독증 대상의 단어인출 및 명명속도 과정에 대한 신경과학 연구에서는 난독증에 다른 결함(신속한 자동화 처리 곤란과 관련된 것으로서 음운론과 무관하고 음운결함으로 설명할 수 없는)이 있을 가능성을 제시한다.

아형 분류: 이중결함 가설

본래 Bowers와 Wolf(1993)가 제안한 이중결함 가설(double deficit hypothesis: DDH)은 다른 종류의 난독증을 이해하려는 노력을 나타낸다. 그 입장에서는 아동을 음운과 명명속도 과정 같은 두 가지 주요 결함의 유, 무, 결합으로 구분해 적어도 세 가지 주요 아형으로 본다. 오늘날에 와서는 ① 명명속도 문제는 없고 음운결함만 있는 독자, ② 음운과 단어공략 기능은 적절하지만 초기에는 명명속도 결함이, 후기에는 읽기 유창성과 이해 결함이 있는 독자, ③ 두 가지 모두 약한 '이중결함' 독자가 존재한다는 자료가 상당하다(Lovett, Steinback, & Frijters, 2000a; Manis, Doi, & Bhadha, 2000; Badian, 1996; Ho, Chan, Tsang, & Lee, 2002). 두 가지 주요 결함을 모두 지닌 아동은 읽기의 모든 측면(특히 읽기 유창성과 이해)이 가장 크게 손상된 아형에 속하는데, 이는 이용 가능한 보상 부위가 더 적기 때문이다.

Wolf와 Bowers(1999, 2000)는 음운결함을 과도하게 강조하던 입장에서 벗어날 필요성을 강조하는 방안으로 이중결함 가설을 활용했다. 음운결함과는 달리, 명명속도 결함은 그 원인이 다양하다. 이는 여기에서 지지하는 다요소 관점에서처럼, 신속한 명명은 모든 과정에서 순차 배열, 통합 및 신속성을 요구하는 일련의 지각, 인지, 동작, 언어 과정으로 개념화되기 때문이다. 이 과정들이 읽기속도에 필요한 요소이자 요건인 듯하다. 그런 관점에서는 명명속도가 많은 아동의 읽기문제를 예측하고 이런 아동을 읽기문제가 없는 아동과 구분해 줄 것이라고 설명한다. 이제 많은 연구에서 독일어, 네덜란드어, 핀란드어, 히브리어를 대상으로 이런 아형들이 존재함을 밝힌 바 있으며, 중국어와 일본어 대상의 예비 연구에서도 이런 아형들이 발견되었다.

그러므로 이중결함 가설은 읽기문제의 주요 원인을 이해하려는 노력이라고 볼 수 있다. 그렇다고 이런 유형의 결함만 존재한다는 의미는 아니다. 우리의 모든 분석과 다른 동료들의 재분석에서는 한 가지 결함으로 설명할 수는 없지만 여전히 읽기문제가 심각한 아동 집단이 있었다(Lovett, Steinbach, & Frijters, 2000a 참조). 이중결함 가설에서 강조해야 할 바는 기존의 중재 초점을 확대하라는 시사점과 더불어 우리 표본과 학급에서 이런 주요 결함 유형들이 서로 얼마나 독립적인지를 이해해야 한다는 점이다. 가장 중요한 시사점은 명명속도 결함이 있는 아동 대부분에게 유창성 문제가 있다는 점이다. 난독증 아동 대상의 기존 프로그램은 대부분 음운기능 훈련에 주 관심을 두고 있는데, 그런 아동의 경우 음운기능 훈련이 필요하다 하더라도 그것만으로는 부족하다. 그들에게는 초창기에 매일 자동화와 유창성을 더 강조해야 한다.

결국 이중결함 가설에서는 읽기발달에서 처리속도와 유창성의 역할을 이해하고 이런 문제들을 해결할 중재를 고안해야 한다고 강조한다. 그간 음운결함만 있는 아동의 경우에는 음운인식과 해독화를 강조하는 기존의 프로그램만으로도 치료가 되었다. 그러나 명명속도와 읽기 유창성에 문제가 있는 다른 두 아형은 제대로 치료할 수 없었다. 이 장의 마지막 절에서는 음운을 강조하는 프로그램에 유창성과 이해를 통합하는 요소별 읽기중재 프로그램을 소개할 것이다.

읽기중재에서 요소 기반 관점의 유창성

유창성 발달에 대한 우리의 관점은 Hebb(1949), Geschwind (1965), Denckla와 Rudel(1979), LaBerge와 Samuels(1974), Doehring(1976), Perfetti(1985) 등의 연구에서 나타난 주 요소들을 통합적으로 보는 것이다. 이에 대해서는 Wolf와 Katzir-Cohen (2001)에서 자세히 논의한 바 있다. 첫째, 이런 관점에서는 유창성을 위해 수준 높은 철자법, 음운론, 의미론 및 구문표상 체계의 발달이 요구된다. 둘째, 이들 체계 내 및 체계 간에 신속한 연결이 요구된다. 셋째, 각 체계에서 신속하게 정보를 인출하려면 학습과 연습이 요구된다. 오늘날 유창성에 대한 대부분의 관점에서는 유창성을 해독화 과정에서 나타난 정확성의 산물로 보면서 과거 연구를 제대로 통합하지 못하고 있다. Meyer와 Felton(1999), Meyer(2002)는 대다수가 합의한 관점을 요약하여, 해독화에 의식적으로 주의를 기울이지 않고도 문장을 신속하고 자연스럽고 자동적으로 읽는 능력을 유창성으로 보았다. 하지만 그런 관점 역시 유창성의 많은 하위과정을 제대로 반영하지 못한다.

우리는 유창성을 요소별 처리과정과 여러 수준의 하위 읽기기능(즉, 글자, 글자 패턴, 단어수준에서 문장과 단락 수준으로)으로 정의해야 한다고 본다. Kame'enui, Simmons, Good 및 Harn(2001)과 함께, 우리는 유창성을 개념화하기 위해 입장을 완전히 바꿔 산출뿐만 아니라 발달과정으로 제안한다. Kame'enui 등은 유창성을 좀 더 발달적으로 개념화하여, 읽기의 하위수준인 요소기능(가령, 음소 인식)의 숙련도 발달뿐만 아니라 고차적 처리과정과 요소기능(가령, 이해의 정확성)이 숙련된 결과로 보았다.

Berninger 등(Berninger, Abbot, Billingsley, & Nagy, 2001)은 유창성에 훨씬 더 광범위하고 체계적으로 접근하여 철자법 속도와 전반적인 유창성 발달을 촉진할 때 단어에 대한 형태학적 지식의 역할을 중시했다.

Wolf와 Katzir-Cohen(2001)은 유창성에 대한 과거와 현재의 연구를 통합하기 위해 다음과 같은 발달적 정의를 제시하고 있다.

> 처음에 읽기 유창성은 초기의 정확성 발달과 이후의 자동화 발

> 달의 산물이다. 그것은 한 단어나 문장을 읽을 때 기본적인 어휘와 하위어휘 처리뿐만 아니라 그런 처리를 통합하는 기반이 된다. 거기에는 ① 글자, 글자 패턴 및 단어수준의 지각과 음운론, ② 철자법 및 형태학적 처리, ③ 단어나 문장 수준의 의미론과 구문론 처리가 포함된다. 충분히 발달한 후에는 읽기 유창성이 정확도와 속도를 일컫는데, 이때 해독이 비교적 쉽게 이루어지고 정확한 운율로 매끄럽고 정확하게 낭독하며 이해를 위해 주의를 할당할 수 있다.

읽기 유창성을 그처럼 발달적이고 좀 더 포괄적으로 볼 경우, 우리는 예방, 중재 및 평가에 많은 시사점을 줄 것이라 생각한다. 따라서 발달적 관점에서는 이미 읽기능력을 획득한 후가 아닌 읽기과정 초기에 유창성을 촉진하려는 노력을 시작해야 한다.

유창성 문제가 심각해지기 전에 예방적 대처가 중요하다는 것은 오늘날 읽기중재 연구의 몇 가지 주요 관심사항을 밝힌 Lyon과 Moats(1997)의 암시적 주제다.

> 읽기 유창성과 자동화를 증진시키기보다 해독화와 단어 읽기 정확도를 증진시키기가 훨씬 더 쉬웠다. 이렇게 꾸준한 연구결과에서는 읽기기능 요소의 발달뿐만 아니라 그런 기능이 읽기속도와 독해를 어떻게 매개하는지를 잘 알아야 함을 지적하고 있다.

여기에서 Lyon과 Moats(1997)는 현장에서 유창성 문제를 개선할 때의 문제점뿐만 아니라 문제해결 방법들을 요약하고 있다. 즉, 발달에 따른 유창성 관련 하위요소를 명시하고 있다.

앞에서 간단히 요약한 바와 같이, 우리가 현재의 연구로 과거의 일부 연구를 보완할 경우 관련된 여러 과정과 요소를 최초로 설명할 합리적 근거가 될 것이라 본다. 여기에는 다음과 같은 유창성 관련 처리가 포함된다. 즉, ① 글자지각, ② 철자표상, ③ 음운표상, ④ 의미표상, ⑤ 어휘 접근과 인출, ⑥ 해독화와 단어확인 기능, ⑦ 형태학, 구문론, 운율체계 관련 지식, ⑧ 추론과 이해 기능이다. 다시 말해, 자동화와 효율성에 대한 과거와 현재 연구의 시사점을 실천하기 어려운 이유는 읽기 유창성 촉진을 위해서는 읽기 자체와 관련된 주요 과정과 하위기능 모두를 명시적으로 가르쳐야 하기 때문이다. 교수 상황에서 유창성 문제가 있는 아동에게 유창성 구조에 대한 지식을 적용하려면 이론적 정의와 설명의 이면을 파악하고 있어야 한다.

유창성 중재: RAVE-O

우리는 미국의 아동보건인간발달 연구소(National Institute of Child Health and Human Development: NICHD)에서 자금을 받아 유창성 수업에 대한 다요소 접근을 실험적으로 설계하여 검증했다. 그 프로그램은 Morris, Lovett 및 Wolf가 협력하여 설계한 것으로, 읽기장애에 대한 다차원 관점을 연구하고 특정 난독증아를 위한 이론 기반 치료의 효율성을 평가하려는 것이었다.

다른 곳(Wolf, Miller, & Donnelly, 2000; Wolf, O'Brien, & Adams, 2003)에서 상술한 RAVE-O(인출, 자동성, 어휘, 언어 참여, 철자법) 프로그램은 다음과 같은 세 가지 목적을 추구한다. ① 글자 패턴과 단어수준의 정확성과 자동화 발달, ② 단어공략, 단어확인 및 이해속도 증가, ③ 단어와 언어에 대한 태도변화. 이를 위해 프로그램에서는 음운론, 철자법, 의미론, 구문론, 형태학적 체계에서 자동화의 필요성을 강조하는 동시에, 이런 언어학적 체계의 명시적 관련성을 가르치는 것이 중요함을 피력한다. 후자는 부분적으로나마 철자법, 의미론, 음운론 과정의 명시적 관련성을 강조하는 연구에 기반을 두고 있다(Adams, 1990; Foorman, 1994; Seidenberg & McClelland, 1989). 더욱이 Berninger 등(2001), Adams(1990), Moats(2000)는 형태통사적 지식과 기타 다른 과정의 관련성을 강조했다.

RAVE-O 프로그램은 반드시 체계적인 음운 분석 및 결합을 가르치는 프로그램과 함께 활용한다(Lovett et al., 2000 참조). 아동은 매우 중요한 음운론, 철자법 및 의미론 원리를 대표하는 핵심 단어군을 배운다. 그 프로그램에서는 첫 활동 이후 구문론과 형태론의 원리를 점차 추가해 간다. 핵심 단어는 ① 음운치료 프로그램에 있는 음소, ② 문맥과 호응되는 철자법 패턴, ③ 풍부한 의미를 기반으로 선정된다. 첫째, 핵심 단어의 다양한 의미를 다양한 의미론적 맥락에 도입한다. 둘째, RAVE-O에서 아동은 핵심 단어의 음소를 이미 배운 철자법 패턴과 관련지어 본다. 가령, 아동은 음운 프로그램의 각 음소(예, 'a' 't' 'm')를 배우고 RAVE-O에 있는 동일 음소로 단위 철자법(예, 어족과 함께 'at' 'am')을 배운다(Goswami, 1999; Goswami, 이 책 참조).

영어의 경우 가장 빈도가 높은 철자법의 글자 패턴을 매일 연습하고 빨리 재인하라고 강조한다. 몰입방식으로 연습을 최대화하고 철자법 패턴(예, 온셋과 라임)의 재인속도를 증가시키기 위해 컴퓨터 게임(Speed Wizards; Wolf & Goodman, 1996 참조)과 새로운 조작교구 세트를 마련했다.

또 가장 잘 아는 것을 가장 빨리 인출한다고 제시한 이전의 어휘

발달 연구를 기반으로 어휘와 인출도 강조한다(Beck, Perfetti, & McKeown, 1982; German, 1992; Kami'enui, Dixon, & Carnine, 1987; Wolf & Segal, 1999 참조). 어휘발달(구어든 문어든)이 그 프로그램의 궁극적 목표인 신속한 인출과 이해 증가에 필수적이라 본다. 일련의 상위인지 전략을 비롯한 다양한 방식으로 인출기능을 가르친다.

RAVE-O 프로그램에서는 매주 일련의 독해용 이야기(즉, 짤막한 추리와 모험 이야기)를 제시하고, 몇 가지 방식으로 유창성과 이해에 초점을 둔다. 정기적인 이야기와 비정기적인 이야기에서 어휘를 엄선해 그 주에 배운 특정 철자법과 형태학적 패턴을 통합하고, 핵심 단어의 다양한 의미와 구문론적 활용을 강조한다. 그 이야기들은 반복해서 읽기를 연습할 탁월한 도구가 되어 문장의 유창성에 도움이 된다. 그래서 짤막한 이야기들은 이해기능을 구축하는 음운론, 철자법, 구문론, 의미론의 유창성을 모두 촉진하는 다용도 도구다. 유창성이야말로 이해에 이르는 최고의 다리다. 그러므로 RAVE-O의 궁극적인 목표는 아동이 얼마나 빨리 읽는지가 아니라 읽은 것을 얼마나 이해하고 즐기는지다.

이런 RAVE-O 일과의 목표는 그간 많은 연구자들이 거의 논의한 바 없는 것으로 부수적인 사항(즉, 정서적이고 동기적인 사항)이다. 이 프로그램의 비밀 무기는 바로 프로그램 활동의 곳곳에 숨겨진 것으로 게임 같은 기발함이다. 우리는 아동이 구어와 문자를 읽고 즐기기를 바란다. 우리는 언어학적으로 문제에 처한 아동에게 능력을 부여하려 한다.

그런 수업방법에서는 특히 교사의 참여를 요구한다. 그러므로 프로그램 내내 우리는 학습자와 교사가 참여하고 교사 자신이 언어를 사랑하도록 가능한 한 다양한 방식으로 노력한다. 결국 우리의 목표는 상호적으로 참여하는 교사와 학습자 집단이다.

예비적인 연구결과에서는 RAVE-O가 글자, 단어 및 문장 수준에서 아동의 읽기를 개선할 가능성을 강력히 지지했다. 성장곡선 분석결과에서는 RAVE-O 프로그램에 참여한 아동이 한 시간짜리 70회기를 마친 후 ① 단어공략, 즉 단어확인 변인, ② 어휘, ③ 단어와 문장 수준의 유창성, ④ 문장수준의 유창성과 이해를 결합한 점수가 의미 있게 향상되었음을 제시했다.

요 약

이 장을 쓰게 된 주요 동기는 진화사적으로 중요한 개념과 관련된다. 그것은 뇌가 새로운 인지기능을 배우기 위해 스스로 재배열하는 능력이 있다는 것이다. 우리는 이 개념을 두 가지로 적용했다. 첫째, 읽기 뇌는 지난 5,000년 동안 인간의 뇌가 본래 다른 것(미세한 시각 특징 지각, 구어의 최소 단위를 듣고 분절화하기, 상징 이해, 단어와 그 의미 인출, 거의 자동화된 속도로 이 모든 것을 통합하기)을 담당하던 부위를 재배열한 결과다. 둘째, 중재설계에 재배열 개념을 적용해서 최고의 신구(新舊) 교수법을 재구성함으로써 읽기의 기초가 되는 일련의 과정을 가르칠 방안을 제시했다. 정확한 해독화와 유창한 이해를 위해 이런 과정을 신속하게 통합하는 능력이야말로 RAVE-O 중재 프로그램의 포괄적인 목표다. 끝으로 우리는 단어의 다차원적 특성을 명시적으로 묘사하려는 RAVE-O 프로그램이 바로 5,000년 전 수메리아인들이 처음 이용하던 원리를 새롭게 되살린 것임을 제시하면서 마무리하고자 한다.

참고문헌

Adams, M. J. (1990). *Beginning to Read: Thinking and Learning about Print.* Cambridge, MA: MIT Press.

Badian, N. (1996). *Dyslexia: Does it exist? Dyslexia, garden-variety poor reading, and the Double-Deficit Hypothesis.* Paper presented at the Orton Dyslexia Society, Boston, MA.

Beck, I. L., Perfetti, C. A., & McKeown, M. G. (1982). Effects of long-term vocabulary instructions on lexical access and reading comprehension. *Journal of Educational Psychology, 74*, 506-521.

Berninger, V. W., Abbott, R. D., Billingsley, F., & Nagy, W. (2001). Processes underlying timing and fluency of reading: Efficiency, automaticity, coordination, and morphological awareness. In M. Wolf (ed.), *Time, Fluency, and Dyslexia.* Timonium, MD: York Press.

Bowers, P. G. & Wolf, M. (1993). Theoretical links among naming speed, precise timing mechanisms and orthographic skill in dyslexia. *Reading and Writing, 5*, 69-85.

Cohen, U. (2003). Personal correspondence.

Dehaene, S. (2003). *Pre-emption of human cortical circuits by numbers and language: The "neuronal" recycling hypothesis.* Paper presented at Pontifical Academy of Sciences meeting. Vatican City.

Deacon, T. (1997). *The Symbolic Species: The Co-evolution of Language and the Human Brain.* New York: W. W. Norton & Company.

Denckla, M. B. & Rudel, R. G. (1976). Naming of objects by dyslexic and other learning-disabled children. *Brain and Language, 3*, 1-15.

Doehring, D. G. (1976). *Acquisition of rapid reading response.* Monograph of the Society for Research in Child Development. Vols. *165*(2).

Foorman, B. R. (1994). Phonological and orthographic processing: Separated but equal? In V. W. Berninger (ed.), *The Varieties of Orthographic Knowledge I: Theoretical and Developmental Issues* (pp. 319-355). Dordrecht, The Netherlands: Kluwer.

German, D. J. (1992). Word finding intervention for children and adolescents. *Topics in Learning Disorders, 13*, 33-50.

Geschwind, N. (1965). Disconnection syndrome in animals and man (Parts Ⅰ, Ⅱ). *Brain, 88*, 237-294, 585-644.

Goswami, U. (1999). Causal connections in beginning reading: The importance of rhyme. *Journal of Research in Reading, 22*, 217-240.

Hart, B. & Risley, T. R. (2003). The early catastrophe: The "30 million word gap." *American Educator, 27*(1), 4-9.

Hebb, D. O. (1949). *The Organization of Behaviour.* New York: John Wiley.

Ho Chan, D., Tsang, S. M., & Lee, S. H. (2002). The cognitive profile and multiple-deficit hypothesis in Chinese developmental psychology. *Developmental Psychology, 38*, 543-553.

Kame'enui, E. J., Simmons, D. C., Good, R. H., & Harn, B. A. (2001). The use of fluency-based measures in early identification and evaluation of intervention efficacy in schools. In M. Wolf (ed.), *Time, Fluency, and Dyslexia.* Timonium, MD: York Press.

Kame'enui, E. J., Dixon, R. C., & Carnine, D. W. (1987). Issues in the design of vocabulary instruction. In M. G. McKeown & M. E. Curtis (eds.), *The Nature of Vocabulary Acquisition* (pp. 129-145). Hillsdale, NJ: Erlbaum.

LaBerge, D. & Samuels, S. J. (1974). Toward a theory of automatic information processing in reading. *Cognitive Psychology, 6*, 293-323.

Lovett, M. W., Steinbach, K. A., & Frijters, J. C. (2000). Remediating the core deficits of developmental reading disability: A double-deficit perspective. *Journal of Learning Disabilities, 33*(4), 334-358.

Lyon, G. R. & Moats, L. C. (1997). Critical conceptual and methodological considerations in reading intervention research. *Journal of Learning Disabilities,* 30, 578-588.

Manis, F. R., Doi, L. M., & Bhadha, B. (2000). Naming speed, phonological awareness, and orthographic knowledge in second graders. *Journal of Learning Disabilities, 33*, 325-333.

Meyer, M. S. & Felton, R. H. (1999). Repeated reading to enhance fluency: Old approaches and new directions. *Annals of Dyslexia, 49*, 283-306.

Moats, L. (2000). *Speech to Print: Language Essentials for Teachers.* Baltimore: Paul H. Brookes Publishing Company.

Morris, R. Lovett, M., & Wolf, M. (1996). *Treatment of developmental reading disabilities.* NICHD grant proposal.

Perfetti, C. A. (1985). *Reading Ability.* New York: Oxford Press.

Schmandt-Besserat, D. (1992). *Before Writing: From Counting to Cuneiform.* College Station, TX: Texas University Press.

Seidenberg, M. & McCelland, J. (1989). A distributed developmental model of word recognition and naming. *Psychological Review, 96*, 35-49.

Teale, W. & Sulzby, E. (eds.) (1986). *Emergent Literacy: Writing and Reading.* NJ: Ablex, Co.

Wolf, M. & Bowers, P. (2000). The question of naming-speed deficits in developmental reading disabilities: An introduction to the Double-Deficit Hypothesis. *Journal of Learning Disabilities, 33*, 322-324.

_______ (1999). The "Double-Deficit Hypothesis" for the developmental dyslexias. *Journal of Educational Psychology, 91*(3), 1-24.

Wolf, M. & Goodman, G. (1996). Speed Wizards: Computerized games for the teaching of reading fluency. Tufts University and Rochester Institute of Technology.

Wolf, M. & Katzir-Cohen, T. (2001). Reading fluency and its intervention. Scienific Studies of Reading *(Special Issue on Fluency.* Editors: E. Kame'enui and D. Simmons), *5*, 211-238.

Wolf, M. & Segal, D. (1999). Retrieval-rate, accuracy and vocabulary elaboration (RAVE) in reading-impaired children: A pilot intervention program. *Dyslexia, 5*, 1-27.

Wolf, M., Miller, L., & Donnelly, K. (2000). Retrieval, Automaticity, Vocabulary Elaboration, Orthography (RAVE-O): A comprehensive fluency-based reading intervention program. *Journal of Learning Disabilities, 33*(4), 375-386.

Wolf, M., O'Brien, B., Adams, K., Joffe, T., Jeffrey, J., Lovett, M., & Morris, R. (2003). Working for time: Reflections on naming speed, reading fluency, and intervention. In B. Foorman (ed.), *Preventing and Remediating Reading Difficulties: Bringing Science to Scale.* Timonium, MD: York Press.

제12장 읽기와 뇌: 교차언어 접근

Usha Goswami

개 관

읽기기능 학습은 언어 자체의 일부 특성과 인과적 관계가 있다. 스페인어 같은 표층 알파벳 언어는 글자-음소가 일대일로 일치하여 철자를 소리로 매핑하기가 가장 쉽다. 영어 같은 심층 철자법에서는 철자법과 음운론이 불일치한다. 읽기 전 아동은 자기가 말하는 어휘에서 음절의 소단위, 즉 온셋과 라임으로 구성된 단위를 탐지한다. 말을 이런 요소로 분석하는 것은 음운인식, 즉 말을 하위 음으로 분석하는 능력에 중요하다. 알파벳 언어를 읽으려면 글자를 온셋이나 라임보다 더 작은 소리단위인 음소와 관련지어야 한다. Goswami는 아동이 언어의 철자법 숙달을 통해 음소를 익힌다고 주장한다. 난독증이 없는 아동이더라도 심층 철자법에서 글자-소리 규칙을 숙달하려면 더 오랜 시간이 필요하다. 모든 언어권의 난독증 아동은 소리표상이 어려워 글자-소리 관계를 배우기가 더 어려운데, 이를 행동이나 뇌영상으로 연구할 수 있다. 소리와 기타 자극에 의한 피질활동 전위에서는 정상 아동에 비해 난독증 아동의 청각계가 더 미숙해 보였다. 읽기분석을 위해 행동과 뇌활동을 결합한 이런 연구야말로 머지않아 학교교육과 관련된 중요한 지식을 산출할 것이다.

–편집자–

여러 언어에 대한 많은 인지발달심리 연구에서는 아동의 음운인식이 그들의 읽기 및 철자 발달과 상관이 있음을 제시하였다(Goswami, 2003a; Wolf, 이 책). 연구에서는 음운인식 발달에 언어 보편적인 순서가 있다는 것도 제시했다. 처음에는 유아의 음절인식이 발달하는 것 같다. 다음에는 온셋과 라임 같은 음절 내 단위('s-eat', 'sw-eet', 'str-eet' 처럼 라임은 어떤 음절에서나 첫 자음에 해당되고, 모음과 이후의 음에 해당된다.*) 인식이 발달한다. 읽기 전 유아들을 대상으로 음절과 온셋-라임 수준의 음운 민감성을 측정할 수 있는데, 이는 문해 획득을 예언하는 중요한 요인이다(예, Bradley & Bryant, 1983; Hoien, Lundberg, Stanovich, & Bjaalid, 1995; Siok & Fletcher, 2001).

여러 언어의 음운인식과 읽기학습

조기 음운인식은 음절과 라임 같은 '대'단위에 초점을 두고 있다. 보통 3세경에 음절을 인식하고, 4~5세경에는 온셋과 라임을 인식한다. 지금까지 검증된 모든 언어에서는 읽기를 배우기 전에 음절인

* 'mountain' 과 'fountain' 은 각운(rhyme)이지만, 각 단어에 두 개의 라임(rime), 즉 '-out' 와 '-ain' 이 있다. 'Mountain' 과 'counting' 은 첫 라임인 '-ount' 를 공유하지만 각운은 아니다.

식과 온셋-라임 인식이 나타난다. 글자는 음소라는 더 작은 소리단위를 표상한다. 음소는 말 흐름 속의 추상단위(의미변화로 정의되는)다. 'cot' 와 'cat' 같은 단어는 중간 음소가 다르고, 'cot' 와 'hot' 같은 단어는 첫 음소가 다르다. 읽기와 쓰기 학습의 결과로 음소인식이 발달한다. 실제로 문맹인 성인은 음소를 인식하지 못한다. 글자학습을 통해 음소에 기반을 둔 심적 어휘집이 재조직되는 것 같다(Goswami, 2002 참조). 이것은 곧 자신의 어휘에 있는 단어를 음소로 나누어 그것들을 글자와 짝짓는 과정을 읽기학습으로 개념화할 수 없다는 뜻이다. 오히려 아동은 글자를 통해 음소를 배운다.

많은 연구에서는 읽기 전 유아의 음소인식이 낮은 것으로 나타났다. 가령, 유아의 음절 및 음소 인식을 비교하기 위해 두드리기 검사를 이용할 수 있다. 유아는 단어의 소리 수만큼 두드려야 하는데, 단어는 한 음절이나 한 음소, 두 음절이나 두 음소, 또는 세 음절이나 세 음소일 수 있다. Liberman, Shankweiler, Fischer 및 Carter (1974)에 따르면, 미국 4세 유아 중 단어를 음절로 나눈 유아는 46%인 반면에 음소 구분을 한 유아는 없었다. 미국 5세아의 경우에는 음절 구분에서 48%, 음소 구분에서 17%가 정확했다. 1년 정도 읽기를 배운 미국 6세아의 경우에만 음소 과제에서 성공적이었다. 이탈리아 아동 대상의 연구에서도 유사한 발달 패턴이 보였다(Cossu, Shankweiler, Liberman, Katz, & Tola, 1988). Cossu 등은 이탈리아 유아학교 유아(4~5세)와 학령기 아동을 비교했다. 음절수준 준거의 경우 4세아는 67%, 5세아는 80%, 학령기 아동은 100%였다. 음소 과제 준거의 경우, 4세아는 13%, 5세아는 27%, 학령기 아동은 97%였다. 그래서 미국과 이탈리아에서 나타난 아동의 수행 패턴이 아주 비슷했다. 입학 전 유아의 경우는 음절인식이 우수하더라도 읽기를 배울 때까지는 음소인식이 부족했다.

다른 언어에서도 비슷한 패턴이 나타났는데 그 결과가 〈표 12-1〉에 제시되어 있다. 몇몇 유럽 언어들, 일본어와 중국어 등 지금까지 수행된 연구에 비추어 볼 때, 음소인식의 발달순서는 언어 보편적으로 보였다. 음절인식과 온셋-라임 인식은 문해능력을 갖기 전에 나타난다. 하지만 음소표상은 알파벳을 배우고 문해교육을 받은 후에 비로소 가능하다. 이런 음소학습은 모국어의 철자법 특성에 따라 촉진되거나 억제될 수 있다. 글자와 음소가 일대일로 일치하는 표층 철자법을 배우는 유아는 일반적으로 꽤 빨리 음소를 표상한다. 글자와 음소가 일대일로 일치하지 않는 심층 철자법을 배우는 유아는 그렇게 하기가 어렵다. 음소발달이 문해능력에 의존하다 보니 유아가 배우는 언어의 철자법에 따라 음소발달 속도가 달라진다.

〈표 12-1〉 다양한 유럽어를 사용하는 초보 독자들의 음절인식 및 음소인식을 비교한 5편의 연구자료(%)

언어	음절	음소
그리스어[1]	98	50
터키어[2]	94	67
노르웨이어[3]	83	56
독일어[4]	81	51
불어[5]	73	32

주명 1 = Harris & Giannoulis(1999)
2 = Durgunoglu & Oney(1999)
3 = Hoien et al.(1991)
4 = Wimmer et al.(1991)
5 = Demont & Gombert(1996)

철자법이 음운표상과 읽기전략에 미치는 영향

그간 음운표상과 철자법 일치의 상호 의존은 매핑 문제로 설명되어 왔다(Brown & Ellis, 1994; Goswami, Ziegler, Dalton, & Schneider, 2003). 아동은 알파벳을 어떻게 소리로 부호화하는지 알아야 한다. 읽기 전 유아가 인식한 소리는 음절이나 온셋-라임 같은 '대'단위다. 하지만 활자단위는 낱자다. 낱자는 보통 음소에 해당되므로 음운론과 철자법 수준이 잘 맞지 않는다. 그로 인해 잘 읽으려면 매핑을 해야 한다.

유아가 개음절(開音節) 구조의 표층 알파벳 철자법을 읽을 때에는 매핑이 어렵지 않다. 이탈리아어와 스페인어 같은 언어에서는 많은 단어의 경우 온셋-라임 분절이 음소 분절에 해당된다. 그래서 온셋-라임 같은 음절 내 단위로 구어의 어휘를 조직하는 일반 유아의 경우는 알파벳 문해능력 획득이 용이하다. 그런 유아는 한 글자가 한 음소로 매핑되는 철자법을 배우고 있다. 많은 음소들이 이미 구어 어휘집에 표상되어 있는데, 이는 그런 음소들이 온셋-라임이기 때문이다. 〈표 12-2〉에 제시된 대로, 이탈리아어와 스페인어를 사용하는 유아는 일반적으로 아주 빨리 읽는다.

유아가 독일어처럼 좀 더 복잡한 음절구조의 표층 알파벳 철자법을 읽을 때에는 매핑하기가 좀 더 어렵다. 그런 언어의 경우에는 대부분의 단어에서 온셋-라임 분절이 음소 분절에 해당되지 않는다. 이는 대부분의 단어에서 모음(예, hand)이나 복잡한(자음 군집) 온셋(예, pflaum[plum]) 뒤에 자음 음소가 있기 때문이다. 그러나 독일어의 경우에는 한 글자가 한 음소로 매핑된다. 그래서 글자는 일관적으로 음소의 단서가 된다. 결국 독일어를 사용하는 유아에게도 여전히 이점이 있는데 그것이 〈표 12-2〉에 구체적으로 제시되어 있다.

읽기 도입 초기에 가장 심각한 매핑 문제를 겪는 아동은 복잡한 음절구조를 지닌 심층 철자법을 배우는 아동이다. 가장 적절한 예로 영어를 들 수 있다. 영어의 경우 온셋-라임 분절이 음소 분절에 해당되는 경우가 드물다. 더욱이 읽을 때 한 글자가 한 음소와 일치하지도 않는다. 따라서 음소인식 발달이 비교적 느려서, 한 단어를 읽으려면 서기소-음소 재부호화 전략을 이용한다. 영어를 사용하는 아동의 독해용 어휘 형성을 도우려면 '유사' 각운('light'—'fight', 'beak'—'weak')을 이용해 포괄적인 규칙(철자체계의)을 개발해야 하고, 단어를 전체 패턴으로 익혀야 한다. 〈표 12-2〉의 맨 아래에

〈표 12-2〉 14개 유럽어의 단음절에 대해 서기소-음소 재부호화 기능을 보고한 COST A8의 자료(%)(Seymour, Aro, & Erskine, 2003).

언어	친숙한 실제 단어	비단어
그리스어	98	97
핀란드어	98	98
독일어	98	98
오스트리아계 독일어	97	97
이탈리아어	95	92
스페인어	95	93
스웨덴어	95	91
네덜란드어	95	90
아일랜드어	94	91
노르웨이어	92	93
불어	79	88
포르투갈어	73	76
덴마크어	71	63
스코틀랜드계 영어	34	41

제시된 것을 보면, 영어를 사용하는 아동이 잘 읽기 위해서는 여러 가지 전략을 개발해야 함을 알 수 있다.

난독증에 대한 시사점

아직 이유가 확실한 것은 아니지만, 난독증 아동(어휘가 풍부하고 IQ가 정상임에도 잘 읽지 못하는 아동)은 모국어 단어의 소리 패턴을 마음속에 구체적이고 상세하게 표상하기가 어렵다. 그들의 어휘에 있는 단어의 '음운표상'은 정확하지 않고 애매하며, 이로 인해 그들은 여러 단어의 내적 소리구조를 인식하기가 어렵다(Snowling, 2000). 뿐만 아니라 그로 인해 글자-음소 관계를 배우기가 어렵다. 이는 그들이 글자를 배우기 어려워서가 아니라 글자와 짝 지어야 할 음소가 그들의 뇌에 잘 기록되지 않았기 때문이다. 난독증 아동은 단어의 운이 맞는지에 대한 판단, 단어의 음절세기, 단어 앞부분의 소리 제거하기, 두음전환 만들기 등에서 많은 어려움을 겪는다. 그들은 'dem'이나 'fip' 같은 무의미 단어를 해독하기가 아주 힘들다(Goswami, 2003b).

모든 언어에서 발달적 난독증의 주요 결함은 음운표상 문제와 관련되는 것 같다('음운표상' 가설; Goswami, 2000a, 2000b; Snowling, 2000 참조). 발달심리학, 유전학 및 뇌영상 분야의 많은 연구에서 이 가설이 지지되고 있다. 그러나 이런 '음운결함'이 독해에 미치는 영향은 철자법에 따라 다소 다르다. 난독증 아동은 표층 철자법에 비해 심층 철자법에서 문해 관련 문제를 더 많이 겪는다. 이 장의 앞부분에서 제시한 인지분석에 따르면 이는 극히 당연하다.

영어를 배우는 난독증 아동은 느리고 부정확한 독자이며 음소인식이 결코 완벽하지 않다. 반면 독일어나 그리스어를 배우는 난독증 아동은 아주 정확한 독자지만 아주 느리다. 예를 들어, Porpodas(1999)는 문해문제가 있는 그리스의 1학년생과 연령이 동일한 통제집단 사이의 음소인식에 의미 있는 차이가 있음을 발견했다. 음소분절에서는 통제집단이 100%임에 비해 '위험에 처한' 아동은 88% 정확했고, 음소제거 과제에서는 통제집단이 97%임에 비해 '위험에 처한' 아동은 78% 정확했다. 통제집단이 2~3음절의 간단한 비단어를 97% 정확하게 해독했다면, '위험에 처한' 아동은 93% 해독했다(의미 있는 차이). Wimmer(1996)는 '위험에 처한' 독일의 1학년생을 대상으로 유사한 연구결과를 보고하였다. 그는 독일의 난독증 아동이 난독증으로 진단받기 전인 1학년에 음소 바꾸기 과제에서 그들 집단의 수행을 검사했다. 이 과제에서 통제집단은 69% 정확한 데 비해, '위험에 처한' 아동은 22% 정확했다. 난독증 아동의 42%는 아예 과제를 하려고 시도하지도 않았다. Wimmer는 이후 난독증이 되지 않는 초보 독자들은 'mana'와 'aufo' 같은 간단한 비단어를 96% 정확히 읽는 데 비해, 후에 난독증이 되는 12명의 독일 아동 중 7명은 평균 수행이 채 60%도 안 됨을 발견했다. 읽기 획득과 더불어 비단어 읽기에서 나타났던 정확성 결함이 사라진다. Wimmer(1993)는 그들이 10세가 되었을 때 개음절(開音節)인 이탈리아어의 비단어로 시간 안에 읽는 과제를 제시했다. 그 결과, 난독증 아동은 92% 정확했고 통제집단 아동은 96% 정확했다.

영어를 구사하는 난독증 아동과 비교할 때 그들의 수행수준은 인상적일 정도로 높았다. 가령, Bruck(1992)은 비단어 자극으로 음소제거 과제를 이용했다. 그녀는 8~15세의 난독증 아동에게 'snup'

과 'lusk' 같은 비단어에서 첫 소리와 마지막 소리를 없애라고 지시했다. 통제집단 아동은 시행 중 77% 정확함에 비해, 난독증 아동은 47% 정확했다. Rack, Snowling 및 Olson(1993)은 발달적 난독증 대상의 영어 비단어 읽기에 대해 종합적으로 논의했다. 난독증 아동의 경우 오류율이 40~60% 정도로 높았다. Wimmer(1993)가 이탈리아어의 비단어를 이용한 연구에서 독일 난독증 아동의 오류율이 8%였음을 기억하기 바란다. 이런 교차 언어적 차이는 심층 철자법의 서기소-음소 재부호화 기능을 개발할 때 난독증 아동에게 특히 더 많은 시간이 필요하다는 견해와 일치한다.

난독증의 기반인 청각처리 결함: 지각중심 가설

발달적 난독증에게 나타나는 음운표상 결함의 원인을 찾으려는 인기 있는 한 이론에서는 기본적인 청각처리에 하위수준의 결함이 있을 것이라 제안하였다(McArthur & Bishop, 2001 참조). 말(speech)은 아주 복잡한 신호라서 난독증의 경우 청각정보 처리에 문제가 있을 수 있고, 이로 인해 청각정보를 정확히 표상하기 어렵다는 말은 타당해 보인다. 음성신호는 분광기, 시간, 주파수로 분석해야 한다. 특히 난독증에 관심이 있을 경우는 신호처리의 시간적 측면에 초점을 둔다(예, Tallal, 1980; Wright, Bowen, & Zecker, 2000). 그러나 시간처리에 대한 대다수 연구에서는 아주 순간적인 정보(음성신호의 음소를 확인할 때 중요한)에 초점을 두어 왔다. 그럼에도 발달적 음소인식 결함은 조기에 나타난 음절이나 온셋-라임 같은 음운표상 문제에 기인한다. 아마도 음소수준으로는 기본적인 청각처리 결함을 찾기가 부적절할 것 같다. 오히려 좀 더 일찍 발달하는 음운수준에서 음운정보를 표상할 때 나타날 듯한 결함을 찾아야 할 것이다.

우리는 난독증에서 발견된 전형적인 음운표상 문제의 원인이 리듬 타이밍 지각의 결함일 수 있다고 주장했다(Goswami et al., 2002). 말 리듬은 영아가 음절을 변별할 때 이용하는 가장 초기 단서에 속한다. 리듬 타이밍은 부분적으로 '지각중심' 처리에 의존한다. '지각중심' 이란 말 리듬을 결정하는 음절 내 사건이다. 음절의 온셋-온셋 시간이 등시적(等時的, isochronous)[13]일 때, 성인에게는 'ba' 와 'la' 같은 교차 음절이 리듬이 없는 것처럼 들린다. 이는 리듬 타이밍이 음절의 온셋보다 오히려 등시적인 지각중심에 의존하기 때문이다. 지각중심은 주로 비교적 저속인 신호에서 청각의 진폭변조 구조에 의해 결정된다. 특히 저속에서는 온셋의 진폭변화가 중요하다. 온셋의 진폭변조 구조는 주로 모음의 상승시간에 의해 결정된다. 가령, 'ba' 같은 온셋 파열음은 음절에서 모음이 비교적 일찍 나타남을 의미한다. 'la' 같은 온셋 공명음은 음절에서 모음이 비교적 늦게 나타남을 의미한다. 그래서 규칙적으로 'la' 와 'ba' 를 교대로 생성하려면 화자가 'ba' 보다 'la' 를 비교적 일찍 말해야 한다.

지각중심은 모음의 상승시간(rise time)에 의존하기 때문에 온셋-라임 부분을 표상하는 중요한 단서가 될 수 있다. Goswami 등(2002)은 ① 난독증 아동 및 그와 짝 지은 통제집단(또래 통제집단과

13) 역주: 두 개 이상의 순차신호에서 서로 관련된 중요한 순간들이 일정 위상관계가 있음을 의미한다. '등시적' 과 '비등시적' 이라는 말은 신호의 특성과 관련된 의미인 반면, '동기적' 과 '비동기적' 이라는 말은 신호 간의 관련성을 나타낸다.

더 어린 읽기수준[RL] 통제집단), ② 조숙아 독자 및 그와 짝 지은 통제집단의 진폭 상승시간을 탐지하기 위해 심리측정 함수를 측정했다. 진폭변조 변화탐지 절차의 속도에 기반을 둔 '강음' 탐지 과제로 상승시간 탐지를 측정했다. 그 과제는 진폭이 50%의 깊이로 변조되는 사인곡선 형태다. 여기에서 전반적인 변조속도는 0.7Hz로 불변하지만, 진폭변화 속도는 변조의 상승시간이 변할 때만 달라진다([그림 12-1] 참조). 아주 느린 상승시간(>250ms)에는 소리의 크기가 다른 연속음을 지각한다. 하지만 상승시간이 아주 짧을 때(예, 120ms)에

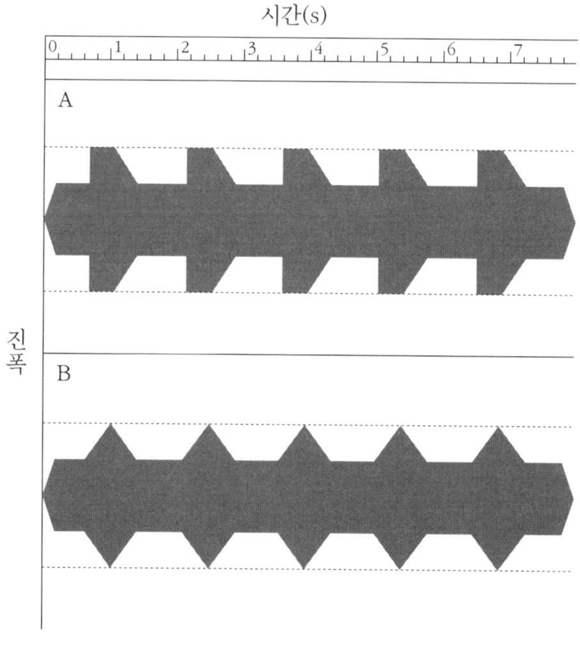

[그림 12-1] 상승시간을 달리한 자극 그림. A는 15ms 상승시간을 나타내고, B는 300ms 상승시간을 나타낸다. 15ms 상승시간에서는 두 번째 촉진음이 중복되어 강음을 지각하게 된다. 반면 300ms 상승시간에서는 소리가 컸다가 작아지는 단일음을 지각하게 한다.

는 변조와 동일 속도로 리듬 있게 나타나는 아주 강한 연속음을 지각한다(Bregman, 1993). 상승시간이 달라질 때 아동이 강음을 들을 수 있는지 여부를 판단해야 했다.

상승시간이 달라질 때, 난독증 아동은 진폭변조와 관련된 강음지각에 둔했다. 난독증 아동 대상의 심리측정 함수는 IQ로 짝 지은 또래 통제집단의 심리측정 함수에 비해 훨씬 더 완만했다(난독증의 경우 평균 기울기가 −0.03이고 표준편차가 0.04인 데 반해, 또래 통제집단의 경우는 평균 기울기가 −0.12이고 표준편차가 0.08임, $p < 0.000$; [그림 12-2] 참조). 더 어린 RL 통제집단에서는 중간 정도의 기울기를 보였다(평균 기울기는 −0.06이고 표준편차는 0.05로, 난독증 대 더 어린 RL 통제집단, $p < .06$). 그래서 난독증 아동의 경우에는 진폭변조 신호에서 강음 탐지가 또래에 비해 더 힘들고 읽기수준에 따라 달랐다. 조숙아 독자 및 그와 짝 지은 통제집단은 진폭변화 속도검사도 받았다. 조숙아 독자는 강음탐지 과제에서 매우 가파른 심리측정 함수를 보이며 아주 우수했다(조숙아 독자는 평균 기울기 −0.14에 표준편차가 0.06이고, 통제집단은 평균 기울기 −0.10에 표준편차가 0.04임, $p < .04$). 강음 탐지는 난독증 아동과 통제집단들의 읽기와 철자 발달을 예언하는 강력한 요인으로, 연령, 비언어적 IQ 및 어휘를 통제한 후에도 두 기능의 변량을 25%나 설명한다. 앞에서 설명한 바와 같이, 우리의 연구에 이용된 진폭변조 시퀀스에서 강음 탐지는 이론적으로 청각신호의 '지각중심(리듬 처리에 중요한)' 탐지에 해당된다. 이는 Petitto 등의 연구와 재미있는 관계가 있음을 시사한다. 농아의 손옹알이 연구에서 Petitto 등은 언어능력의 핵심이 음절률의 특정 리듬 패턴에 대한 민감도라 주장한다. 강음탐지 과제는 본질적으로 청각 리듬 패턴에 대한 아동의 민감도를 측정하고 있다.

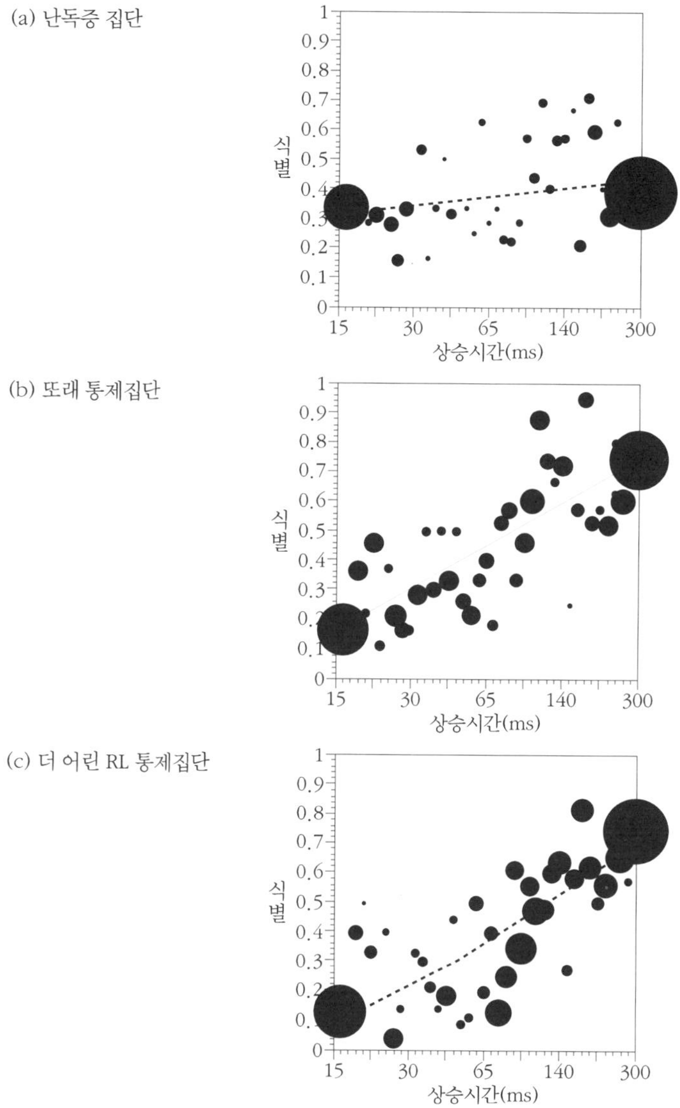

[그림 12-2] 강음탐지 과제에서 ① 난독증 집단, ② 또래 통제집단, ③ 더 어린 RL 통제집단이 자극을 소리로 식별하는 심리측정 함수. 동그라미 크기는 반응 수를 나타낸다. 난독증 아동은 의미 있게 완만한 함수를 보였는데, 이는 진폭변조의 상승시간에 대한 민감도가 낮음을 나타낸다.

상승시간의 신경표상

근래에 우리는 난독증 아동과 일반 아동을 대상으로 상승시간 처리의 신경 프로파일을 연구하기 시작했다(Thompson, Baldeweg, & Goswami, 2004). 2002년 연구의 대상이었던 난독증 아동과 통제집단 아동이 상승시간 처리(유발반응 전위[ERP]에 기반을 둔)를 신경 영상화한 연구에 참여하였다. ERP 덕분에 신경사건의 타이밍을 연구할 수 있었다. 아동의 두피에 민감한 전극을 붙이고는 뇌활동을 기록했다. 실험자가 정한 시간을 전후하여 전기활동에 체계적 편차가 나타났다. 통상적인 결과 측정치는 ① 전위의 잠복기, ② 신경반응에서 다양한 음양변화의 진폭, ③ 활동의 분포다. 각 전위는 N100, P200, N400 등이다. 100ms는 음위상 정점(negative peak)을, 200ms는 양위상 정점(positive peak)을 나타낸다.

우리는 연구목적을 위해 특히 여러 상승시간에 대한 N100 반응에 관심을 가졌다. 상승시간 변화에 대한 불일치 음성파형(mis-match negativity: MMN) 반응에도 관심을 가졌다. N100은 청각사건의 탐지를 예고하는 초기 청각요소다. MMN은 청각변화를 자동으로 탐지하는 전(前) 주의 측정치다. MMN은 뇌가 유입되는 사건과 이전 사건의 잔향 흔적을 비교하여 나타난 것으로 추측된다. 아동은 비디오 영상을 보면서 헤드폰으로 15ms나 90ms의 상승시간을 들었다. 전체의 90% 동안에 15ms 상승시간을 듣고, 5% 동안에는 90ms 상승시간을 들었다(혹은 그 반대. 이를 '비대칭[oddball]' 모델이라 부른다. 전체의 5% 동안 들은 자극이 비대칭이다.). 그리고 나머지 5% 동안에는 자극의 음조변화가 있었다. 난독증 아동이 음조변화에 대해

MMN 반응을 보인다는 것은 이미 알려진 사실이다(Baldeweg et al., 1999 참조). 우리 표본에서 MMN 반응이 일어나고 있는지를 검토하기 위해 통제 측정치로 음조 비대칭 자극을 넣었다.

난독증이 지각중심 처리에 문제가 있을 것이라는 가설을 고려할 때, 우리의 관심은 두 상승시간에 대한 아동의 N100 반응과 상승시간 비대칭 자극에 대한 MMN 반응에 있었다. 작문을 할 때는 14명(난독증 아동 4명, 또래 통제집단 4명, 더 어린 RL 통제집단 아동 6명)만 검사를 받았다. 그러나 N100 반응 패턴이 아주 명료하게 나타났다. 선행 연구에서는 사춘기 이전 아동의 경우에 측두 N100 편차가 아주 일관적임을 강조했다(Bruneau et al., 1997 참조). 15ms 상승시간 자극에 대해 모든 집단이 측두엽 전극 부위에 분명한 N100이 나타났다. 이 반응의 진폭은 또래 통제집단보다 더 어린 RL 통제집단에서 훨씬 더 큰 것으로 나타났다. 난독증 아동의 경우 N100의 진폭은 더 어린 RL 통제집단의 진폭과 거의 같았다. 여기에서 모든 진폭이 감소되었으나, 90ms 상승시간 자극에 대해서는 유사한 패턴이 발견되었다. 하지만 더 어린 RL 통제집단 아동의 N100 반응은 또래 통제집단 아동의 약 두 배 정도였다. 난독증 아동의 N100 진폭은 더 어린 RL 통제집단의 진폭과 일치했다.

이런 결과는 난독증 아동의 청각계가 이상한 것이 아니라 미숙하다는 것을 시사해 준다. 난독증 아동의 뇌와 더 어린 정상 아동의 뇌는 진폭 상승시간에 동일하게 반응했다. 난독증 아동의 신경반응은 그들의 연령보다 그들의 읽기수준에 적합한 반응이었다. 예측한 대로, 우리 자료에서 N100의 진폭은 상승시간 변별 과제에서의 행동수행과 의미 있는 상관이 있었다(즉, 측두전극 T5, $r = 0.60$; 측두전극 LM, $r = .69$로 $P < .01$; 측두엽은 언어처리를 위해 전문화된 부위다.). 이

는 난독증 아동의 읽기가 그들의 청각처리 능력만큼 발달할 것임을 시사한다. 그러나 자료가 순수한 상관연구이므로 읽기발달 자체가 아동의 상승시간 처리를 증진시킬 수도 있다. 이 두 가지 가능성을 구분하려면 종단적 자료가 필요하다.

결론

음운인식과 문해 획득은 인과적 관련이 있다. 단어를 심적 어휘집에 정확히 음운 표상한 아동은 더 유능한 독자가 되기 마련이다. 정확한 음운표상 발달에 중요한 한 가지 요소는 말 속에서 말 리듬 같은 음절 이상의 측면을 지각하는 것이다. 가령, 음절의 지각중심에 대한 정보(온셋-라임 단위로 분절화하는 것과 관련된)는 이론적으로 중요하다. 난독증 아동은 진폭 상승시간 지각에 결함(아마도 신경으로 인한)이 있어 지각중심 탐지가 어렵다. 이론적으로 이런 결함은 문해 획득 전에 음절수준이나 온셋-라임 수준의 음운인식 발달을 방해하고, 일단 문해 획득 이후에는 음소정보 표상도 방해할 것이다.

중요하게도 철자법 일치도는 정상아와 난독증아의 음소인식 발달을 촉진한다. 일치된 철자법을 배우는 난독증아는 온셋-라임이나 음소수준의 음운을 표상하는 보조물로 글자-소리 일치도를 활용할 수 있다. 그들은 그들이 음운표상에서 겪는 신경문제를 글자 지식을 이용해 상당히 보상할 수 있다. 영어와 같이 일치도가 낮은 철자법을 배우는 난독증아는 자력으로 극복하기가 어렵다. 영국의 난독증아는 음소수준에서 지속적인 결함을 보이고, 그런 결함이 성인기까지 계속된다. 그들이 읽어야 할 철자법의 일치도가 낮다 보니 이처럼 지속적인 결함이 나타나는 것이 당연하다.

이런 교차언어 분석에 따르면, 사실 음소인식 결함은 난독증아가 지닌 읽기문제의 원인이 아니다. 오히려 읽기문제는 애당초 음운표상에 문제가 있어 발생하며, 그로 인해 글자와 음소 학습이 어려워진다. 일치된 철자법에서는 이런 학습문제가 상당 부분 개선될 수 있다. 추후 리듬처리, 음운표상 및 문해능력 간의 관계를 구체적으로 밝히기 위해서는 상승시간처럼 청각단서에 대한 신경반응을 교차 언어적으로 검사해야 한다.

참고문헌

Baldeweg, T. Richardson, A., Watkins, S., Foale, C., & Gruzelier, J. (1999). *Ann. Neurology, 45*(4), 495-503.

Bradley, L. & Bryant, P. E. (1983). Categorising sounds and learning to read: A causal connection. *Nature, 310*, 419-421.

Bregman, A. S. (1993). Auditory scene analysis: Hearing in complex environments. In McAdams, S. and Bigand, E. (eds.), *Thinking in Sound: The Cognitive Psychology of Human Audition,* (pp. 10-36). Oxford: Oxford University Press.

Brown, G. D. A. & Ellis, N. C. (1994). Issues in spelling research. In G. D. A. Brown & N. C. Ellis (eds.), *Handbook of Spelling: Theory, Process and Intervention* (pp. 3-25). Chichester: Wiley.

Bruck, M. (1992). Persistence of dyslexics' phonological awareness deficits. *Developmental Psychology, 28*, 874-886.

Bruneau, N., Roux, S., Guérin, P., Barthélémy, C., & Lelord, G. (1997). Temporal prominence of auditory evoked potentials (N1 wave) in 4-8-year-old children. *Psychophysiology, 34*, 32-38.

Cossu, G., Shankweiler, D., Liberman, I. Y., Katz, L., & Tola, G. (1988). Awareness of phonological segments and reading ability in Italian children. *Applied Psycholinguistics, 9*, 1-16.

Goswami, U. (2000a). Phonological representations, reading development and dyslexia: Towards a cross-linguistic theoretical framework. *Dyslexia, 6*, 133-151.

_______ (2000b). The potential of a neuro-constructivist framework for developmental dyslexia: The abnormal development of phonological representations? *Developmental Science, 3*, 27-29.

_______ (2002). In the beginning was the rhyme? A reflection on Hulme, Hatcher, Nation, Brown, Adams & Stuart, 2002. *Journal of Experimental Child Psychology, 82*, 47-57.

_______ (2003a). Phonology, learning to read and dyslexia: A cross-linguistic analysis. In V. Csepe (ed.), *Dyslcxia: Diffcrcnt Brain, Different Behaviour* (pp. 1-40). NL: Kluwer Academic.

_______ (2003b). Why theories about developmental dyslexia require developmental designs. *Trends in Cognitive Sciences, 7*, 534-540.

Goswami, U., Thomson, J., Richardson, U., Stainthorp, R., Hughes, D., Rosen, S., & Scott, S. K. (2002). Amplitude envelope onsets and developmental dyslexia: A new hypothesis. *Proceedings of the National Academy of Sciences, 99*(16), 10911-10916.

Goswami, U., Ziegler, J., Dalton, L., & Schneider, W. (2003). Non-word reading across orthographies: How flexible is the choice of reading units? *Applied Psycholinguistics, 24*, 235-247.

Hoien, T., Lundberg, L., Stanovich, K. E., & Bjaalid, I. K. (1995). Components of phonological awareness. *Reading & Writing, 7*, 171-188.

Liberman, I. Y., Shankweiler, D., Fischer, F. W., & Carter, B. (1974).

Explicit syllable and phoneme segmentation in the young child. *Journal of Experimental Child Psychology, 18*, 201-212.

McArthur, G. M. & Bishop, D. V. M. (2001). Auditory perceptual processing in people with reading and oral language impairments: Current issues and recommendations. *Dyslexia, 7*, 150-170.

Porpodas, C. D. (1999). Patterns of phonological and memory processing in beginning readers and spellers of Greek. *Journal of Learning Disabilities, 32*, 406-416.

Rack, J. P., Snowling, M. J., & Olson, R. (1992). The nonword reading deficit in developmental dyslexia: A review. *Reading Research Quarterly, 27*, 29-53.

Siok, W. T. & Fletcher, P. (2001). The role of phonological awareness and visual-orthographic skills in Chinese reading acquisition. *Developmental Psychology, 37*, 886-899.

Snowling, M. J. (2000). *Dyslexia* (2nd edn.). Oxford: Blackwells.

Tallal, P. (1980). Auditory temporal perception, phonics and reading disabilities in children. *Brain & Language, 9*, 182-198.

Thomson, J., Baldeweg, T., & Goswami, U. (2004). *Amplitude envelope onsets and dyslexia: A behavioural and electrophysiological study.* Poster presented at the Annual Conference of the Society for the Scientific Study of Reading, Amsterdam, June 2004.

Wimmer, H. (1993). Characteristics of developmental dyslexia in a regular writing system. *Applied Psycholinguistics, 14*, 1-33.

_______ (1996). The early manifestation of developmental dyslexia: Evidence from German children. *Reading & Writing*, 8, 171-188.

Wright, B. A., Bowen, R. W., & Zecker, S. G. (2000). Nonlinguistic perceptual deficits associated with reading and language disorders. *Current Opinions in Neurobiology, 10*, 482-486.

제13장 근적외선 분광기를 이용한 조기 언어와 음성발달 뇌영상

Laura-Ann Pettito

개 관

교육신경과학에서는 위험에 처한 유아의 교육과 치료에 새로운 가능성을 열기 위해 연구자와 교육자들이 인지신경과학에 의지할 만한 강력한 장비와 새로운 지식을 제공하고 있다. 유망한 새로운 장비는 근적외선 분광기(near-infrared spcetroscopy: NIRS)로 유아의 여러 인지능력과 수행을 연구할 때 활용할 수 있다. 특히 NIRS 연구에서는 유아가 말하기 한참 전부터 유아에게 언어 담당 신경 네트워크가 존재한다는 확고한 증거를 제시하고 있다. 언어자극을 처리하는 영아의 신경 네트워크에도 아동이나 성인의 언어와 관련된 좌측 상측두회와 브로카영역이 포함되어 있다. 뇌영상 연구에서는 조기에 특정 언어 영역이 존재한다는 사실을 기반으로 언어획득 모델을 지지하는 새로운 주장과 검사를 마련할 수 있다. 교육신경과학 연구에서는 기타 여러 교육 문제를 유사한 방식으로 다룰 수 있을 것이다.

–편집자–

혁명은 예기치 않은 곳에서 시작될 수 있다. 약 20년 전 병원 지하실의 연구자들이 다양한 인지 과제를 수행 중인 지원자의 두개골을 들여다보는 새로운 영상기술을 활용하기 시작했다. 이처럼 흥미로운 영상기술은 특정 인지 과제를 수행하는 동안 산소를 더 소모하는 뇌 영역을 탐지하기 위해 설계된 것이다. 그것은 뇌가 어떻게 조직되어 있는지나 어떤 신경계 덕분에 우리 인간이 멋진 정신기능을 발휘할 수 있는지를 찾는 데 이용되었다. 성인에 대한 이런 인지신경과학 연구와 더불어, 인지과학, 인지심리학, 사회심리학 분야의 연구자들이 우리의 지각, 인지, 사회학 분야로 크게 진출하고 있다.

또 아동발달과 아동언어 분야의 연구자들은 정교한 행동 실험을 통해 아동을 주의 깊게 연구하고 있다. 그들은 영아가 소리 듣기, 옹알이, 언어 이해, 언어 생성, 수와 수학개념 발견, 주변의 얼굴과 사물 지각을 비롯해 학습과 성장 과정에서 영아가 지니게 되는 모든 능력(학습된 능력이든 아니든), 그리고 건강한 성인이 되는 과정에서 그런 능력이 주변의 중요한 요소와 어떻게 상호작용하는지를 검토했다. 이어서 유아의 그 능력이 발달·성장할 가능성이 가장 높을 때의 추이와 순서를 연구하려는 새로운 취지로, 그런 능력의 숙달에 기여하는 신경 통로를 확인하기 위해 유아를 대상으로 새로운 뇌영상 기술 연구를 실시했다. 연구결과에서는 발달과정 동안 특정 연령에서 특정 내용을 가르치고 동기유발하며 학습할 때 고려해야 할 최적사항을 제시했다. 더욱이 과학자, 의사와 임상가, 교육자들이 발표한 새로운 연구결과에서는 발달 중인 아동의 사회적 맥락이 중요함을 확인하였다. 즉, 가족, 지역사회, 학교가 적기의 체계적인 중재를 통해 아동발달에 긍정적 영향을 줄 수 있다.

곧이어 여러 분야의 연구집단에서는 아동이 어떻게 성장, 언어 획득, 사고, 추리를 하고 다양한 기능과 지식을 학습하며 사회적, 정서적, 도덕적 세계를 개념화하는지에 대해 놀라운 발견을 하기에 이르렀다. 그래서 마침내 교육혁명이 이루어진 것이다.

연구자와 교육자들은 시간 흐름과 더불어 역동적으로 상호작용하고 변화하는 다양한 내용 영역을 학습할 때 교육적으로 중요한 기본 기제를 종합하게 되었다. 실제로 발달 중인 아동의 뇌와 환경에 대한 놀라운 발견은 지난 세기에 유일했던 Piaget 이론(당시 Piaget의 아동발달 단계는 세계를 평정하고 학교 프로그램의 기반으로 군림했음) 못지않은 거대한 교육혁명을 가져왔다. 최근 이러한 연구자, 교육자, 실무자들의 고무적인 새로운 연합을 '교육신경과학' (예, Petitto & Dunbar, 출판 중)이라 불러왔다. 교육신경과학은 인지 뇌과학자, 학습과학자, 의사, 임상가, 교육정책과 교수 분야의 실무자 등 다양한 배경의 사람들(발달 중인 유아의 생활에서 널리 나타나는 문제해결을 위해 상호 의존하여 협력하는)이 협력하여 평생에 걸친 인간의 학습능력을 이해하고, 뇌영상을 비롯한 다양한 현대적 방법론과 행동 연구를 잘 적용하여 교육변화의 기반을 다지고 있다(예, Petitto & Dunbar, 출판 중).

교육정책 수립으로 나가려면 무엇보다도 정신생활의 각 측면을 특정 신경활동으로 확인할 수 있고 또 그렇게 해야 한다는 환원주의적 기대를 피해야 할 것이다(Mittelstrass, 이 책). 그리고 우리는 발달 중인 아동의 뇌가 상황과 맥락의 영향에 민감하다는 것을 항상 인식해야 한다. 즉, 생물학과 환경이 협력한다는 것은 확실하다(Singer, 이 책). 하지만 교육신경과학과 같이 이런 요소들을 고려한 독특한 학제적 접근을 통해, 다양한 내용 영역(언어와 2개 국어 상용, 읽기, 수학, 과학)에서 최적의 유아교육 방법에 대한 지식이 이미 크게 진전

되었고, 특정 발달장애에 대해서도 이미 중요한 통찰을 얻게 되었다. 가령, 주의결핍 과잉행동장애아, 아스퍼거 장애아, 자폐아를 위해 이미 좀 더 적절한 평가도구, 치료, 교육중재를 모두 도입하고 있다. 이는 난독증아와 단순언어장애 같은 언어발달 장애아에게도 적용된다.

이제 발달의 '민감기'를 확인하여 주요 내용을 학습하기에 최적인 시점을 파악하게 되었다(Bruer, 이 책). 가령, 교육과정에서 언제 외국어를 도입할지, 음성 위주의 읽기 수업이 최적인지 혹은 총체적 언어학습이 최적인지, 음운인식 교수활동을 통해 능숙한 독자와 읽기장애아가 얼마나 향상될 수 있는지(Shaywitz et al., 1998), 수학과 과학 학습의 기반이 되는 발달순서 등에 대해 새로운 통찰을 얻게 되었다. 또 그 모든 것들이 교육과정에 벌써 영향을 주었는지에 대해서까지도 알게 되었다(그런 진보에 관한 우수한 논의는 Byrnes & Fox, 1998; Geake, 2003, 2004; Geake & Cooper, 2003; Goswami, 2004; O'Boyle & Gill, 1998을 보라.).

아래에서 나는 새로운 교육신경과학의 연구결과 하나를 제시할 것이다. 특히 '교육신경과학'의 결과는 다음과 같은 사항을 결합하기 때문이다. ① 뇌에 대한 인지신경과학 영상자료, ② 기존의 행동방법과 내용(여기에서는 아동의 언어), ③ 국가의 교육적 우선사항에의 원칙적 적용(여기에서는 언어장애로 위험에 처한 영아들의 조기 판별과 치료). 교육신경과학 덕분에 행동이나 관찰방법만으로는 불가능했던 방법까지 활용하게 되면서, 머지않아 앞에서 말한 분야(영아 언어)를 비롯한 많은 교육 분야가 발전할 것이다.

우리의 구체적인 예에서는 시종 변화하는 주변의 언어와 지각 속에서 영아가 어떻게 자기 언어의 기반이 될 한정된 일련의 음성단위를 발견하는지에 대한 문제를 제기할 것이다. 이 질문에 답하려는 전통적 시도에서는 이런 능력의 기반이 특정 언어기제인지 혹은 일반 지각기제인지를 추론하기 위해 주로 행동적 방법을 활용했다. 여기에서 우리는 새로운 뇌영상 기술이 아동 언어에 대한 오랜 의문을 얼마나 새롭게 조명할 수 있는지를 제시할 것이다. 동시에 언어 이전 단계부터 뇌영상 기술이 언어장애로 위험에 처할 영아의 조기 판별과 교육을 도울 새로운 도구가 될지에 대해서도 보여 줄 것이다.

모든 아기들은 10개월 무렵 빛과 소리로 가득 찬 주변의 혼란 속에서 모국어의 기초가 되는 한정된 일련의 음성단위를 발견한다. 40년 동안의 열띤 과학적 논쟁은 이것이 어떻게 가능한지, 즉 영아가 어떻게 현저한 능력을 갖게 되는지를 중심으로 이루어졌다. 일부 학자들은 우리 뇌가 신경학적으로 자연어 처리에 우세하기 때문에 이런 능력이 가능하다고 주장하는 반면, 일부 학자들은 그 능력이 일반 지각기제로부터 형성된 것이라고 주장하고 있다.

영아가 시종 변하는 주변의 음과 빛 속에서 자기 모국어의 음성요소를 어떻게 발견하는지는 1960년대 이후 영아의 언어획득 분야에서 부각되어 오던 문제였다. 수십 년간의 연구에서는 6개월 이하의 어린 아기가 이전에 들은 적이 없는 모국어와 외국어의 음성대조를 비롯해 세계 언어의 음성대조를 모두 변별하는 것으로 나타났다. 하지만 10~12개월 무렵에는 아기가 성인처럼 그들 모국어의 음성대조만 변별해서 처음에 개방적이던 능력이 발달과 더불어 주변에서 접한 특정의 언어대조에 고정되는 것 같다(Jusczyk, 1997; Eimas, 1975; Eimas, Sigueland, Jusczyk, & Vigorito, 1971; Kuhl, 1979; Polka & Werker, 1994; Stager & Werker, 1997; Werker, Cohen, Lloyd, Cassasola, & Stager, 1998; Werker & Lalonde, 1988; Werker &

Stager, 2000; Werker & Tees, 1983, 1999). 따라서 영아는 음성단위 자체를 분절하고 처리하는 전문화된 언어기제를 선천적으로 타고난 것 같다.

하지만 영아에게 전문화된 언어기제가 있다는 주장은 몇몇 연구들의 도전을 받았다. 즉, 인간이 아닌 어떤 동물이 인간의 언어 음을 범주적으로 변별한다는 연구(Kluender, Diehl, & Killeen, 1987; Kuhl, 1981; Kuhl & Miller, 1975, 1978; Kuhl & Padden, 1982, 1983; Morse & Snowdon, 1975; Waters & Wilson, 1976)와 영아가 일부 비언어 음을 범주적으로 변별한다는 연구(Jusczyk et al., 1977)에 의해 약화되었다. 영아와 명주원숭이에게 문장을 원래 순서로 들려주면(거꾸로 들려주는 것이 아니라) 독일어나 일본어와 같이 낯선 언어의 문장도 변별할 수 있는 것으로 나타났다(Ramus, Hauser, Miller, Morris, & Mehler, 2000). 또 인간과 명주원숭이 모두 입력언어의 흐름에서 주파수만 다른 음절을 변별할 수 있는 것으로 나타났다(Hauser, Newport, & Aslin, 2001; Saffran, Aslin, & Newport, 1996). 이런 결과들을 바탕으로 많은 연구자들은 영아에게 언어/음성 처리를 담당하는 전문화된 기제가 있다는 견해에 반대하였다. 오히려 영아의 말/언어 지각을 다른 종에도 존재하는 일반적인 청지각 기제로 설명하는 것이 최선이라고 제안하였다(Aslin, 1987; Jusczyk, 1985).

이 논쟁이 오래 지속되는 재미있는 이유 하나는 경험적으로 제기한 질문(예전이든 현재든)이 주로 반박할 수 없는 선험 지식이었다는 사실 때문이다. 특히 지금까지의 모든 연구들은 말과 소리가 이런 범주화 능력의 열쇠임을 검증하기 위해 말과 소리를 이용했다. 결국 언어지각을 유도하는 과정을 특수한 것(음성/언어)과 일반적인 것(청각/지각)으로 구분하는 실험이 어려워, 현대 과학으로는 음성표상

가설과 일반청지각 가설 사이에서 판단하기가 어렵다. Baker, Sootsman, Golinkoff 및 Petitto(2003), Baker, Idsardi, Golinkoff 및 Petitto(2005), Baker, Golinkoff, 및 Petitto(출판 중), Baker, Groh, Cohen 및 Petitto(접수 중)에 의한 최근의 증거에서는 이런 조기의 음성처리 능력이 일반적인 청지각이라기보다 언어 특유의 능력이라는 행동 증거를 제시하면서 이 논쟁을 새로이 조명하고 있다. 더욱이 그들에 따르면 영아와 비교해 연구한 원숭이 같은 비인간 영장류에서는 그런 능력이 관찰되지 않기 때문에 그런 능력은 인간 고유의 능력이다(Baker, Groh, Cohen, & Petitto, 접수 중). 영아 습관화 실험을 통해, Petitto 등은 언어에 노출된 4개월 된 정상 영아가 미국기호언어(American Sign Language: ASL)의 음성기호(수형, 手形)를 범주조직으로 변별함을 제시했다. 즉, 그들에 따르면 영어에 노출된 정상 영아는 힌두어의 음성단위를 변별하는 것과 동일한 방식으로 그 음성기호를 진짜 언어/음성 단위처럼 다루었다(Stager & Werker, 1997; Werker et al., 1998; Werker & Stager, 2000; 개관을 위해서는 Jusczyk, 1997을 보라.). 결국 이 영아들은 언어지각 결과에서와 마찬가지로 14개월에 수형을 변별하지 못했다. 원숭이는 결코 음성기호를 변별하지 못했고, 이는 범주화를 못하는 14개월 된 영아와 비슷한 수준이었다. 이런 행동 연구에 비추어 볼 때, 조기 음성처리와 음성 범주화의 발달은 일반적인 지각처리의 결과가 아닌 '언어 특유'의 것일 수 있다.

근적외선 분광기의 새로운 역할

음성변별에 대한 행동 연구는 어린 아기가 어떻게 입력 흐름을 분석하는지에 대해 약간의 단서를 제공해 주지만 하나의 중요한 조각이 빠져 있다. 즉, 널리 알려진 대로 영아의 뇌가 음성변별을 위해 특정 언어 영역과 언어신경 네트워크를 활용하는지, 아니면 일반 자극지각(청각이든 시각이든)과 관련된 다른 영역을 활용하는지다. 전자라면 언어처리의 기반이 되는 이런 신경 영역의 발달 추이는 어떤가? 이렇게 중요한 정보를 아는 것이 그처럼 널리 받아들여진 퍼즐의 아주 결정적인 '조각' 이 되어 인간발달의 중요한 문제에 대한 지식을 크게 개선할 것이다.

이런 문제에 답하기 위해 우리는 그간 진행된 행동 실험의 기반 위에 최첨단 광학신경영상 기술, 즉 근적외선 분광기(NIRS)를 이용한 일련의 실험으로 영아의 음성처리 능력과 관련된 신경요소를 조사하였다. 근적외선 분광기는 fMRI와 마찬가지로 비침습적인 광학 기술로 뇌혈류역학을 측정하기 때문에 영아와 성인이 과제의 특정 측면을 처리하는 동안 뇌 안을 들여다볼 수 있다. NIRS는 fMRI와 달리 휴대가 용이하고 아동에게 사용하기 편리하며 fMRI에 비해 움직임이 더 허용되기 때문에 말하는 피험자에게도 이용할 수 있다.

단지 세 편의 연구에서 NIRS 기술을 이용하여 영아의 대상영속성(Baird et al., 2002)과 정서(Sakatani, Chen, Lichty, Zuo, & Wang, 1999; Zaramella et al., 2001)를 연구했는데 모두 아주 성공적이었다. 더욱이 한 연구의 경우에는 좌우반구 중 어디가 활성화되었는지를 전반적으로만 비교했지만, 그래도 영아의 언어처리를 관찰하였

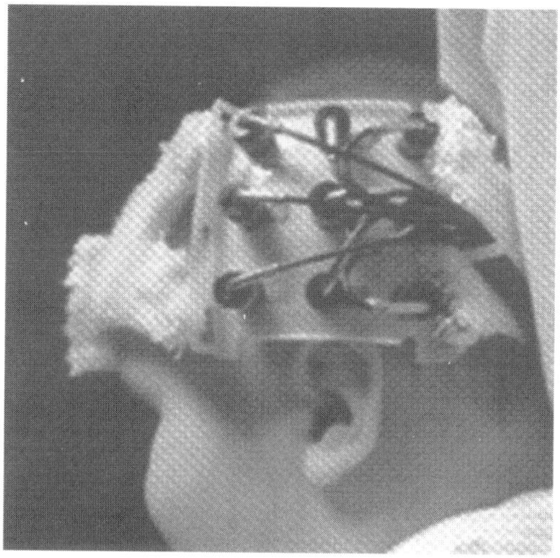

[사진 13A] 전형적인 측두엽 위치(영아)

다(Peña et el., 2003). 현재의 연구를 제외하고는 영아의 반구 내 차이를 분석하면서 영아의 언어발달 동안 가장 활성화된 영역를 관찰한 연구는 없다.

언어와 지각자극에 대한 영아의 신경처리를 연구한 우리의 NIRS 연구에서, 우리는 표준화된 행동 과제(습관화 실험을 하는 동안 영아를 대상으로 한 언어처리와 일반 시지각)를 이용했다. 동시에 특정 반구 내 신경해부학적 가설(영아의 언어처리 기능 대 일반 지각과 관련된 주요 신경 영역에 대한)을 검증하려고 NIRS 연구를 실시했다. 실리콘 탐침 세트에는 광섬유가 들어 있는데 탐침을 피검자 머리에 대고 육상선수들이 사용하는 부드러운 테리천 헤어밴드로 묶는다([사진 13A] 참조). 영아와 성인 대상의 몇몇 예비 연구(Petitto, Baker, Baird, Kovelman, & Norton, 2004; Petitto, Baker, Kovelman, & Shalinsky, 준비 중)가 이루어졌다. 여기에서는 그중 영아 대상 연구

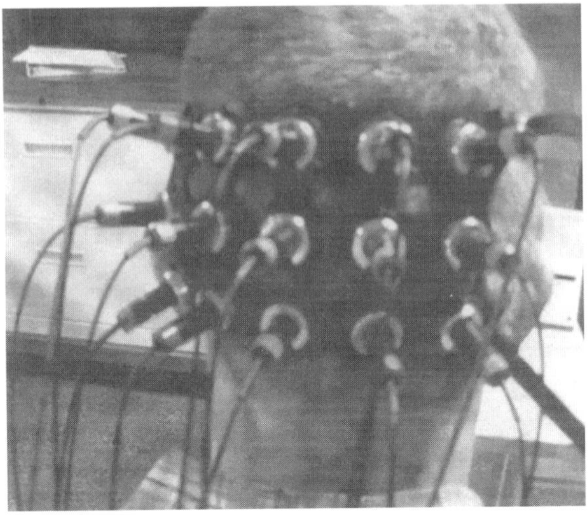

[사진 13B] 전형적인 후두엽 위치(성인)

만 보고하기로 한다.

NIRS 기록을 위해 현재 이용 가능하고 다른 학자(피질의 24채널을 동시에 기록하는 히타치 ETG-100 NIRS 장비)들이 활용한 표준 뇌영상 체계를 이용했다. 채널은 주로 두피 2~3cm 아래에 있는 피질 혈관의 변화를 기록하여 수치화한다. ETG 100은 섬유를 통해 적외선을 780나노미터와 830나노미터의 두 파장으로 방출한다. 산화헤모글로빈(HbO)과 탈산화헤모글로빈(Hb)의 흡수 패턴이 크게 다르기에 두 개의 다른 파장을 이용한다(Villringer & Chance, 1997). 100밀리초에 한 번꼴로 비흡수 광(光)을 표집한다. 지정된 탐지기에 유입되는 신호는 두 개의 소스 파장으로 구성되며, 기준으로 두 개의 소스 신호를 이용하는 동기검파기(synchronous detection)로 그것을 분리한다. 이들 두 요소는 자율신경계(심장과 호흡)의 신호를 제거하기 위해 20Hz에서 저역을 통과시킨 후 컴퓨터로 숫자화한다. 컴퓨터가 파장별 산소흡수 변화를 뇌 발색단인 산화헤모글로빈과 탈산화헤모글로빈의 상대적 농도변화로 전환한다. 산화헤모글로빈과 탈산화헤모글로빈 변화의 합으로 과제, 통제 및 기저선에 대한 전체 헤모글로빈 변화를 구할 수 있다.

NIRS 탐침장비는 측두엽과 두정엽에 배치했다. 탐침 세트를 배치할 때는 신경해부학적 정확성을 확보하기 위해 다음과 같이 아주 체계적인 방법을 이용해 두개골 위에 배치했다. 첫 번째 위치인 측두 탐침은 두 개의 탐침 세트로 되어 있고, 각기 지름이 1mm인 9개의 광섬유가 들어 있다. 한 세트는 좌반구에 배치하고 다른 세트는 우반구에 배치한다. 전두엽과 측두엽, 특히 브로카영역과 상측두회를 모니터할 가능성을 최대화하도록 탐침을 배치한다. 각 탐침에 있는 9개의 광섬유 중 5개는 방출용이고 4개는 탐지용이다. 섬유를 2cm 간격으로 놓고 반구당 12곳(총 24채널)에서 기록한다. 각 채널은 각기 인접한 방출자–탐지자 섬유쌍 사이의 광경로(光經路) 중앙에 해당된다. 배치할 때에는 이미 출판된 NIRS 연구나 영아 대상 연구와 마찬가지로(Peña et al., 2003), 사건유발전위(ERP) 뇌기록 연구(10~20체계라는)의 표준인 두개골 안표법(landmark system)을 이용했다. 즉, 비근점(nasion)에서 외후두융기정점(inion)으로 가는 선의 중앙점이 왼쪽에서 오른쪽 전이개 소엽(prearicular lobule)으로 가는 다른 선의 중앙점과 만나는 지점을 정수리로 정한다. 두 번째 위치인 후두 탐침의 경우, 하나의 탐침 세트는 후두엽에 배치했는데 지름이 1mm인 15개의 섬유(3줄에 각기 5개의 탐침이 있음)가 들어 있다. 시각 영역의 모니터 가능성을 최대화하는 방식으로 탐침을 배치했다. 탐침 세트의 15개 섬유 중 8개는 방출자이고 7개는 탐지자다([그림 13–1] 참조). 2cm 간격으로 섬유를 배치하여 22개 채널에서

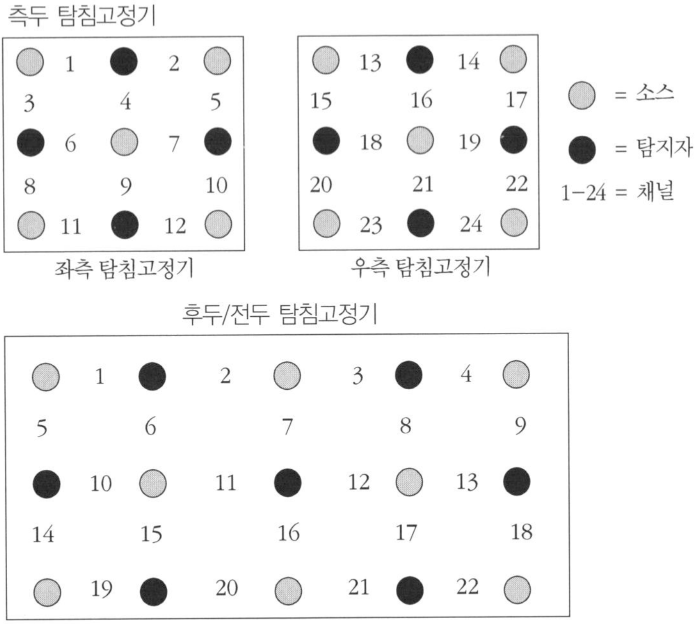

[그림 13-1] 탐침 회로도. 참여자의 두피에 배치된 탐침고정기의 소스 및 탐지자와 분석에 이용된 해당 채널의 회로도. 위의 두 박스는 측두 탐침고정기를 나타낸다(좌반구 탐침고정기는 참여자의 좌반구 측두엽에 배치하고, 우반구 탐침고정기는 참여자의 우반구 측두엽에 배치했다.). 아래 박스는 후두엽이나 전두엽에 배치된 후두/전두 탐침고정기 배치도다.

수집한다. 10~20체계에서와 마찬가지로, 맨 아래 줄은 외후두융기 정점과 나란히 탐침을 배치했다.

6개월 된 건강한 영국 영아들이 다음과 같은 세 가지 과제를 완성했다. 즉, 영아들을 ① 비모국어 음성단위(즉, 진짜 음성단위지만 아동의 모국어에는 나타나지 않는 음성단위), ② 영어의 '영아중심 언어'(즉, 어머니 말투[예, Fernald et al., 1989]), ③ 시각 장기판(플래시 흑백 장기판 이미지[Petitto, Baker, Baird, Kovelman, & Norton, 2004;

Petitto, Baker, Kovelman, Shalinsky, 준비 중])에 노출시켰다.

우리는 전형적인 언어 영역(브로카영역과 상측두회)이 언어자극 과제인 ①과 ②에서는 활성화되었지만, 비언어적이고 시각자극 과제인 ③에서는 활성화되지 않음을 발견했다. 종합하면, 세 세트의 자료([그림 13-2]~[그림 13-4]) 모두 영아의 뇌가 주어진 자극의 특성에 따라 언어처리와 일반 시각처리를 구분할 수 있음을 의미한다.

영아의 이런 활성화 패턴은 아주 흥미로운데, 이는 영아가 아주 어린데다가 언어처리 시 성인 연구에서 활성화된 신경 영역이 활성화되었기 때문이다. 더욱이 좌반구 브로카영역과 상측두회는 우반구의 상응 영역에 비해 훨씬 더 활성화되었다. 그래서 예비적이기는

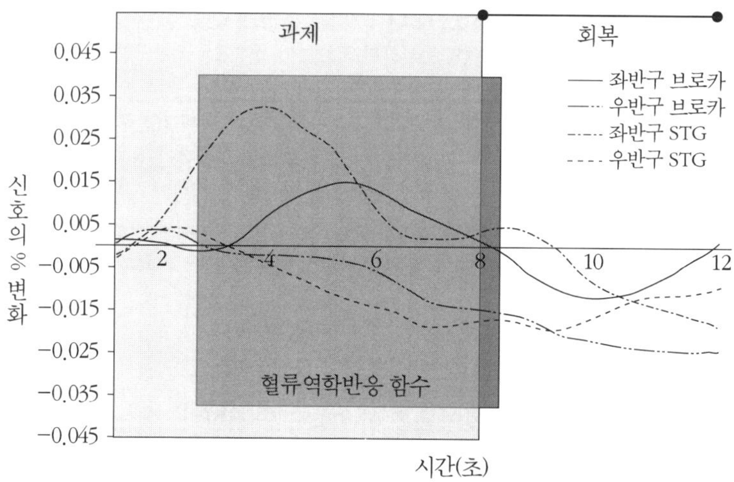

[그림 13-2] 비모국어 음성단위. 그림에서는 영아에게 언어/음성 자극을 제시했을 때 영아의 좌반구에 있는 브로카영역과 상측두회(STG)가 활성화됨을 보여주고 있다. 브로카영역과 STG에 상응하는 우반구 영역이 활성화되지 않았음을 주목하라. 두 선 모두 수평선 아래에 있는 것으로 보아 이를 알 수 있다(기저선과 비교할 때 좌반구 브로카영역과 좌반구 STG의 신호 증가[즉, 각각 r=.25, r=.38]가 발견된다).

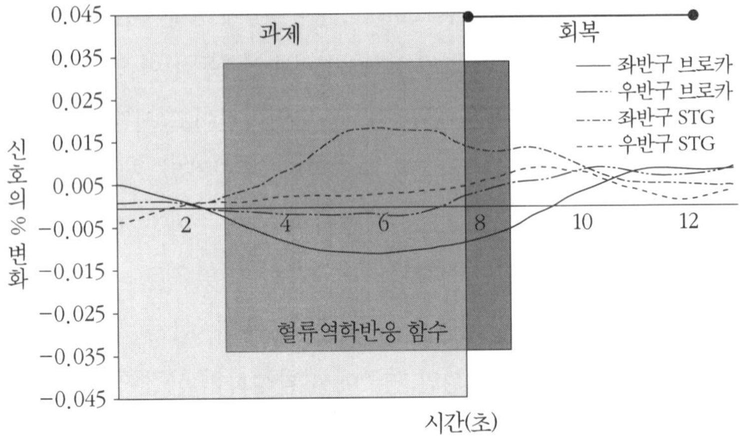

[그림 13-3] 영아중심 언어. 그림에서는 영아에게 영아중심 언어(어머니 말투)를 제시하면 영아 뇌의 좌반구 STG가 강하게 활성화되었으며, 이런 좌반구 활성화가 우반구 STG보다 더 활발했음을 보여 준다. 이 유형의 언어 과제에 대해서는 예언한 대로 좌반구 브로카영역이나 우반구의 상응 영역이 강하게 활성화되지 않았다. 두 선 모두가 수직선 아래에 있는 것으로 보아 이를 알 수 있다. 흥미롭게도 우반구 STG에 비해 좌반구 STG가 더 활성화되었다는 것은 영아가 이런 언어정보를 일반적인 청지각 자극이 아닌 언어자극으로 처리하고 있었음을 시사한다. 영아가 일반적인 청지각 처리를 하고 있었다면 양반구 STG가 더 활성화되고 더 비슷했을 것이다(기저선과 비교한 신호 증가는 좌반구 STG에서 r =.16으로 나타났다.).

해도 영아의 패턴에서는 언어정보를 처리할 때 그들도 성인과 마찬가지로 전형적인 언어 영역들을 이용함을 암시한다. 이는 우리의 언어처리 영역들이 온라인 상태이고 아주 어려서부터 기능적일 것이며, 이들 영역이 인간의 언어처리를 담당하는 타고난 신경 영역일 것임을 시사한다. 물론 후자는 미래의 많은 연구를 통해 더 검증되어야 할 가설이다. 분명히 말하자면, 우리는 언어자극에 대해 일반 지각처리 영역이 아닌 활성화된 언어 영역만을 발견한 것이다.

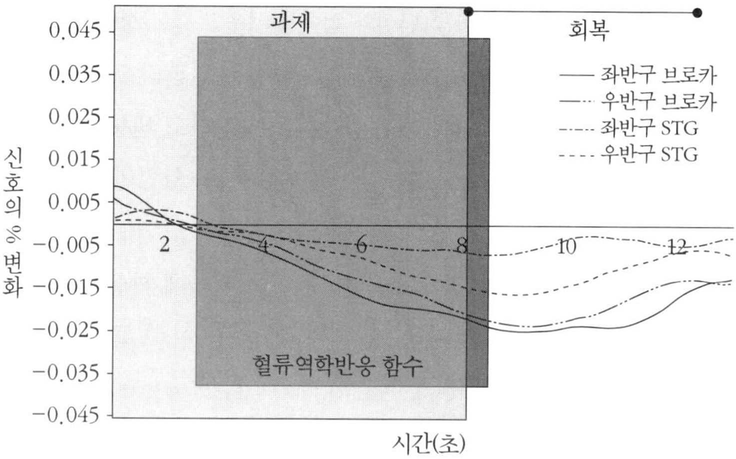

[그림 13-4] 시각적 장기판 과제. 그림에서는 영아가 플래시 흑백 장기판 이미지를 처리할 때 전형적인 언어 영역이 의미 있게 활성화되지 않음을 나타낸다. 네 개의 선(좌반구 브로카, 우반구 브로카, 좌반구 STG, 우반구 STG) 모두 수평선 아래에 있는 것으로 보아 이를 알 수 있다. 특히 이 시지각 과제를 하는 동안 언어 영역인 좌반구 브로카영역(또는 상응하는 우반구 영역)이 의미 있게 활성화되지 않았다. 언어 영역인 좌반구 STG(또는 일반적인 청지각 정보를 처리하는 것으로 예언된 상응하는 우반구 STG)도 의미 있게 활성화되지 않았다. 전반적으로 좌우반구 간에 의미 있는 차이가 없었다. 좌우반구 측두엽에 탐침을 배치했고 이 결과는 예언대로였다. 따라서 그 결과는 영아 대상 NIRS 활용의 효능 면에서 고무적이다. 이는 영아가 시지각 자극을 전형적인 언어 영역으로 처리하지 않음을 시사한다. 결국 그 결과는 동일 뇌 영역이 입력자극에 따라 다르게 반응한다는 흥미로운 증거를 제시해 주는 셈이다.

의미: 몇십 년간 과학자와 교육학자 모두 영아가 그들 주변의 한결같은 소리와 빛의 흐름 속에서 언어의 기본 요소를 어떻게 발견하는지에 매료되어 있었다. 실제로 영아의 언어흐름 분절능력은 영아가 '단어' 를 발견하고 그 의미를 학습하며, 단어열이 구, 절 및 문장으로 배열되는 패턴을 발견하는 데 중요하다. 본질적으로 영아의 음

성단위 발견 및 범주화 능력(단어와 언어를 배우고 결국 성공적인 독자가 되는 능력의 핵심인 음운처리 능력과 더불어)은 인간의 언어 획득과정에 중요하다. 그래서 영아의 음성단위를 발견하고 범주화하는 탁월한 능력의 기반에 대해 오랫동안 맹렬한 논쟁이 있었던 것은 전혀 이상할 것이 없다.

전문화된 언어기제가 영아의 음운 및 언어 획득에 확실히 영향을 줄 것이라는 가설을 지지하는 행동 연구는 여럿 존재하지만(Holowka, Brosseau-Lapré, & Petitto, 2002; Petitto, 2000; Petitto & Holowka, 2002; Petitto & Marentette, 1991; Petitto, Holowka, Sergio, Levy, & Ostry, 2004; Petitto, Holowka, Sergio, & Ostry, 2001; Petitto, Katerelos, Levy, Gauna, Tétrault, & Ferraro, 2001), 영아의 뇌에 대한 주요 증거는 거의 없다.

현재의 결과는 오래된 논쟁점에 대해 새로운 관점을 제시한다. 역사가 말해 주는 것처럼, 행동적 방법만으로는 영아가 언어자극을 언어적으로 처리하는지 혹은 지각적으로 처리하는지에 대한 문제를 해결할 수 없다.

겉으로 본 영아의 행동만으로는 영아가 어떤 과제에 참여할 때 어떤 정신처리가 이루어지는지를 판단하기 어렵다. 결국 이 실험은 3개월 무렵의 활동 중인 영아가 아주 구체적인 과제를 처리할 때 반구 내에서 활성화되는 신경해부학적 주요 영역을 처음 제시한 것이다. 물론 이런 연구결과를 일반화하려면 더 많은 연구가 이루어져야 할 것이다. 그럼에도 불구하고 그 예비적 증거에서는 영아의 뇌가 음성정보를 처리할 때 일반 지각기제가 아닌 특정 언어기제를 활용할 것임을 시사해 준다. 이런 결과는 유아 언어에 대한 40년간의 쟁점에 대한 해결책을 제시해 준다.

교육신경과학: 실험실에서 교육으로

우리는 혁신적인 NIRS 기술을 활용한 연구를 처음 수행하여 언어처리에 관여하는 뇌 영역에 대해 아주 구체적인 신경해부학적 가설을 평가하게 되었다. 그렇게 함으로써 조기 언어학습을 시작하고 지배하는 기제가 언어 특유의 기제인지 혹은 일반 지각기제인지에 대한 과학적 논쟁을 판단하는 데 도움이 되었다. 이런 종류의 연구들에서는 ① 조기 언어 획득의 기반이 되는 여러 요인들과 그 요인들의 기반이 되는 특정 처리 영역, ② 언어처리 영역의 발달 궤도, ③ 조기 발달에서 언어처리 영역이 다른 입력정보에 비해 어떤 언어입력에 가장 민감한지에 대한 과학적 쟁점에 중요한 답을 제시해 준다.

그런 연구들은 영아기의 뇌처리에 대한 우리의 과학적 이해를 확고히 발전시켰을 뿐만 아니라 교육에도 적용 가능하다는 점에서 아주 중요하다. 영아 대상의 NIRS 연구를 더 반복 실험하고 표준화한 후, 다음과 같이 중요한 진단, 치료, 교수를 위해 아동 대상의 NIRS 현장 지침을 마련해 제공하려 한다. 즉, 우리의 이전 연구에서는 STG, 특히 측두평면이 음운론의 핵심인 '리듬 있게 변하는 특정 패턴'을 처리한다는 것을 확인했다(예, Penhune, Cismaru, Dorsaint-Pierre, Petitto, & Zatorre, 2003; Petitto et al., 1998, 2000). 우리는 이런 사실이 4~5개월경의 영아에게도 해당된다는 증거를 발견했다(Holowka & Petitto, 2002; Norton, Baker, & Petitto, 2000). 현재의 연구에서는 이런 현상이 더 어린 영아, 즉 2일 된 영아에게도 해당되는지를 평가할 것이다. 조기 음성 분절, 범주화 및 처리를 담당하는 신경 영역과 발달과정에서 그런 능력이 시작되는 연령을 과학적으로 확인할 경우, 옹알이나 말을 시작하기 전부터 언어와 음운배열 장애로 위험에 처할 아기들을 판별하고 예측하게 될 것이다. 그렇게 함으로써 우리는 아동의 음운처리 이상과 지연을 구분할 새로운 방식을 제시할 수 있을 것이다. 아동의 언어와 읽기 문제는 시간이 지나서야 행동으로 나타나기 때문에 행동 연구만으로는 이런 결과를 얻을 수 없다는 것을 명심해야 한다.

그러므로 아동의 음운능력에 대한 이런 결과는 성공적인 언어학습과 읽기의 핵심인 단어 분절에 대해 중요한 과학적 정보(증거에 기반한)를 제시해 줄 것이다(Goswami, 이 책). 그래서 그 연구가 읽기의 기반이 되는 핵심 요소를 조기 판별할 도구를 제공함으로써 좀 더 적절한 언어치료 프로그램과 교수법이 가능해져 궁극적으로는 미국 교육정책에 영향을 줄 것이다. 가령, 내 실험실과 다른 실험실의 인지신경과학 연구는 교육과정에 외국어를 언제 도입할지, 발음 중심 읽기 교수법이 적절한지 혹은 총체적 읽기 교수법이 적절한지, 어떤 음운인식 교수법이 우수한 독자와 난독증아를 개선시킬지, 언어학습의 기반이 되는 발달순서 등에 대한 교육 정책과 실제에 이미 통찰을 주고 있다(Goswami & Wolf, 이 책). 사실 이런 연구들 모두 이미 미국 교육과정에 영향을 주고 있다. 물론 미래의 교육신경과학 연구를 통해 교육 실제 및 정책과 관련된 진보는 꾸준히 세계화될 것이다.

참고문헌

Aslin, R. N. (1987). Visual and auditory developmental in infancy. In J.

D. Osofsky (ed.), *Handbook of Infant Development* (2nd edn., pp. 5-97). Oxford, UK: John Wiley.

Baird, A. A., Kagan, J., Gaudette, T., Walz, K., Hershlag, N., & Boas, D. (2002). Frontal lobe activation during object permanence: Data from near infrared spectroscopy. *NeuroImage, 16*, 1120-1126.

Baker, S. A., Golinkoff, R., & Petitto, L. A. (in press). New insights into old puzzles from infants' categorical discrimination of soundless phonetic units. *Learning Language and Development.*

Baker, S. A., Groh, J. M., Cohen, Y. E., & Petitto, L. A. (submitted). The perception of soundless phonetic units in rhesus macaques. Manuscript submitted for publication.

Baker, S. A., Idsardi, W. J., Golinkoff, R., & Petitto, L. A. (2005). The perception of handshapes in American Sign Language. *Memory & Cognition, 33*(5), 887-904.

Baker, S., Sootsman, J., Golinkoff, R., & Petitto, L. A. (2003, April). *Hearing four-month-olds' perception of handshapes in American Sign Language: No experience required.* Proceedings of the Society for Research in Child Development 2003 Biennial Meeting, Tampa, FL.

Byrnes, J. P. & Fox, N. A. (1998). The educational relevance of research in cognitive neuroscience. *Educational Psychology Review, 10*(3), 297-342.

Eimas, P. D. (1975). Auditory and phonetic coding of the cues for speech: Discrimination of the (r-l) distinction by young infants. *Perception & Psychophysics, 18*(5), 341-347.

Eimas, P. D., Siqueland, E. R., Jusczyk, P., & Vigorito, J. (1971). Speech perception in infants. *Science, 171*, 303-306.

Fernald, A., Taeschner, T., Dunn, J., Papousek, M., Boysson-Bardies, B., & Fukui, I. (1989). A cross-language study of prosodic modifications in mothers' and fathers' speech to preverbal infants. *Journal of Child Language, 16*, 477-501.

Geake, J. G. (2003). Adapting middle level educational practices to current research on brain functioning. *Journal of the New England League of Middle Schools, 15*, 6-12.

_______ (2004). Cognitive neuroscience and education: two-way traffic or one-way street? *Westminster Studies in Education, 27*(1), 87-98.

Geake, J. G. & Cooper, P. W. (2003). Implications of cognitive neuroscience for education. *Westminster Studies in Education, 26*(10), 7-20.

Goswami, U. (2004). Neuroscience and education. *British Journal of Educational Psychology, 74*(1), 1-14.

Hauser, M. D., Newport, E. L., & Aslin, R. N. (2001). Segmentation of the speech stream in a nonhuman primate: Statistical learning in cotton top tamarins. *Cognition, 78*, B53-B64.

Holowka, S., Brosseau-Lapré, F., & Petitto, L. A. (2002). Semantic and conceptual knowledge underlying bilingual babies' first signs and words. *Language Learning, 52*(2), 205-262.

Holowka, S. & Petitto, L. A. (2002). Left hemisphere cerebral specialization for babies while babbling. *Science, 297*, 1515.

Jusczyk, P. W. (1985). On characterizing the development of speech perception. In J. Mehler & R. Fox (eds.), *Neonate Cognition: Beyond the Blooming, Buzzing Confusion* (pp. 199-229). Hillsdale, NJ: Erlbaum.

_______ (1997). *The Discovery of Spoken Language.* Cambridge, MA: MIT Press.

Jusczyk, P. W., Rosner, B. S., Cutting, J. E., Foard, C. F., & Smith, L. B. (1977). Categorical perception of non-speech sounds by 2-month-old infants. *Perceptual Psychophysics, 21*, 50-54.

Kluender, K. R., Diehl, R. L., & Kileen, P. R. (1987). Japanese-quail can learn phonetic categories. *Science, 237*, 1195-1197.

Kuhl, P. K. (1979). Speech perception in early infancy: Perceptual constancy for spectrally dissimilar vowel categories. *Journal of the Acoustical Society of America, 66*, 1669-1679.

_______ (1981). Discrimination of speech by nonhuman animals: Basic auditory sensitivities conductive to the perception of speech-sound categories. *Journal of the Acoustical Society of America, 70*, 340-349.

Kuhl, P. K. & Miller, J. D. (1975). Speech perception by the chinchilla: Voiced-voiceless distinction in alveolar plosive consonants. *Science, 190*, 69-72.

_______ (1978). Speech-perception by chinchilla: Identification functions for synthetic VOT stimuli. *Journal of the Acoustical Society of America, 63*, 905-917.

Kuhl, P. K. & Padden, D. M. (1982). Enhanced discriminability at the phonetic boundaries for the voicing feature in macaques. *Perceptual Psychophysics, 32*, 542-550.

_______ (1983). Enhanced discriminability at the phonetic boundaries for the place feature in macaques. *Journal of the Acoustical Society of America, 73*, 1003-1010.

Morse, P. A. & Snowdon, C. T. (1975). An investigation of categorical speech discrimination by rhesus monkeys. *Perception & Psychophysics, 17*(1), 9-16.

Norton, E. S., Baker, S. & Petitto, L. A. (2003, June). *Bilingual infants' categorical perception of phonetic handshapes in American Sign Language*. Poster presented at the University of Pennsylvania Institute for Research in Cognitive Science Summer Workshop, Philadelphia.

O'Boyle, M. W. & Gill, H. S. (1998). On the relevance of research findings in cognitive neuroscience to educational practice. *Educational Psychology Review, 10*, 397-400.

Peña, M., Maki, A., Kovacic, D., Dehaene-Lambertz, G., Koizumi, H., Bouquet, F., & Mehler, J. (2003). Sounds and silence: An optical topography study of language recognition at birth. *Proceedings of the National Academy of Sciences, 100*(20), 11702-11705.

Penhune, V., Cismaru, R., Dorsaint-Pierre, R., Petitto, L. A., & Zatorre, R. (2003). The morphometry of auditory cortex in the congenitally deaf measured using MRI. *NeuroImage, 20*, 1215-1225.

Petitto, L. A. (2005). How the brain begets language: On the neural tissue underlying human language acquisition. Chapter in J. McGilvray (ed.), *The Cambridge Companion to Chomsky* (pp. 84-101). Cambridge: Cambridge University Press.

_______ (2000). On the biological foundations of human language. In H. Lane and K. Emmorey (eds.), *The Signs of Language Revisited* (pp. 447-471). Mahwah, NJ: Erlbaum.

Petitto, L. A., Baker, S., Baird, A., Kovelman, I., & Norto, E. (2004, February). Near-infrared spectroscopy studies of children and adults during language processing. Presentation at the International Workshop on Near-Infrared Spectroscopy, Cambridge, MA.

Petitto, L. A., Baker, S., Kovelman, I., & Shalinsky, M. (in preparation). Near-Infrared Spectroscopy studies of children and adults during language processing. Manuscript in preparation.

Petitto, L. A. & Dunbar, K. (in press). New findings from Educational Neuroscience on bilingual brains, scientific brains, and the educated mind. In K. Fischer & T. Katzir (eds.), *Building Usable Knowledge in Mind, Brain, & Education.*

Petitto, L. A. & Holowka, S. (2002). Evaluating attributions of delay and confusion in young bilinguals, *Sign Language Studies, 3*(1), 4-33.

Petitto, L. A., Holowka, S., Sergio, L., & Ostry, D. (2001). Language rhythms in babies' hand movements. *Nature, 413*, 35-36.

Petitto, L. A., Holowka, S., Sergio, L., Levy, B., & Ostry, D. (2004). Baby hands that move to the rhythm of language: Hearing babies acquiring sign languages babble silently on the hands. *Cognition, 9*, 43-73.

Petitto, L. A., Katerelos, M., Levy, B., Gauna, K., Tétrault, K., & Ferraro, V. (2001). Bilingual signed and spoken language acquisition form birth: Implications for mechanisms underlying bilingual language acquisition. *Journal of Child Language, 28*(2), 1-44.

Petitto, L. A. & Marentette, P. (1991). Babbling in the manual mode: Evidence for the ontogeny of language. *Science, 251*, 1493-1496.

Petitto, L. A., Zatorre, R., Gauna, K., Nikelski, E. J., Dostie, D., & Evans, A. (2000). Speech-like cerebral activity in profoundly deaf people while processing signed languages: Implications for the neural basis of human language. *Proceedings of the National Academy of Sciences, 97*(25). 13961-13966.

Petitto, L. A., Zatorre, R. J., Nikelski, E. J., Gauna, K., Dostie, D., & Evans, A. C. (1998). By hand or by tongue: Common cerebral blood flow activation during language processing in signed and spoken languages. *NeuroImage, 7*(4), 193.

Polka, L. & Werker, J. F. (1994). Developmental changes in perception of nonnative vowel contrasts. *Journal of Experimental Psychology: Human Perception and Performance, 20*, 421-435.

Ramus, F., Hauser, M. D., Miller, C., Morris, D., & Mehler, J. (2000). language discrimination by human newborns and cotton-top tamarin monkeys. *Science, 288*, 349-351.

Saffran, J. R., Aslin, R. N., & Newport, E. L. (1996). Statistical learning by 8-month-old infants. *Science, 274*, 1926-1928.

Sakatani, K., Chen, S., Lichty, W., Zuo, H., & Wang, Y. P. (1999). Cerebral blood oxygenation changes induced by auditory stimulation in newborn infants measured by near infrared spectroscopy. *Early Human Development, 55*(3), 229-236.

Shaywitz, S., Shaywitz, B., Pugh, K., Fulbright, R., Constable, R., Mencl, W., Shankweiler, D., et al. (1998). Functional disruption in the organization of the brain for reading in dyslexia. *Proceedings of the National Academy of Sciences, 95*, 2636-2641.

Stager, C. L. & Werker, J. F. (1997). Infants listen for more phonetic detail in speech perception than in word learning tasks. *Nature, 388*, 381-382.

Villringer, A. & Chance, B. (1997). Non-invasive optical spectroscopy and imaging of human brain function. *Trends in Neuroscience, 20*(10), 435-442.

Waters, R. S. & Wilson, J. R. (1976). Speech perception by rhesus monkeys: The voicing distinction in synthesized labial and velar stop consonants. *Perception and Psychophysics, 19*(4), 285-289.

Werker, J. F., Cohen, L. B., Lloyd, V. L., Casasola, M., & Stager, C. L. (1998). Acquisition of word-object associations by 14-month-old infants. *Developmental Psychology, 34*, 1289-1309.

Werker, J. F. & Lalonde, C. E. (1988). Cross-language speech perception: Initial capabilities and developmental change. *Developmental Psychology, 24*(4), 672-683.

Werker, J. F. & Stager, C. L. (2000). Developmental change in infant speech perception and early word learning: Is there a link? In J. Pierrehumbert & M. Broe (eds.), *Papers in Laboratory Phonology,*

5 (pp. 181-193). Cambridge: Cambridge University Press.

Werker, J. F. & Tees, R. C. (1983). Developmental changes across childhood in the perception of non-native speech sounds. *Canadian Journal of Psychology, 37*(2), 278-286.

_______ (1999). Experiential influences on infant speech processing: Toward a new synthesis. In J. T. Spence (ed.), *Annual Review of Psychology, Vol. 50* (pp. 509-535). Palo Alto, CA: Annual Reviews.

Zaramella, P., Freato, F., Amigoni, A., Salvadori, S., Marangoni, P., Suppjei, A., et al. (2001). Brain auditory activation measured by near-infrared spectroscopy (NIRS) in neonates. *Pediatric Research, 49*(2), 213-219.

제14장 읽기와 산수에서 뇌의 제약: '뉴런 재활용' 과정으로서 교육

Stanislas Dehaene

개 관

인지신경과학은 행동의 생물학적 원인과 문화적·경험적 원인 간의 논쟁을 해결할 방법을 제시하고 있다. Dehaene는 읽기와 산수 같은 문화도구들이 영아나 다른 포유동물에게 존재하는 기본적인 뇌처리에 의존한다고 강력히 주장한다. 이런 관점에서는 학습과 교육에 대한 일반적인 견해들, 즉 출생 시 마음이나 뇌가 백지상태라거나 타고난 불변의 정신기관이 있다거나 또는 뇌가 뭐든 배울 수 있는 학습기계라는 견해는 이미 구식인 듯하다. 특히 산수의 간단한 수(數)와 알파벳의 글자 모양에 대한 증거는 뚜렷하다. 수를 상징하는 아라비아 숫자를 접한 적이 없는 영장류와 영아마저도 두정엽의 작은 특수 영역이 자동적인 수 탐지에 필수적인 역할을 한다. 실제로 1에서 5까지의 각 수를 담당하는 특정 뉴런들마저 존재할 정도다. 이들 영역이 손상되면 계산 불능이 나타난다. 읽기의 경우 일부 제한된 시각 영역이 크기, 위치, 대칭 변화에 무관하게 사물 인식과 공간상에서 형태의 세부사항을 전담한다. 이들 네트워크가 글자 모양을 이룰 기반이 되어 아동이 알파벳을 배울 잠재력을 갖는 것 같다. 그래서 그 영역이 손상되면 난독증이 발생한다. 결국 수학과 문해에서 수와 글자 같은 문화적 대상은 기존의 뇌구조를 활용한다. 이런 면에서 교육은 피질구조에 기반을 둔 뉴런 재활용 과정이라 할 수 있다.

–편집자–

뇌연구는 왜 교육과 관련되어야 하는가? 많은 부모와 교사들은 그럴 필요가 없다고 생각한다. 물론 뇌가 아동의 학습 및 기억 과정을 지지하는 생물학적 기관임을 부인하는 사람은 없다. 그러나 이런 생물학적 사실은 학교에서 일어나는 일상적인 사태와 동떨어져 보인다. 그러다 보니 생물학이 교육에 많은 제약을 줄 것이라 생각하지 않는 것이 일반적이다.

이런 판단의 이면에는 뇌를 교육과 학습으로 채워야 할 백지로 보는 교육자들의 관점이 암묵적으로 존재한다(Pinker, 2002). 이런 관점에서 보면 동물왕국에서 고유한 우리 뇌의 교육 가능성은 거의 무한한 피질 가소성(인간 고유의)에 기반을 두고 있다. 결국 이 관점에서는 학습을 통해 거의 무한한 새로운 기능을 배울 수 있다고 보기 때문에 인간의 뇌를 특별히 여기곤 했다. 그런데 뇌를 이런 식으로 봐서는 교육정책 수립에 아무런 도움이 안 된다.

다소 풍자한 듯한 느낌이 들지만, 이런 관점은 현대의 일부 연결주의자나 신구성주의자들의 설명(예, Quartz & Sejnowski, 1997)과 별 차이가 없다. 더구나 명백하고 확실한 논리적 추론에 의해서도 지지되고 있다. 추론해 보면, 오늘날의 수업내용 대부분은 쓰기나 수학의 상징처럼 진화사에서 그리 오래되지 않은 문화적 고안물이다. 그런 문화적 도구들은 출현한 지가 얼마 되지 않아 뇌의 진화에 영향력을 발휘할 수 없었다. 가령, 읽기는 겨우 5,400년 전에 발명되었고 상징을 이용한 산수는 훨씬 더 늦게 발명되었다. 즉, 1,000년 전만 해도 아라비아 숫자나 그와 관련된 알고리즘이 거의 이용되지 않았다(Wolf, 이 책). 그래서 읽기와 상징적 산수를 전담하는 뇌기제가 존재한다는 것이 논리적으로 불가능하다. 이에 지리학, 역사, 문법, 철학 등의 사실이나 기능과 마찬가지로 읽기와 상징적 산수도 학습해야 한다. 아동이 그런 것들을 배울 수 있다는 사실은 뇌가 아주 보편적인 학습기제에 지나지 않음을 의미한다.

학습을 그렇게 볼 경우 인간의 무한한 문화능력을 설명해 주는 동시에, 뇌가 그런 능력을 실행하는 정도가 사람마다 아주 다를 것임을 암시해 주기도 한다. 즉, 개인의 학습사(學習史)에 따라 동일한 뇌 부위가 다른 기능에 관여할 수 있다. 학습하는 동안 임의로 대칭이 깨져 능력별 전담 영역이 배정되지만 각 개인에게 임의 배정될 것이다. 그러다 보니 읽기와 산수 같은 문화활동을 담당하는 재활용 가능한 뇌회로를 찾으려 하지 않는다.

그러나 바로 여기에 역설이 있다. 뒤에서 제시하겠지만, 최근의 많은 신경영상과 신경심리학 연구결과에서는 인간의 뇌가 읽기와 산수 같은 새로운 문화적 대상을 습득하는 능력에 대해 조명하고 있다. 그 연구들에서는 아무 선입견이 없는 백지상태라는 가설에 반대한다. 심리학, 신경심리학 및 뇌영상 분야의 증거를 종합한 결과에서는 성인의 뇌에 읽기와 산수 전담 기제가 있음을 제시하고 있다. 또 각 개인의 재활용 가능한 위치에 있던 작은 피질 부위가 그런 과제에 의해 강화된다. 그 부위들은 대개 그런 기능을 자동적이고 무의식적으로 수행한다. 더욱이 그 부위가 손상되면 특정의 읽기장애나 계산장애가 나타날 수 있다. 요컨대, 그 증거에서는 읽기와 산수를 담당하는 독특하고 재활용 가능하며 특수한 뇌 부위가 존재함을 지지하는 것 같다(Wolf, Petitto, & Goswami, 이 책).

그런 뇌 영역들의 기능을 진화사에 비추어 검토하면 이런 역설을 해결할 수 있다. 그 영역들은 전혀 다른 새로운 기능을 획득하거나 문화적으로 임의의 새로운 기능을 획득한 것이 아니다. 오히려 다른 영장류의 그 영역들은 인간의 그 영역들에서 담당하는 기능과 밀접한 선행기능을 지닌 듯하다. 더욱이 그 영역들에는 인간의 문화적 도구를 아주 효율적으로 처리할 만한 많은 기능적 특징이 이미 존재한다. 조금만 바꿔도 새로운 문화 영역에 적응할 수 있다. 그래서 결론에서 나는 잠정적으로 '뉴런 재활용' 가설을 제안한다. 그 가설에 따르면 인간의 문화적 학습능력은 기존의 뇌회로를 재활용하는 과정에 기반을 두고 있다. 이런 관점에서는 아동의 뇌조직을 아는 것이 교육에 필수적임을 시사한다.

산수의 뇌과학적 근거

세계 곳곳의 많은 뇌영상 연구에서는 성인이 간단한 산수문제를 푸는 동안 뇌활동을 검사했다. 오늘날 우리는 fMRI 기술 덕분에 2~3초의 시간 해상도로 뉴런 활동과 밀접한 혈중 산소의 전뇌영상을 얻을 수 있게 되었다. 이 방법은 피험자가 간단한 뺄셈(예, 7−2)을 할 때 활성화된 뇌 영역을 피험자가 아라비아 숫자(계산은 하지 않고)만 말하는 통제 상황과 비교하여 검사하기에 적절하다. 그런 방법을 통한 현저한 연구 덕분에 정신적 산수를 담당하는 재활용 가능한 뇌회로를 발견하였다(Dehaene, Piazza, Pinel, & Cohen, 2003).

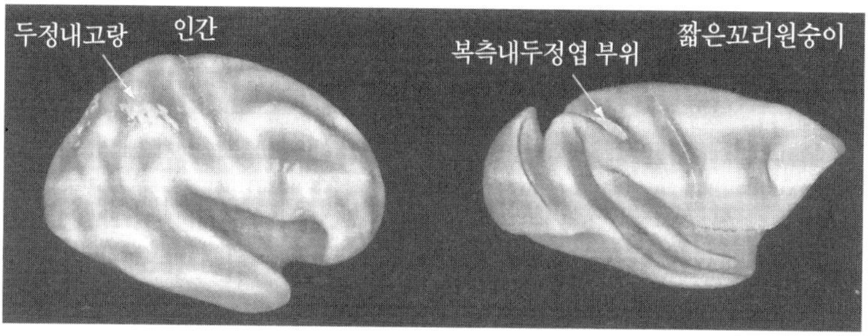

[그림 14-1] 다양한 산수 과제에서 활성화된 인간의 뇌 영역(좌반구, Dehaene et al., 2003)과 수를 부호화하는 뉴런들이 있는 짧은꼬리원숭이의 뇌 영역(Nieder & Miller, 출판 중). 인간과 짧은꼬리원숭이의 수처리에 관여하는 두정엽 부위들 간에는 상동 가능성이 있다.

산수를 하는 동안 재활용 가능한 일련의 영역, 특히 좌우반구 두정내고랑과 좌우반구 중심전고랑이 체계적으로 활성화되었다([그림 14-1] 참조). 이제 몇 분 안에 표준화된 뇌좌표에서 약 1cm의 변산으로 모든 피험자의 산수 네트워크를 분리해 낼 수 있다.

언어와 교육 제도가 다른 여러 나라의 성인 대상 연구들에서도 산수를 담당하는 두정-중심전 네트워크가 관찰되었다. 또 이 네트워크 중 두정엽 부분은 기본적인 모든 산수 과제에서 공통적으로 활성화된 것 같다. 계산(예, 뺄셈, 덧셈, 곱셈)을 하거나 근사값(예, 21+15가 40에 가까운지 혹은 90에 가까운지)을 구하는 동안 그 부위가 가장 활성화되었다(Dehaene, Spelke, Pinel, Stanescu, & Tsivkin, 1999). 그러나 피험자가 시청각 흐름 속의 숫자를 탐지할 때에도 두정엽의 수 관련 활동이 자동적으로 일어날 수 있다(Eger, Sterzer, Russ, Giraud, & Kleinschmidt, 2003). 실제로 아라비아 숫자를 잠재적으로 잠깐 제시할 때에도 그렇게 활성화되었다(Naccache & Dehaene, 2001). 그런 결과는 다음의 난해한 역설을 제시한다. 수와 마찬가지로 문화적 구성물인 글자는 이 영역을 활성화시키지 않는데, 왜 동일 영역이 아라비아 숫자는 자동적으로 처리할까?

이 역설을 바로 해결할 듯한 간단하고 유익한 가설이 제시되었다(Dehaene, 1992, 1998; Gallistel & Gelman, 1992). 아라비아 숫자(예, 8)와 수 이름(예, 팔)은 문화적으로 만들어지고 인간 고유의 것이지만 수감각은 그렇지 않을 것이다. 아주 어린 영아와 동물에게도 이런 '수감각'은 존재한다. 우리는 상징과 계산을 이런 기존의 수표상과 관련지어 의미를 부여하게 된다.

이 관점을 지지하는 많은 실험에서는 동물과 영아에게 초보적이고 비언어적인 수감각이 있음을 제시했다. 가령, 시청각으로 사물을 제시했을 때 비둘기, 쥐, 고래, 원숭이, 영장류 등은 40~50개까지 지각할 정도다. 마찬가지로 6개월 된 영아는 컴퓨터 화면에 나타난 8개와 16개의 점을 구분할 수 있다(Lipton & Spelke, 2003). 물론 이 능력이 성인수준에 이를 정도로 정확치는 않아서 복잡한 수 계산은 못한다. 동물과 영아는 36과 37처럼 인접한 두 수를 구분할 수는 없지만 대략적인 수감각은 있으며, 수가 커질수록 정확성은 점차 떨어진다.

일련의 사물을 지각할 때뿐만 아니라 상징적 수를 처리할 때도 성인에게는 대략적인 표상이 나타났다. 우리가 이런 수감각에 의지한다는 강력한 표시는 바로 수 비교 시의 거리 효과다. 두 개의 아라비아 숫자 중 어느 것이 더 큰지를 판단할 때는 두 수가 근접할(예, 8과 9) 때보다 멀(예, 1과 9) 때 훨씬 더 빨리 판단한다. 컴퓨터로 제시하는 것과 달리, 수 비교 알고리즘으로는 그런 수행 차를 기대할 수 없다. 이런 결과는 곧 우리 뇌가 상징정보를 접했을 때도 숫자를 마음속의 대략적인 수부호로 신속하게 전환함을 시사한다. 즉, 정신적 수직선에서는 활성화가 비슷하게 분산되어 비슷한 수가 부호화된다.

지난 몇 년간 우리는 신경수준에서 이런 수 부호화가 어떻게 이루어지는지에 대해 많은 것을 알게 되었다. Andreas Nieder와 Earl Miller(Nieder, Freedman, & Miller, 2002; Nieder & Miller, 2003, 출판 중)는 수를 시각적으로 제시해 표본대응 과제훈련을 시킨 원숭이의 각 뉴런을 기록했다. 많은 뉴런들이 선호하는 수에 조율되어 있었다. 즉, 어떤 뉴런들은 1개, 다른 뉴런들은 2개를 선호하였으며, 5개를 선호하는 뉴런까지 있었다. 물론 조율이 정확치는 않았고 수가 늘어날수록 정확성은 떨어졌다. 이런 신경 부호화는 바로 성인과 영아의 수처리 특징과 거리 효과를 설명하는 신경 네트워크 모델에서 예측한 대로다(Dehaene & Changeux, 1993). 가장 중요한 것은 기록된 수 뉴런의 위치다. 초창기 연구에서는 대부분의 뉴런들이 배외측전두피질에서 관찰되었으나, 최근 연구에서는 두정엽에서 잠복기가 더 짧은 다른 뉴런 집단이 관찰되었다(Nieder & Miller, 2005; 또한 Sawamura, Shima, & Tanji, 2002도 참조). 이런 뉴런들은 두정내 고랑 깊은 곳에 있는 복측내두정엽 부위에 있는데, 이 부위는 여러 가지 수 과제를 수행하는 동안 활성화되는 인간의 뇌 영역과 상동기관인 듯하다.

그래서 인간의 산수 획득에 대해 간단한 시나리오를 제안할 수 있다. 진화 덕분에 영장류의 두정엽에서 조잡하게나마 수표상이 가능했고, 이는 사냥감을 쫓아야 했던 많은 상황에서 유용했을 것으로 보인다. 인간에게도 이처럼 원시적인 수표상이 존재한다. 처음에는 그 정확도가 그저 그렇다가 생후 1년간 꾸준히 발달하나, 어쨌든 영아기 초부터 그런 수표상은 존재한다(Lipton & Spelke, 2003). 그로 인해 아동이 셈을 할 최소한의 기반, 즉 소수의 사물을 추적하고 수의 증가나 감소를 모니터하는 능력이 마련된다. 생후 첫해에는 이런 지식이 비언어적이지만, 3세 무렵에는 상징과 관련지어서 처음에는 말로 세다가 그다음에는 아라비아 숫자 같은 문자로 적는다.

그래서 아라비아 숫자와 그 계산이 모든 개인의 재활용 가능한 위치에 있는 제한된 뇌 영역에 의지한다는 것은 당연하다. 실제로 셈 훈련을 통해 이 영역이 생기는 것도 아니다. 오히려 그것은 처음부터 존재하며 다른 뇌 부위의 상징체계와 연결되어 점차 조정되면서 수에 의미를 부여하게 된다.

이런 시나리오는 정상적인 수발달을 설명하는 동시에 특정 산수 장애가 존재하는지를 예측하기도 한다. 성인의 경우 일부 뇌손상이 선택적 산수장애인 계산장애(acalculia)의 원인인 것으로 알려졌다(Dehaene, Dehaene-Lambertz, & Cohen, 1998). 특히 두정내고랑이 손상되면 덧셈과 뺄셈뿐만 아니라 근사값, 어림, 비교 같은 기초적인 수 지식이 심각하게 손상된다(Lemer, Dehaene, Spelke, & Cohen, 2003). 결과적으로 발달적 난산증(dyscalculia)에서 나타나는 증세와 유사한 증세가 존재한다(Shalev, Auerbach, Manor, & Gross-Tsur, 2000). 일부 아동은 산수를 배울 때 선천적으로 심각한 어려움이 있다. 그럼에도 불구하고 그들은 지능과 사회적 배경이 정상일 수 있고, 읽기나 주의 관련 장애도 겪을 필요가 없다. 물론 일부의 경우는 그 장애가 아주 기초적인 과제에 영향을 줄 수도 있다. 한 묶음이 2개인지 3개인지를 판단하거나 5나 6중 어느 것이 더 큰지를 판단하는 능력마저 손상될 수 있다(Butterworth, 1999). 그래서 당연한 가설은 수표상이 유전질환이나 초기 뇌손상의 영향을 받을 수 있다는 것이다.

이 가설은 최근 난산증에 대한 두 편의 인지신경과학 연구에서 입증되었다. 한 연구(Issacs, Edmonds, Lucas, & Gadian, 2001)에서는 미숙아로 태어났던 청소년들을 아동기에 난산증이 있었던 집단과 그 증세가 없었던 집단으로 나누었다. MRI를 이용해 피질의 회백질 밀도를 측정했다. 난산증이었던 청소년의 경우에는 정상 성인이 정신적 산수를 하는 동안 활성화되는 좌반구 두정내고랑의 회백질 밀도가 선택적으로 감소되었다. 두 번째 연구(Molko et al., 2003)에서는 MRI로 터너증후군인 여성들과 통제집단을 비교했다. 터너증후군 여성은 우반구 두정내고랑에 문제가 있는 것으로 나타났고, 큰 수를 더할 때 그 부위가 비정상적으로 활성화되었다.

현재로서는 난산증이 좌우반구 두정엽에 영향을 주는 이유나 난산증 아동 중 어느 정도에게 식별 가능한 뇌손상이 있는지가 알려지지 않은 상태다. 그럼에도 불구하고 지능이 정상이고 학교교육을 받으면서도 산수장애가 있는 아동이 존재하다 보니, 산수교육이 영역 일반적인 학습기제에 의존한다는 견해가 무효화되었다. 오히려 특정 뇌회로의 수에 대한 집중적 사전 표상이 산수학습의 선수 요건이다. 결국 유전적으로만 문제가 없다면 모든 인간은 수학을 할 능력이 있다.

읽기의 뇌과학적 근거

수는 우리 환경의 기본 요소이기에 우리 뇌가 진화를 통해 수를 표상하게 되었다는 것은 그리 놀랍지 않다. 역설적으로 들릴지 모르겠지만, 읽기 영역에서도 유사한 발견이 있었다. 읽기는 기껏해야

5,400년 전에 시작되었으며, 현대에 이르기까지 소수에게만 중요했다. 그래서 읽기를 처리하는 뇌회로가 진화될 만한 시간이나 압력이 없었다. 실제로 읽기원리는 문화마다 아주 다른 기교들의 모음으로, 여러 모양을 이용해 단어, 음절, 운, 음소 등 소리요소를 표현할 가능성과 글자 맞추기 원리를 결합한다. 호모사피엔스의 경우, 인간 고유의 특징인 말하기 담당 뇌기제는 진화되었지만 읽기체계의 인위적인 시각 특징을 처리할 준비는 안 되었던 것 같다.

이런 표면상의 논리적 주장에도 불구하고, 뇌영상 연구에서는 읽기의 시각단계를 담당할 재활용 가능한 뇌체계('시각어형 영역' 체계라는)를 확인했다. 유능한 독자는 문자로 된 단어를 제시받을 때마다 후두–측두 고랑에 위치한 좌반구 복측시각 영역이 활성화되었다(Cohen & Dehaene, 2004 참조). 활성화 부위의 개인 간 변산은 몇 mm에 불과했다([그림 14–2] 참조). 더욱이 알파벳 체계가 아닌 중국어와 일본어의 읽기체계뿐만 아니라 오른쪽에서 왼쪽으로 읽는 히브리어 글씨를 비롯해 모든 문화권의 독자에게서 동일한 위치가 활성화되었다(Paulesu et al., 2001 참조).

그 부위는 읽기 전문성도 존재하는 것으로 나타났다. 가령, 그 부위는 얼굴을 볼 때 활성화되는 중간 부위와는 완전히 다르다. 모양이 비슷한 가짜 글자보다 진짜 글자들에 더 반응했다. 또 발음할 수 없는 일련의 자음보다 진짜 단어에 더 반응했다(Cohen et al., 2002; [그림 14–2] 참조). 이처럼 머릿속 기록을 이용할 수 있는 사례가 드물다는 것은 곧 단어를 선호하거나 단어에만 반응하는 시각피질 영역이 아주 작음을 지지한다(Allison, Puce, Spencer, & McCarthy, 1999).

기능적 전문성을 지지하는 증거도 있다. 후두–측두 피질의 절묘

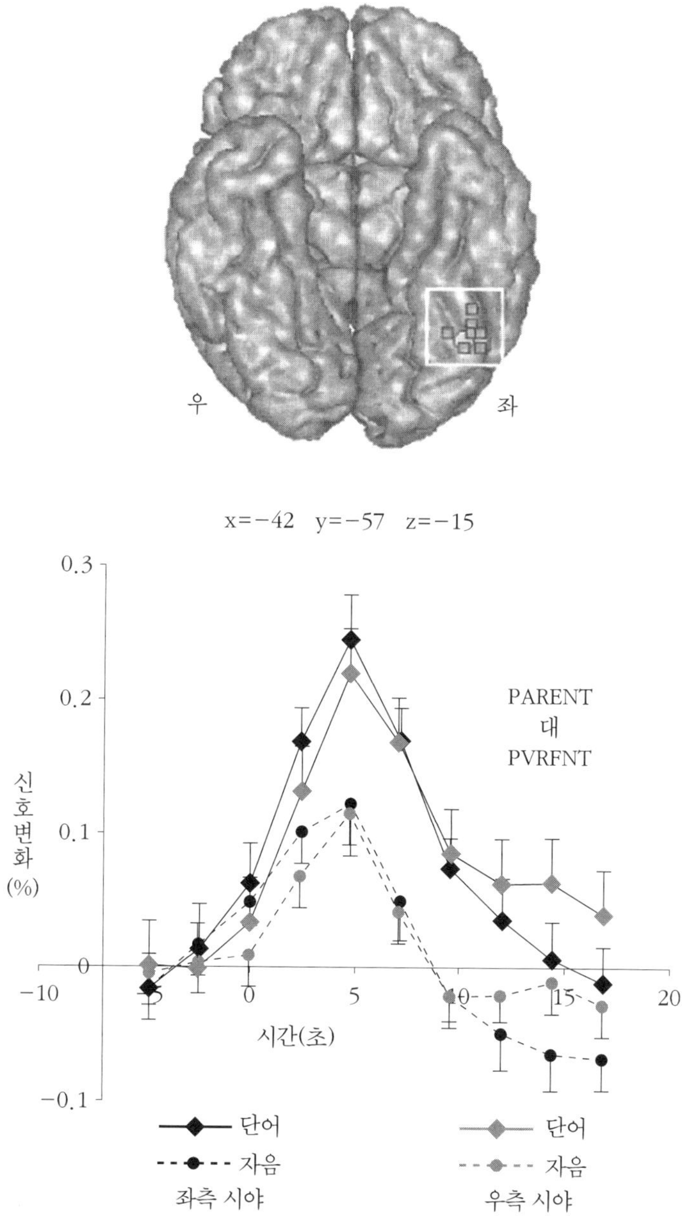

[그림 14-2] 인간 '시각어형 영역'의 국지화와 특성(Cohen et al., 2002에서 수정).

[그림 14-2] (계속) 위 사진은 시각단어에 대해 활성화된 좌반구 후두-측두 고랑(각 점은 각 개인을 나타냄)이다. 아래 그래프는 이 부위의 fMRI 프로파일을 보여 준다. 일련의 자음에 비해 단어에 더 강하게 반응했는데, 이는 이 영역이 단어(참여자들이 읽을 수 있는)의 문화적 제약에 조율되어 있음을 나타낸다. 좌우측 시야에 제시된 단어들에 대해 반응이 동일한 것은 곧 이 부위에서 위치 불변이 이루어짐을 시사한다.

한 적응기제가 읽기의 몇몇 계산문제를 해결하는 듯하다. 그중 한 문제로는 위치 불변이 있다. 즉, 망막상의 단어 위치와 무관하게 단어를 인식해야 한다. 해당 피질 내와 뇌량의 곳곳에서는 몇백 분의 2~3초 안에 좌우반구가 활성화되어 시각어형 영역에서 위치 불변이 이루어진다(Molko et al., 2002; [그림 14-2] 참조). 다른 문제는 글꼴과 대소문자의 차이에 의한 것이다. 가령, rage와 RAGE처럼 동일한 단어라도 대문자와 소문자의 모양은 크게 다를 수 있다. 대문자와 소문자를 구분하여 매핑하는 것은 문화적 관습의 문제로 배워야만 한다. 그럼에도 불구하고 뇌영상에서는 읽기과정 초기부터 대소문자 불변표상이 글자 탐지를 전담하는 뉴런 모음에서 나타났으며, 각기 중심와의 다른 곳에 배정되어 동시에 일어난 것으로 나타났다(Dehaene et al., 2004). 시각단어 재인은 아주 효율적이라서 불과 29밀리초 제시한 단어에도 시각어형 영역이 잠재적으로 활성화될 수 있다(Dehaene et al., 2001).

마지막으로 뇌손상이 산수뿐만 아니라 읽기의 시각적 단계도 선택적으로 방해할 것이라는 증거가 있다. Déjerine(1892)은 말하기, 말 이해, 쓰기 등에는 장애가 없지만 읽기에 어려움이 있는 '순수 독서장애' 의 사례를 처음 보고했다. 그 후 많은 사례가 관찰되었다. 순수 독서장애는 시각피질 부위(정상 피험자들이 읽는 동안 활성화되는)

에 영향을 주는 좌반구 복측 후두-측두 손상으로 발생한다(Cohen et al., 2003). 읽기 외에 얼굴재인과 사물재인을 비롯한 시각은 잘 유지될 것이다. 환자는 낱자를 한 번에 한 자씩 확인할 수는 있어도 글자를 동시에 처리해서 한 번에 한 단어 전체를 재인할 수는 없다. 그들은 손상된 지 한참 지난 후에도 유창하게 읽을 수 없다. 시각적 사물재인과 읽기장애를 비교한 결과에서는 전문화된 체계(그런 체계가 존재한다는 것이 논리적으로는 불가능해 보이지만, 시각단어 재인을 전담하는 고정되고 재활용 가능한 '정신기관')가 손상되었음을 시사한다.

수에서와 마찬가지로, 이런 역설을 해결하려면 영장류에서 시각어형 체계의 선행 기능이 무엇인지 고려해 봐야 한다. 사실 영장류에는 이미 불변적인 단어재인 체계의 속성이 많다. 물론 그들은 단어가 아닌 사물과 얼굴을 인식할 뿐이다. 대체로 영장류의 후두-측두 통로는 시각재인과 관련된다. 그 부위는 얼굴 및 사물 변화와 무관하게 식별 가능한 '내용' 체계로 진화되었으며, 움직일 때 사물의 위치와 용도를 담당하는 배측의 '장소' 체계와는 정반대다. 짧은꼬리원숭이의 복측 시각통로에 있는 뉴런 조직에 대해서는 알려진 것이 많은데, 그 부위에서 불변적·추상적 속성이 더 많은 뉴런들의 위계가 관찰되었다. 일부 뉴런들은 비교적 수용장이 제한되어 사물의 부분에만 반응한다. 가령, 그런 뉴런들은 망막의 특정 위치에 있는 눈의 모양과 같이 세부적인 것에 민감하다. 그런가 하면 다른 뉴런들은 좀 더 포괄적인 윤곽에 반응해서, 예컨대 소방관의 얼굴 윤곽이나 체형에 반응한다. 결국 어떤 뉴런은 얼굴로든 윤곽으로든 일정 사람에게 반응한다. 사실 이런 계산은 별 노력 없이 무의식적으로 이루어지며, 마취된 원숭이에게서도 그 현상이 관찰된다.

Tanaka와 그의 동료들(Tanaka, 1996)은 원숭이의 후두-측두 뉴런을 발화시키는 사물의 최소 특징을 연구했다. 이를 위해 그들은 점차 단순화하는 절차를 이용했다. 첫째, 일정 뉴런이 발화되었다는 확신이 설 때까지 많은 사물을 제시한다. 그다음 최적의 뉴런 반응을 유지하면서 사물의 모양을 단순화시킨다. 뉴런의 발화를 유지하면서 그 모양을 최대한 단순화시켰을 때, 뉴런이 반응하는 가장 간단한 특징을 발견했다고 여긴다. 놀랍게도 그 모양 대부분은 우리의 글자를 닮았다. 즉, 일부 뉴런들은 T의 두 획에 반응하고, 다른 뉴런들은 원이나 두 동그라미(8 같은 숫자를 이루는)에 반응한다. 그 모양들을 분명 글자로 학습한 것은 아니었다. 오히려 그것들은 개체발생과 계통발생 과정에서 아주 다양한 자연의 모습과 사물을 표상하기 위해 집단에서 이용될 만한 간단한 모양의 레퍼토리로 출현한 것이다.

하측두엽 뉴런의 다른 주요 특징은 가소성이다. 프랙탈(Miyashita, 198)이나 임의로 겹쳐진 클립(Logothetis, Pauls, & Poggio, 1995) 같이 인위적인 모양으로 훈련시킨 연구에서는 전체의 뉴런 집단이 결국 이들 모양에 아주 반응적이게 되고, 그다음에는 그것들의 위치, 크기 및 시점 불변성 같은 속성에 전이되었다. 일부 사례에서는 세포들이 훈련 동안 짝 지어진 두 가지 인위적인 모양에 반응했다. 이처럼 짝 짓는 능력 덕분에 A와 a를 동일한 글자로 인식하거나 발음 /house/와 단어 'HOUSE'를 동일한 단어로 인식하게 될 잠재적 회로가 마련된다.

마지막으로, 시각재인을 전담하는 넓은 피질 영역 중 왜 시각어형 영역에 재활용 가능한 부위가 존재하는 것일까? Hasson, Levy, Bchrmann, Headler 및 Malach(2002), Malach, Levy 및 Hasson (2002)의 신경영상 연구로 머지않아 그런 놀라운 연구결과를 설명하게 될 것이다. 이 연구자들은 발달 초기부터 시각 영역 전체에 형성될 대규모 경사도를 형태형성인자(morphogens)의 확산(Turing의 모델)으로 설명했다. 그런 한 가지 경사도로 망막 이심률을 들 수 있다. 즉, 일부 피질 영역은 중심와에, 다른 피질 영역은 망막 주변에 우선 반응한다. 놀랍게도 얼굴 영역과 마찬가지로 시각어형 영역도 이처럼 편향된 경사면에서 중심와의 민감한 최고점을 체계적으로 이용한다. 이는 단어재인과 얼굴재인이 중심와에 있는 자극의 정교한 세부사항을 이용한다는 점에서 이해가 된다. 한편 장소와 집을 인지하려면 더 광범위한 시야에 대한 정보를 통합해야 하고, 그때 경사면의 주변 최고점이 활성화된다. 그래서 관련 사전 학습 성향이 있는 뉴런들이 사물의 각 범주를 우선 획득하는 것 같다. 그런 성향 덕분에 읽기를 담당하는 선천적 '정신기관' 을 가정할 필요 없이 시각어형 체계의 완벽하고 재활용 가능한 편재화를 설명할 수 있을 것이다.

요약하자면, 산수와 마찬가지로 읽기 역시 영역 일반적인 학습기제에 의존하지 않는다. 오히려 읽기학습이 가능한 것은 우리의 시각계에 이미 불변적인 형태 재인을 담당할 정교한 기제가 있고 그렇게 재인한 모양을 다른 영역(사물의 청각적 표상 및 추상적 의미표상과 관련된)과 관련짓는 적절한 연결이 있기 때문이다. 진화 덕분에 시각계의 가소성이 커서 학습이 가능한 것이라고 볼 수도 있다. 우리가 글자 탐지자를 가지고 태어난 것은 아니지만, 글자가 하측두엽에 있는 전형적인 모양들의 레퍼토리와 아주 비슷해서 쉽게 배우고 소리로 매핑하게 된다. 우리가 읽기를 배울 때는 '읽기 영역' 을 새로 만드는 것이 아니라 시각계 일부를 선점하는 것이다.

실제로 인간의 뇌는 읽기를 위해 진화된 것이 아니며, 오히려 그역이라 주장할 수 있다. 즉, 쓰기체계 같은 문화적 진화는 부분적으로나마 쓰기체계를 학습할 수 있는 뇌의 능력과 속도 덕분이다. 그에 따라 오랜 세월이 지나면서 소수의 글자 모양 레퍼토리(사물을 부호화하기 위해 우리 시각계가 본래 이용했던 일련의 모양과 일치하는)를 선택하게 된 듯하다.

결론: '뉴런 재활용' 과정으로서 교육

이 장에서 주요 관심을 둔 산수와 읽기 같은 영역은 공통점도 상당하지만 중요한 차이점도 있다. 양자의 경우에 인간은 관례적인 모양(아라비아 숫자나 알파벳)에 의미 부여하는 것을 배워, 결국 아주 효율적으로 셈하거나 읽는다. 심지어 무의식적으로도 그렇게 할 정도다. 더욱이 이처럼 문화활동과 관련된 뇌활동은 고도로 재활용 가능하다. 결국 관련 뇌 영역은 영장류의 진화에서 나타난 기능과 상당히 관련된 것으로 나타났다. 그러나 산수와 읽기 사이에는 중요한 차이가 있다. 한편으로 영장류의 진화에는 산수의 전조가 확실히 존재한다. 두정내피질이 이미 영장류의 수표상과 관련된 듯하고, 수상징을 수표상과 문화적으로 매핑할 경우 계산능력이 상당히 촉진되지만 그렇다고 계산능력이 완전히 바뀌는 것은 아니다. 다른 한편으로 시각어형 영역의 진화적 전조는 애당초 읽기와 무관했다. 그 영역은 사물재인을 위해 진화되었으며, 이 기능은 문자언어를 소리와 의미로 매핑하는 것과는 아주 다른 기능이다.

나는 그 두 가지 예를 일반화하여 새로운 문화적 대상을 획득하는 인간의 능력이 '뉴런 재활용(애당초 아주 비슷한 기능을 전담하던 피질 부위를 새로운 문화적 대상이 점유하여)' 과정에 의지한다고 잠정적으로 제안한다. 이 관점에 따르면 우리 진화사와 유전적 조직이 뇌구조(제약과 부분적 가소성이 존재하며 학습 가능한 문화적 대상의 범위를 제한하는)를 설계한다. 새로운 문화의 습득은 우리 뇌구조가 지닌 기존의 제약 안에서만 가능하다.

이런 '뉴런 재활용' 모델을 정반대의 '백지설'과 비교해 보면 유용하다. 백지설에 따르면 교육은 텅빈 뇌를 채우는(어떤 가르침이든 흡수할 정도로) 것으로 비유될 수 있다. 그럼에도 불구하고 교육자들은 실제로 교실에서 그런 일이 일어나지 않음을 알고 있었다(Bruer, 이 책). 실제로 아동은 백지설에서 예측하는 것보다 훨씬 더 우수할 때도 있지만 변화에 훨씬 더 저항적일 때도 있다. 뉴런 재활용 모델에서는 아동의 직관과 그들의 고집을 이전 뇌구조의 영향으로 이해한다. 많은 경우에는 영장류의 진화를 통해 우리가 물려받은 뇌표상이 학교학습을 촉진한다. 특히 수학교육은 그런 초기의 직관을 이용해야 하며, 아마도 그 직관은 수 차원을 넘어 공간, 시간, 운동, 힘 등을 비롯한 과학과 수학의 여러 영역으로 확장될 것이다.

그러나 몇몇 경우에는 교육이 특정 영역에 대한 아동의 직관적 지식 이상으로 나아가야 하고, 심지어 기존의 성향과 정반대인 경우도 있다. 가령, 산수의 경우 뇌의 타고난 대략적 수표상으로는 0, 음수, 분수를 표상하지 못할 것 같다. 그러므로 아동의 직관을 그런 경우(0, 음수, 분수), 즉 어려운 것(수학사에서 주요 장애물이기도 했던)까지 확대해야 한다. 하지만 음수가 수직선을 왼쪽으로 연장한 것에 해당된다는 개념처럼 적절한 은유를 가르치면 도움이 될 것이다.

마찬가지로 아동에게 읽기가 어려운 까닭은 우리의 시각계에 자연발생적으로 존재하는 한 가지 불변성(좌우대칭 불변성)을 잊어야 하기 때문이다. 일단 영장류의 시각계가 어떤 모양을 인지하면 대응하는 대칭 모양에 자연발생적으로 일반화한다는 증거가 있다(Baylis & Driver, 2001; Noble, 1968; Rollenhagen & Olson, 2000). 그러나 실제로 p와 q 또는 b와 d가 무관한 글자임을 배워야 할 경우에는 이런 능력으로 인해 역효과가 나타난다. 뉴런 재활용 모델에 따르면 다는 아니어도 많은 아동에게 자연발생적으로 좌우반전 오류가 일어나는 듯하고, 읽기에서는 이런 일반화가 부적절함을 뒤늦게야 알게 된다(McMonnies, 1992).

읽기의 주요 한계 하나를 더 들자면, 알파벳 체계에서는 글자를 음소(처음에는 우리의 청각계에 명확하지 않던)로 매핑한다는 점이다. 많은 아동이 음소가 뭔지를 이해하고 음소표상을 추상적인 글자 모양과 관련지을 때 많은 어려움을 겪는 것 같다(Goswami, 이 책). 실제로 이것이 발달적 난독증 아동이 읽기문제를 겪는 가장 중요한 원인일 것이다.

이상의 예에 나타난 바와 같이, 아동의 초기 표상과 학습과정에서 이런 표상이 어떻게 수정되는지를 이해해야만 기초적인 언어교육과 수학교육이 개선될 것 같다. 나는 여기에서 산수와 읽기를 중심으로 자세히 살펴보았지만, 제2언어나 수학의 다른 측면에 대해서도 비슷한 주장을 할 수 있을 것이다. 각 경우에 교육자들이 가르치려 하는 뇌변화의 처음 상태, 발달 궤도, 최종 상태를 이해할 때, 교육자들은 많은 것을 얻게 될 것이다. 마지막으로 교사들은 일반지능에는 지장이 없지만 영역 특정적인 학습에 제한을 가하는 뇌손상이 일부 아동에게 존재할 수 있다는 것도 알아야 한다. 이 분야에서도 그런 병리의 뇌과학적 근거를 이해하면 치료 가능성이 높아질 것이다.

참고문헌

Allison, T., Puce, A., Spencer, D. D., & McCarthy, G. (1999). Electrophysiological studies of human face perception. I : Potentials generated in occipitotemporal cortex by face and non-face stimuli. *Cerebral Cortex, 9*(5), 415-430.

Baylis, G. C. & Driver, J. (2001). Shape-coding in IT cells generalizes over contrast and mirror reversal, but not figure-ground reversal. *Nat Neurosci, 4*(9), 937-942.

Butterworth, B. (1999). *The Mathematical Brain.* London: Macmillan.

Cohen, L. & Dehaene, S. (2004). Specialization within the ventral stream: The case for the Visual Word Form Area. *NeuroImage,* in press.

Cohen, L., Lehericy, S., Chochon, F., Lemer, C., Rivaud, S., & Dehaene, S. (2002). Language-specific tuning of visual cortex? Functional properties of the Visual Word Form Area. *Brain, 125*(Pt 5), 1054-1069.

Cohen, L., Martinaud, O., Lemer, C., Lehéricy, S., Samson, Y., Obadia, M., et al. (2003). Visual word recognition in the left and right hemispheres: Anatomical and functional correlates of peripheral alexias. *Cerebral Cortex, 13,* 1313-1333.

Dehaene, S. (1992). Varieties of numerical abilities. *Cognition, 44,* 1-42.

_______ (1997). *The Number Sense.* New York: Oxford University Press.

Dehaene, S. & Changuex, J. P. (1993). Development of elementary numerical abilities: A neuronal model. *Journal of Cognitive Neuroscience, 5,* 390-407.

Dehaene, S., Dehaene-Lambertz, G., & Cohen, L. (1998). Abstract representations of numbers in the animal and human brain. *Trends in Neuroscience, 21*, 355-361.

Dehaene, S., Jobert, A., Naccache, L., Ciuciu, P., Poline, J. B., Le Bihan, D., et al. (2004). Letter binding and invariant recognition of masked words: Behavioral and neuroimaging evidence. *Psychological Science*, in press.

Dehaene, S., Naccache, L., Cohen, L., Bihan, D. L., Mangin, J. F., Poline, J. B., et al. (2001). Cerebral mechanisms of word masking and unconscious repetition priming. *Nat. Neurosci., 4*(7), 752-758.

Dehaene, S., Piazza, M., Pinel, P., & Cohen, L. (2003). Three parietal circuits for number processing. *Cognitive Neuropsychology, 20*, 478-506.

Dehaene, S., Spelke, E., Pinel, P., Stanescu, R., & Tsivkin, S. (1999). Sources of mathematical thinking: Behavioral and brain-imaging evidence. *Science, 284*(5416), 970-974.

Déjerine, J. (1982). Contribution à l'étude anatomo-pathologique et clinique des différentes variétés de cécité verbale. *Mémoires de la Société de Biologie, 4*, 61-90.

Eger, E., Sterzer, P., Russ, M. O., Giraud, A. L., & Kleinschmidt, A. (2003). A supramodal number representation in human intraparietal cortex. *Neuron, 37*(4), 719-725.

Gallistel, C. R. & Gelman, R. (1992). Preverbal and verbal counting and computation. *Cognition, 44*, 43-74.

Hasson, U., Levy, I., Behrmann, M., Hendler, T., & Malach, R. (2002). Eccentricity bias as an organizing principle for human high-order object areas. *Neuron, 34*(3), 479-490.

Isaacs, E. B., Edmonds, C. J., Lucas, A., & Gadian, D. G. (2001). Calculation difficulties in children of very low birthweight: A neural correlate. *Brain, 124*(Pt 9), 1701-1707.

Lemer, C., Dehaene, S., Spelke, E., & Cohen, L. (2003). Approximate quantities and exact number words: Dissociable systems. *Neuropsychologia, 41*, 1942-1958.

Lipton, J. & Spelke, E. (2003). Origins of number sense: Large number discrimination in human infants. *Psychological Science, 14*, 396-401.

Logothetis, N. K., Pauls, J., & Poggio, T. (1995). Shape representation in the inferior temporal cortex of monkeys. *Curr. Biol., 5*(5), 552-563.

Malach, R., Levy, I., & Hasson, U. (2002). The topography of high-order human object areas. *Trends Cogn. Sci., 6*(4), 176-184.

McMonnies, C. W. (1992). Visuo-spatial discrimination and mirror image letter reversals in reading. *J. Am Optom Assoc., 63*(10), 698-704.

Miyashita, Y. (1988). Neuronal correlate of visual associative long-term memory in the primate temporal cortex. *Nature, 335*(6193), 817-820.

Molko, N., Cachia, A., Riviere, D., Mangin, J. F., Bruandet, M., Le Bihan, D., et al. (2003). Functional and structural alterations of the intraparietal sulcus in a developmental dyscalculia of genetic origin. *Neuron, 40*(4), 847-858.

Molko, N., Cohen, L., Mangin, J. F., Chochon, F., Lehéricy, S., Le Bihan, D., et al. (2002). Visualizing the neural bases of a disconnection syndrome with diffusion tensor imaging. *Journal of Cognitive Neuroscience, 14*, 629-636.

Naccache, L. & Dehaene, S. (2001). The priming method: Imaging unconscious repetition priming reveals an abstract-representation of number in the parietal lobes. *Cerebral Cortex, 11*(10), 966-974.

Nieder, A., Freedman, D. J., & Miller, E. K. (2002). Representation of the quantity of visual items in the primate prefrontal cortex. *Science, 297*(5587), 1708-1711.

Nieder, A. & Miller, E. K. (2003). Coding of cognitive magnitude. Compressed scaling of numerical information in the primate prefrontal cortex. *Neuron, 37*(1), 149-157.

Nieder, A. & Miller, E. K. (2005). Neural correlates of numerical cognition in the neocortex of non-human primates. In S. Dehaene, J. R. Duhamel, M. Hauser & G. Rizzolatti (eds.), *From Monkey Brain to Human Brain.* Cambridge: MIT Press.

Noble, J. (1968). Paradoxical interocular transfer of mirror-image discriminations in the optic chiasm sectioned monkey. *Brain Res., 10*(2), 127-151.

Paulesu, E., Demonet, J. F., Fazio, F., McCrory, E., Chanoine, V., Brunswick, N., *et al.* (2001). Dyslexia: Cultural diversity and biological unity. *Science, 291*(5511), 2165-2167.

Pinker, S. (2002). *The Blank Slate: The Modern Denial of Human Nature.* London: Penguin Books.

Quartz, S. R. & Sejnowski, T. J. (1997). The neural basis of cognitive development: A constructivist manifesto. *Behav. Brain Sci., 20*(4), 537-556; discussion 556-596.

Rollenhagen, J. E. & Olson, C. R. (2000). Mirror-image confusion in single neurons of the macaque inferotemporal cortex. *Science, 287*(5457), 1506-1508.

Sawamura, H., Shima, K., & Tanji, J. (2002). Numerical representation for action in the parietal cortex of the monkey. *Nature, 415*(6874), 918-922.

Shalev, R. S., Auerbach, J., Manor, O., & Gross-Tsur, V. (2000). Developmental dyscalculia: Prevalence and prognosis. *Eur. Child Adolesc.* Psychiatry, *9*(Suppl 2), II, 58-64.

Tanaka, K. (1996). Inferotemporal cortex and object vision. *Annual Review of Neuroscience, 19*, 109-139.

찾아보기

인 명

Adams, M. J. 292
Aquinas, T. 107
Aristotle 59, 60, 61, 107, 108

Bassano, N. 135
Battro, A. M. 55
Bell, M. A. 215
Berkeley, G. 109
Berninger, V. W. 289, 292
Borck, C. 57
Bowers, P. 286, 287
Bradley, L. 300
Brenner., D. 259
Bruck, M. 306
Bruer, J. 28, 33, 34, 38, 55, 85, 92, 94, 155, 221, 254, 322
Bryant, P. E. 300

Campos, J. J. 137
Cardinali,. D. P. 169, 176, 183
Carskadon, M. A. 184, 190
Carter, B. 301
Changeux, J. P. 53
Chomsky, N. 124
Chugani, H. 86
Cohen, L. 281, 352, 354
Corbetta, M. 234
Cossu, G. 301
Creutzfeld, O. 115, 117, 119

Davidson, M. C. 234
Dawson, T. 198, 205, 207
Deacon, T. 280
Dehaene, S. 34, 47, 48, 94, 95, 131, 155, 158, 164, 278, 279, 345, 349, 350, 351, 352, 354, 356
Déjerine, J. 356
Denckla, M. B. 288
Descartes, R. 60, 65, 106, 108,

109, 112, 254
Doehring, D. G. 288
Duncan, J. 241

Eccles, J .C. 110, 112, 117, 119
Epstein, H. T. 222

Felton, R. H. 289
Fiez, J. A. 99
Fischer, K. W. 41, 55, 135, 198, 202, 203, 207, 208, 209, 217, 219, 221, 222, 257, 301
Flechsig, P. 259
Frijda, N. H. 137

Galen 61, 62, 63
Gall, F. J. 68
Geschwind, N. 288
Giannotti, F. 189, 190
Giedd, J. N. 86
Goswami, U. 46, 47, 292, 299, 300, 301, 305, 308, 312, 348, 362

Hagner, M. 57
Hanlon, H. W. 214
Hart, B. 284
Hastings, M. 175, 176, 183
Hebb, D. O. 288
Hudspeth, W. J. 216
Huttenlocher, P. 86, 259

Kant, I. 257
Katzir-Cohen, T. 288
Kaufman, A. S. 244
Kaufman, N. L. 244
Kitchener, K. S. 207
Koizumi, H. 33, 43, 44, 91, 158, 253, 256, 258, 259, 260, 262
Kovelman, I. 327

LaBerge, D. 288
Lazerson, A. 222
Leibniz, G. W. 109
Léna, P. J. 28, 55
Levi-Montalcini, R. 27, 31
Liberman, I. Y. 301
Lishman, W. A. 256
Locke, J. 66, 67, 68, 70
Lovett, M. W. 291
Lynch, C. L. 207
Lyon, G. R. 290

Marrocco, R. T. 234
Matousek, M. 210
Mazzoni, G. 185
Means, M. 89, 90
Meyer, M. S. 289
Miller, E. 351
Mittelstrass, J. 34
Moats, L. 290, 292
Morris, R. 291

Naccache, L. 349
Nathan, M. J. 96
Nieder, A. 51

Overman, W. H. 88

Peigneux, P. 185
Perfetti, C. A. 288
Petersén, I. 210
Petersen, S. E. 241
Petitto, L. A. 47, 155, 260, 310, 325, 327, 335, 348
Piaget, J. 197, 198, 321
Pinker, S. 285, 346
Plato 107, 108
Popper, K. R. 110, 112, 117, 119
Posner, M. I. 43, 166, 232, 233, 237, 241, 245
Pribram, K. H. 216

Raichle, M. E. 232, 233
Rakic, P. 199
Ramus, F. 99
Resnick, L. B. 96
Ricoeur, P. 73
Risley, T. R. 284
Rocha, L. M. 122
Rothbart, M. K. 237, 245
Rudel, R. G. 288
Rueda, M. R. 246
Ruhland, R. 200

Sagan, C. 256
Samuels, S. J. 288
Shankweiler, D. 301
Sheese, B. E. 237
Shoemaker, S. 70, 71
Shulman, G. L. 234
Singer, W. 37, 39, 258, 278
Smith, L. B. 129
Steenbeek, H. 199, 246
Sulzby, E. 284

Tanaka, K. 357
Teale, W. 284
Thatcher, R. W. 212, 213, 214
Thelen, E. 129

Van Geert, P. 135, 199, 200, 246
Venter, J. C. 232
Vidal, F. 32, 267
Voss, J. 89, 90
Vygotsky, L. S. 130

Washburn, D. A. 241
Wimmer, H. 306, 307
Wittgenstein, L. 113, 118
Wolf, M. 44, 45, 286, 287, 288, 289, 291, 300, 347, 348
Wood, P. K. 207

내 용

DNA 264
DSM-IV 125
EEG 에너지 211, 212, 216
ERP 312
fMRI 259, 260, 262, 326, 348, 356
fMRI 연구 95, 234
K-BIT 244
LIP 234
MBE 28, 29, 31, 32, 34, 41, 42, 46, 49, 91, 94, 100, 125, 222
MMN 312, 313
MRI 43, 113, 261
NREM 179
NREM 수면 40, 181, 182, 183, 184, 185, 187
RAVE-O 프로그램 291, 292, 293, 294
REM 179
REM 수면 40, 181, 182, 183, 187

갈등해결 훈련 243
감각계 159
개별성 235
개인 141
결정적 시기 161, 162
경험지표 131
계산장애 352
골상학 68
과잉몰입 144
과정 128, 133
관심 138
광토포그래피 259, 260, 261, 266
교육 27, 35, 51, 256
교육신경과학 336
구문표상 체계 288
근적외선 분광기(NIRS) 319, 326, 328
기능적 정서이론 137
기회원인론 109

난독증 44, 45, 100, 278, 286, 299, 305, 306, 308, 310, 312, 313, 346
난산증 353
네트워크 검사(ANT) 235, 237, 239, 241, 244
네트워크 사이클 215
뇌 27, 35, 51, 64, 106, 156
뇌과학 198, 223
뇌구조 157, 159
뇌발달 217
뇌발달 사이클 209
뇌성 52, 59, 64, 72, 75
뇌성의 존재론 69
뇌성인간 32, 52, 53, 75

뇌성혁명 64
뇌영상 기법 43
뇌자도(MEG) 44, 259, 262
뇌전도(EEG) 44, 245
뉴런 38, 155, 156, 157, 159, 160, 161, 163, 168, 169, 198, 208, 345, 351, 356, 357, 358
뉴런 재활용 모델 361
뉴런인간 53
능력심리학 68

다층다척도 141
단어재인 모델 99
대리인 모델 140
독서불능증 286
독서장애 48, 356
동기검파기 328
동일성 112
동작 처리 279
두개골 329
두정엽 48, 233, 349, 351, 353

리듬 174

마음 27, 35, 51, 106
말 307
맥락 141
모델화 140
몸 106
문화적 학습능력 348
물심평행론 109
미국기호언어(ASL) 325
민감기 322

반환원주의 111
발달 122
발달과정 136
발달기제 162
발달신경과학 91
발달의 복잡성 136
발달의 역동성 136
발달적 난독증 307
발달적 난산증 352
발달측정 132
발음중심 읽기 교수법 336
백지상태 155
백지설 361
범주화 334
베르니케영역 261
변산 129
복잡성 122, 123, 146
복잡성 경험지표 132
부수현상설 110
분절화 164
불일치 음성파형 312
브로카영역 261, 329, 331
비선형성 123

사회 측정적 지위 142
사회경제적 지위(SES) 93
사회적 상호작용 138
산수장애 352, 353

삼중부호 모델 95, 96
상승시간 309, 315
상징 280
상형문자 281, 282, 283
상호작용 130
생리학 61
생물학 49
서술기억 168
선행 경험 285
선험 지식 155
설명가 115
설형문자 281
성인학습 169
성장 122
성장 사이클 208
소뇌 279
소프트웨어 156
수감각 350
수면 167, 169, 184
수면위상지연 증후군 179, 184
수면장애 188
스트룹 과제 234
시각계 100
시각적 주의 243
시각피질 회로 161
시냅스 38, 55, 83, 86, 198
시냅스 생성 85, 87, 88
시냅스 제거 258
시냅스 형성 258
시차증후군 177
신경 53, 62, 64
신경 네트워크 40, 42, 319
신경계 117, 158
신경과학 51, 55, 57, 58, 75
신경교육 55
신경보존 57
신경생리학 114
신경생물학 90, 155
신경세포 160
신경윤리학 54, 267
신경인지과학 40
신경학 57
신경학화 64
신경회로 279
신장수용기 166
신체 61
실어증 286
실용주의적 이원론 106, 112, 114, 119
실체 128, 133
심신동일론 113
심층 철자법 302, 304
쓰기 280

알파벳 281, 283, 302, 303
암묵적 지식 159
어포던스 134
언어 279, 336
언어기제 334
엔트로피 124

역동성 146
역동적 성장모델 130
역동적 체계이론 199
연결주의 모델 98
영가설 143
영아기 237
영혼 60, 61
온셋-라임 303, 304, 307, 308, 314
유기체 157
유아기 237
유전자 155
유창성 289
유출이론 109
음소 299
음소인식 301, 302
음소표상 302
음운결함 100
음운론 99, 288, 292
음운인식 300, 314
음운인식 교수법 336
음운처리 결함 286
음운표상 303
음절 300
음절인식 301
의미론 288, 292
의식 106, 116, 117
이원론 116, 119
이중결함 가설(DDH) 286, 287, 288
이중경로 모델 97
인간 68
인간발달 122
인간성 52
인간성의 뇌화 57
인격적 존재 68
인지 279
인지과학 49, 223
인지기능 278
인지모델 94, 98
인지발달 217
인지발달 사이클 204, 209, 222
인지신경과학 97, 336, 345
인지심리학 94
일원론 119
일주기 시계 174, 176
일주기 체계 183
읽기 279
읽기 속도 45
읽기 유창성 46, 290
읽기과정 278
읽기장애 357
읽기중재 288
읽기중재 프로그램 288

자기 조직 124
자율신경계 182
전달 123
전두엽 87, 233, 329
전전두피질 264, 265
절차기억 168

정서 263
주의 279
주의 네트워크 233, 236, 239, 240, 241
주파수 324
중첩 125, 129, 141
증오의 고리 264
지각 279
지각학습 168
지능 263
진화 158, 283

차이트게버 39
철자법 288, 292, 303
체액 61
체액이론 62
초학문성 254
총체적 읽기 교수법 336
측두엽 329

터너증후군 353

표의문자 281
피질 279
피질 네트워크 221
피질발달 사이클 210
피질하 279

하드웨어 156
학습 256
학습 사이클 217
행동과학 91
행동지표 133
헤모글로빈 329
환경신호 165
환원론 116
환원주의 110
후성적 회로 선택 162
휴식 169

편저자 소개

Antonio M. Battro
아르헨티나 교육위원단과 로마 교황청과학원의 회원

Kurt W. Fischer
하버드 대학교 교육대학원 '교육과 인간발달' 분야의 Charles Warland Bigelow 교수이고, '마음, 뇌, 교육(MBE)' 프로그램의 학과장

Pierre J. Léna
파리 7대학 천체물리학과 명예교수이고, 프랑스 과학원의 교육 담당 대표이며, 로마 교황청과학원의 회원

역자 소개

김유미

서울교육대학교 졸업
중앙대학교 대학원 교육학 박사(교육심리 전공)
현 서울교육대학교 교육학과 교수

〈저서 및 역서〉
유아의 두뇌발달(공역, 양서원, 2001)
두뇌를 알고 가르치자(학지사, 2002)
뇌를 통해 본 아동의 정서(학지사, 2005)
영혼의 하드웨어인 뇌 치유하기(역, 학지사, 2006)
위대한 뇌(역, 해나무, 2007)
영재의 뇌는 어떻게 학습하는가(역, 시그마프레스, 2008)
장애아의 뇌는 어떻게 학습하는가(역, 시그마프레스, 2008)
뇌를 알면 아이가 보인다(해나무, 2009)
해피클릭! 수업 노하우 발견(공저, 학지사, 2009)

마음, 뇌, 교육의 연결고리를 찾아

The Educated Brain: Essays in Neuroeducation

2009년 8월 12일 1판 1쇄 인쇄
2009년 8월 17일 1판 1쇄 발행

편저자 • Antonio M. Battro, Kurt W. Fischer, & Pierre J. Léna
옮긴이 • 김유미
펴낸이 • 김진환
펴낸곳 • (주) 학지사
121-837 서울시 마포구 서교동 352-29 마인드월드빌딩 5층
대표전화 • 02-330-5114 팩스 • 02-324-2345
등록 • 제313-2006-000265호
홈페이지 • www.hakjisa.co.kr

ISBN 978-89-6330-169-3 93370

가격 13,000원

역자와의 협약으로 인지를 생략합니다.
파본은 구입처에서 교환하여 드립니다.

이 책을 무단 전재 또는 복제 행위 시 저작권법에 따라 처벌을 받게 됩니다.

인터넷 학술논문 원문 서비스 뉴논문 www.newnonmun.com